함벽당간찰

涵 碧 堂 簡 札

일러두기

1. 단행본과 학술지, 잡지 등은 『 』로, 논문과 단편, 시조, 그림은 「 」로 표기했다.

국학자료 심층연구 총서 19

함벽당 간찰

涵 碧 堂 簡 札

편지를 통해 살펴보는
조선 후기 사족들의 생활상

한국국학진흥원 연구사업팀 기획
김순석 김정민 김채식 김명자 윤성훈 지음

은행나무

책머리에

2020년 한국국학진흥원에서는 두 가지 자료를 가지고 심층연구를
진행했다. 하나는 안동의 전주 류씨 함벽당 류경시柳敬時(1666~1737) 집
안에 전해 내려오는 간찰 자료고, 다른 하나는 17세기 대구에 살았던
모당 손처눌孫處訥(1553~1634)이 쓴『모당일기』다. 이 책은 그 가운데 함
벽당 간찰 자료에 대한 연구 성과를 묶은 것이다. 함벽당涵碧堂 종가에
서 본원에 기탁한 2천 점이 넘는 국학 자료 가운데 간찰은 834점인데,
류경시와 그 후손들에 의해 작성된 것이다. 본원에서는 2020년에 간
찰 가운데 정선한 120편을 탈초 국역하여 단행본으로 발간한 바 있다.

간찰은 그 성격상 수신자의 집에 남아 있을 가능성이 크다. 그러나
조선시대 선비들은 문집 발간에 대비하여 사본을 만들어놓기도 하고,
경우에 따라서는 수신자의 집에 협조를 구하여 보낸 간찰을 회수해오
기도 했다. 따라서 간찰은 작성한 당사자의 문집에 수록된 형태로 남
아 있는 것이 일반적이다. 그러나 문집에 수록된 간찰은 내용에 따라
취사선택되고, 선택하는 경우에도 편집이라는 과정을 거치기 때문에

원래의 내용을 그대로 볼 수 없는 한계가 있다. 조금 가리고 싶거나 선비의 품격에 어울리지 않는 부분이 있을 수도 있기 때문이다. 이에 비해 문집에 수록된 형태가 아닌 낱장 원본으로 남아 있는 간찰은 본래의 내용이 그대로 남아 있다는 점에서 사료적 가치가 크다. 그 내용에서도 관혼상제와 같은 일상적인 일에서부터 전염병이나 전란으로 인하여 고생하는 일, 과거시험 준비와 급제에 관련된 사항, 관직 생활의 고단함, 소송이나 법적인 다툼과 관련된 일, 산소의 이장이나 이사에 따른 풍수지리 논란, 명승지를 찾아 유람을 떠난 일 등 사람이 살아가면서 마주치게 되는 온갖 종류의 일이 등장한다.

이러한 간찰 자료는 그 특성상 어떤 특정 분야에 국한되지 않고 여러 학문 분야에서 접근할 수 있다는 장점이 있다. 한국국학진흥원은 본 연구를 위해서 문학, 사학, 철학 등 관련 분야 전문가를 초빙하여 연구팀을 구성하고 1년 동안 세 차례 포럼을 개최하여 발표하고 토론하는 과정을 거쳤다. 이러한 학제간적 연구 과정을 통해서 각각의 연구 내용이 상호 보완되고 '함벽당 간찰에 나타난 인간관계와 교유의 이해'라는 공동의 목표에 도달할 수 있었다.

김순석 박사는 간찰 자료에 대한 개략적 해설과 더불어 함벽당 간찰을 내용에 따라 크게 다섯 가지로 분류하여 소개하고 그 의미를 살펴보았다. 김정민 박사는 간찰에서 사용되는 독특한 화법을 분석하여 그 전제가 되는 마음가짐과 이를 글로 표현하는 방법을 분석했다. 김채식 박사는 류경시의 개인사와 조선의 역사 가운데 몇 가지 주요 국면에 있어서 함벽당 간찰을 활용하여 설명함으로써 역사의 누락된 부분을 채우고 입체화하는 작업을 진행했다. 심성사 박사는 간찰 자료뿐만 아니라 족보, 계안, 문집 등의 자료를 폭넓게 활용하여 함벽당 문중의 역사를 소위 관계망이라고 하는 측면에서 고찰했다. 윤성훈 박사는 류경시가 특히 양양부사로 재임하던 1727년 9월부터 1729년 말까지 쓰인 총 13통의 편지를 분석하여 공간된 자료에서는 잘 드러나지 않는 지방관 및 그 가족의 생활양태를 고찰했다. 이처럼 다양한 접근과 분석을 통해, 일기는 역사 연구 자료로서 최대한의 효용성을 발휘할 수 있었다. 역사는 국가적 차원에서 거시적으로 접근할 때 간혹 지방에서 일어나는 구체적인 민생 현장을 놓칠 수 있다는 점에서 보면, 일기와 같은 민간 기록 자료를 활용한 연구를 통해 역사에 대한 이해를 보다 풍성하게 할 수 있었다.

코로나19로 인하여 모든 것이 불편한 상황임에도 2020년도 심층연구에 참여해 준 연구진 여러분께 심심한 사의를 표한다. 지금까지 10년이 넘는 기간 동안 연인원 100명이 넘는 국내 학자들이 이 연구에 참여했고 적지 않은 성과를 배출했다. 한국국학진흥원에는 60만 점에 가까운 고서, 고문서, 목판 등 민간 소장 기록유산이 연구를 기다리고 있다. 앞으로도 기탁된 국학 자료에 대한 학제간적 심층연구를 계속해 나갈 계획이다. 뜻있는 전문가 및 연구자들의 적극적인 참여를 기다린다.

2021년 11월
한국국학진흥원 연구사업팀

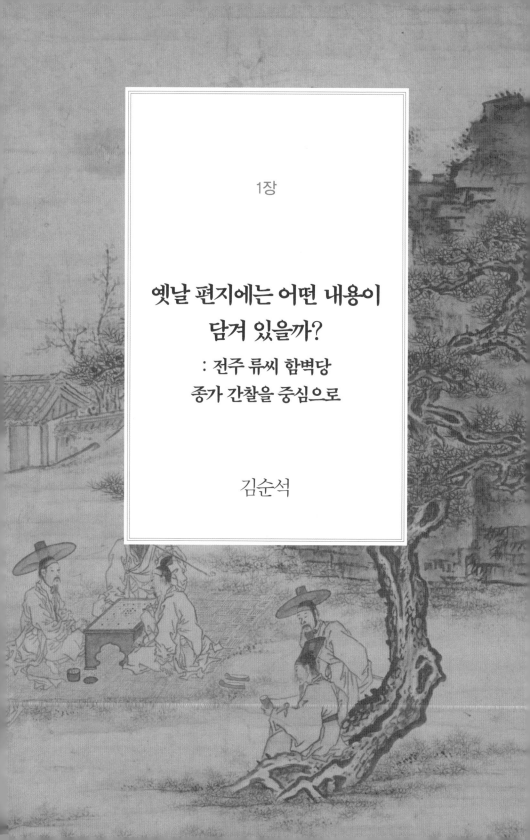

1장

옛날 편지에는 어떤 내용이 담겨 있을까?

: 전주 류씨 함벽당
종가 간찰을 중심으로

김순석

간찰은 어떻게 구성되었을까

간찰簡札은 오늘날 편지의 옛말로 통신수단이 지금처럼 발달하지 못했던 전통사회에서 직접 만나지 못하는 상황에서 다른 사람에게 문자로 의사를 전달하는 방법이다. 간찰은 가장 오래된 통신수단으로 인간생활 속에 가까이 자리하고 있었으며, 일기 자료와 함께 개인의 삶이나 일상생활의 모습을 생생하게 보여주는 흥미로운 자료다. 간찰은 전통사회에서 통신수단으로서 인간관계의 감정 교류를 주도하였고, 가례家禮를 중시하였던 조선시대 위계서열과 예의를 중시하던 시대에 중요한 의미를 지닌다. 조선시대 간찰은 소통의 가장 일반적이고도 중요한 수단이었다.[1] 현존하는 고문서 가운데 가장 많은 수를 차지하는 것이 간찰인데, 이것이 문집에 실릴 때는 '서書'라는 형식을 띠게 된다. 그런데 편집 과정에서 내용이 첨삭되기도 하였기 때문에 원본 간찰과 문집에 실린 것은 내용에 다소 차이가 있기도 하다.

그렇기 때문에 문집에 수록된 간찰의 경우는 그 구체성과 내용의 풍부함이 상실되고 무미건조하게 바뀐 경우도 많았다.[2] 간찰은 부모와 자식, 형제, 스승과 제자, 친구와 선후배 등 가깝고 친밀한 사이에 왕래되었지만, 사돈과 같이 어려운 사이에도 오고 갔다. 여성들이 전하고 싶은 내용을 한글로 쓴 간찰도 있는데, 이를 보통 언간諺簡, 또는 언문 간찰이라고 한다. '언간'에는 한글을 비하하는 의미가 담겨 있는데, 여성들의 인권이 존중받지 못하던 시대의 표현이다.[3] 간찰은 일상생활의 안부를 전하는 내용이 많은데 이 가운데는 관혼상제를 두고 축하와 위로를 전하는 내용이 가장 많다. 나아가 만물의 이치와 천하의 도리를 논하는 학술적인 내용도 있다.[4] 대표적인 것으로는 퇴계 이황과 고봉 기대승이 주고받은 간찰이 좋은 예라고 할 수 있다.[5] 간찰 가운데는 각 문중에서 『선조간첩』과 같은 형식으로 선조들의 필적을 모아 첩으로 만들어 보관하는 경우도 있다. 나아가 소장을 목적으로 명현들의 간찰만 따로 모아 첩을 만들어 보관하는 사람도 있는데 이 경우에는 진위가 문제가 되기도 한다.[6]

간찰은 만나서 나눌 이야기를 글로 대신하는 것이어서 보고 싶은 사람에 대한 그리움이 배어 있다. 그런 까닭에 직접 만나서 이야기할 때보다 훨씬 더 정중한 예법이 필요하다. 더구나 예전의 간찰은 대부분 공개적인 글이어서 예법과 문장에 능통한 사람이 아니고는 단번에 지어내기가 쉽지 않았다.[7] 그래서 간찰을 대신 써주는 사람도 있었다. 간찰은 대체로 일정한 형식을 갖추고 있었는데 서두書頭, 후문候問, 자서自敍, 술사述事, 결미結尾의 5단락으로 구성되었다.[8] 서두는 간찰의 머리말에 해당하고, 후문은 상대방의 안부를 묻는 부분이며, 자서는 자

신의 안부를 전하고, 술사는 본문이 되며, 결미는 맺음말이 된다.[9]

지금까지 간찰에 관한 연구는 박사학위 논문이 5편[10]이나 나왔으며, 저지 않은 연구가 진행되었지만 아직 시작 단계라고 할 수 있다. 왜냐하면 간찰의 양이 방대하고, 대부분 초서草書로 되어 있어[11] 해독할 수 있는 연구자의 수가 제한적이기 때문이다.[12] 지금까지 간찰에 대한 대체적인 연구는 간찰의 개념과 서식에 관한 연구[13]와 격식과 용어에 관한 연구[14] 그리고 개별적인 인물[15]이나 한 집안에 소장된 일괄 문서에 대한 연구[16]가 대부분이다.

지금부터 전주 류씨 함벽당涵碧堂 종가에서 소장하고 있던 간찰류 가운데서 의미 있는 내용을 선별해서 한국국학진흥원 고전번역팀에서 초역한 120편의 원고를 중심으로 살펴보기로 한다. 함벽당은 현재 안동시 서후면 광평리에 있는 집으로 조선 명종 때 무신 강희철康希哲 (1492~1583)이 관직에서 물러난 뒤에 집을 짓고 함벽당이라고 이름을 붙였다. 이 집은 후에 옥봉玉峰 권위權暐(1552~1630)의 소유가 되었다가 다시 함벽당 종가 소유로 바뀌었다. 함벽당 집안이 서후면에 정착하게 된 내력은 이렇다. 류경시의 할아버지인 류학柳㰒이 전주 류씨 집안의 조상 대대로 살아왔던 안동시 임동면에 있는 수곡水谷(일명 무실)이라는 마을에 살다가 나이가 들어 부인의 집이 있던 서후면 가야리로 이사하여 살게 되면서부터였다. 이후 이 집안에서는 함벽당 류경시柳敬時(1666~1737)와 녹균헌綠筠軒 류진현柳晉鉉 그리고 농포農圃 류영희柳永熙(1890~1960) 등이 나옴으로써 유력한 집안이 되었다.[17] 함벽당 종가는 2003년부터 2016년까지 6차례에 걸쳐 총 377종 2,014점의 고서와 고문서, 목판과 서화 등을 한국국학진흥원에 기탁하였다. 고문서는

21종 1,373점인데 그 가운데 간찰이 834점에 이른다. 이 간찰은 함벽당 류경시와 그의 후손의 것이다. 간찰 내용을 보면 그 집안에서 일어난 일과 여러 가지 일상생활이 잘 드러난다.

이 간찰을 통해서 당시 한 양반 집안에서 일어나는 생활상을 살펴볼 수 있다. 그것은 구체적으로 일가친척들과 친구들의 안부를 묻고 답하는 소소한 일상생활과 장례와 혼례 등 누구에게나 일어나는 관혼상제의 소식을 전하는 내용이 가장 많다. 그리고 당시 유행했던 전염병과 가뭄과 기근 등의 자연재해를 어떻게 대처했는지를 알 수 있는 내용도 있다. 홍수가 나면 물난리를 겪었고, 가뭄이나 기근이 들면 양식을 구하러 다녀야 했던 어려운 현실을 글로 써서 주변 사람들에게 알리고, 또 도움을 청하는 내용이 들어 있었다. 금강산을 구경하러 떠났다가 등산길에 만나는 기암괴석에 대한 이야기가 간찰 한 장을 채우기도 했다. 아픈 가족의 생명을 구하기 위해 약처방과 약초를 구하는 내용도 있으며, 수신자의 지역을 방문하는 지인이 있으면 선처를 부탁하는 내용도 있다. 뿐만 아니라 소송과 형벌과 감옥에 관한 내용, 각종 세금과 매매에 관한 내용, 전쟁 중에 일어난 일, 기타 주택과 풍수지리, 산소와 이장, 계모임, 여행, 건강과 요양에 관한 내용도 보인다. 또한 금주령과 기타 여기에 포함되지 않은 것 등으로 나누어 살펴보고자 한다.

먼저 간찰에 대해서 진행한 연구 결과를 살펴보면 형식과 용어 등을 분석한 연구[18]와 특정 집안의 간찰로 수·발신자 사이의 교류 관계를 살펴본 연구[19]는 있지만 아직까지 구체적인 내용이 어떠했다는 점을 설명한 연구는 없는 실정이다. 간찰의 이러한 내용은 비단 함벽당 집안뿐만 아니라 그 시대를 살았던 모든 사람이 작은 차이는 있지만 비슷비슷한 상황을 경험하였을 것이고, 대처하는 방안은 비슷하면서도 각기 차이가 있었을 것이다. 여기서 검토하고자 하는 함벽당 집안 간찰 내용은 류경시로부터 1960년까지 생존하였던 류영희에 이르기까지 약 250년 동안 집안사람들과 주고받은 것들이다. 이 간찰은 일상생활에서 일어나는 여러 가지 일을 글을 통하여 전해진 것이다.

간찰 내용을 소개하려면 어떤 형태로든 분류가 필요한데, 그 분류는 명확한 기준이 없기 때문에 중복될 수도 있으며, 자의적이라는 비판을 면하기 어렵다. 그리고 유형을 나눈다고 하더라도 한 편의 논문에 그 많은 간찰 내용을 모두 소개하기는 어렵다. 그럼에도 불구하고 누군가는 시도해봐야 할 일이라고 생각되는 까닭에 감히 어려운 글을 써보고자 용기를 내보며, 많은 분들의 준엄한 질책과 가르침을 기다린다.

전주 류씨 함벽당 집안 간찰에 담긴 내용

일상의 안부를 묻고 관혼상제를 알리는 내용

간찰의 내용은 일상생활에서 상대방이 그동안 어떻게 지냈는지, 현재 상황은 어떤지 궁금하여 안부를 묻는 것이 가장 많은 부분을 차지한다. 문안 간찰 말미에 상대에게 부탁할 일이나 질병에 걸린 가족이 있으면 약을 구하는 내용을 더하는 형태가 있기도 하다. 모든 간찰은 상대방에 대한 그리움을 담고 있기 때문에 안부를 묻는 내용은 공통 요소다. 안부만 전하는 내용은 드물다. 왜냐하면 간찰을 쓸 때는 상대의 안부가 궁금하기도 하지만 거기에 덧붙여 관혼상제의 소식을 전하든가, 기타 다른 내용이 보태지는 경우가 많기 때문이다. 1714년 2월 25일 류경시가 황원장黃院長에게 보내는 답장 간찰을 살펴보면 다음과 같다.

먼저 보내주신 안부 간찰이 책상에 있었으니 감사하고 위안이 되는 마음을 헤아리기 어렵습니다. 그러나 괴롭게도 믿을 만한 인편이 없어서 답장이 늦어졌으니 부질없이 한스러움과 울적함만 쌓일 따름입니다. (…) 지난번에 찾으신 돼지 염통은 이번 봄철 향사享祀에는 입재入齋할 수 없어서 2개를 빌려서 보내주신 인편을 통해 부치려고 하였으나 결국 썩어서 버렸고, 석창포石菖蒲는 면에서 거듭 구했지만 얻은 것이 이것뿐이라 이제야 비로소 보내드립니다.[20]

이 간찰은 일상적인 안부를 묻고 이어서 자신에게 부탁한 일의 처리과정을 알리는 것을 볼 수 있다. 같은 간찰 안에 류경시가 "올해 걱정거리와 병이 없어서 대문을 닫아걸고 지내노라니 자못 한가하고 평온하다는 것을 알았다. 그러나 집집마다 생기는 근심거리가 또 소란스러우니 인간 세상에 흠이 되는 일이 없기를 바란다. 한 번 찾아뵙거나 심부름꾼을 보내어 안부를 여쭈려고 생각한 지가 오래되었지만, 길을 나서려니 탈것이 없고 종놈도 기낼 수 없으니 타고 갈 말이 없어 어렵다. 또 여러 집안에 잇달아 자질구레한 일들이 생기고 몇 안 되는 사환도 일에 시달리느라 시간을 조금도 낼 수 없어 지금까지 늦어지게 되었으니, 다만 곤궁한 집안의 형편이 일마다 뜻대로 되지 않음을 한탄할 뿐입니다"[21]라고 하였다.

위의 내용에서 류경시가 황원장에게 집안에 별일이 없어 그런대로 평온함을 유지하지만 인간 세상에서 생로병사는 일상적인 일이라 갑자스럽게 다치기 때문에 당황스럽다고 말한다. 한 번 만나러 가고 싶지만 탈것이 없어 가기 어렵다는 것은 당시에 말이 중요한 교통수단이었음을 알 수 있다.

1729년 류정시가 아우인 류경시에게 보내는 답장을 보면 형제간의 돈독한 우애가 잘 드러난다. 객지에서 벼슬살이 하던 류경시가 돌아가신 아버지의 제삿날에 제수를 보낸 것에 대하여 고마워하는 모습과 세금이 너무 많아 힘들어하는 내용을 이렇게 표현하였다.

> 관사官使가 돌아간 뒤에 소식이 막힌 지 이미 오래되어 한창 몹시 답답하던 차에 제수祭需를 싣고 온 편을 통해 청화한 계절에 정사를 보는 기후가 맑고 좋다는 것을 들어서 알고 기쁘고 위로되는 마음이 평소보다 배나 되었다. (…) 올해 이곳은 시중 값으로 보면 풍년이라 할 만하지만 평소 가난한 집에서는 하루를 지탱하기 어려우니 흉년이나 다름이 없네. 삼세三稅는 겨우 냈는데, 대동大同을 납부하라는 독촉이 성화星火보다 급하여 찌를 뽑는 것이 날마다 들이닥치는데, 일부一夫에 12필疋의 전錢과 목木을 백성들이 어찌 갑자기 갖추어 내서 책임을 면하겠는가.[22]

이 간찰은 집안에 종과 말의 여유가 없어 서신의 전달이 늦어졌다는 내용이다. 올해 농사는 풍년이 들었다고 하지만 대동미를 납부하기가 힘들다는 소식을 전하면서 생활이 녹록지 않다고 하였다. 가족 사이에 오고 가는 내용에는 애틋함이 묻어나는 정우가 많다. 1729년 류경시가 손자에게 보낸 간찰을 살펴보면 그 정황을 알 수 있다.

네가 동문으로 나가며 작별 인사를 하는 것을 보고 마음이 매우 좋지 않았는데, 어제 너의 편지를 보고 이러한 마음이 매우 위로되었다. 요사이 너의 할머니의 건강이 어떠하냐? 너와 난아蘭娥는 잘 지내고 있느냐? 너는 나의 행차를 걱정하지만 나는 네가 염려스럽다. 촌집은 관가와 다르니 절대로 가벼이 나가 아무 데나 다니지 마라. 이전에 두 어른께 배웠던 것을 날마다 복습해서 황군黃君에게 외워 보이는 것이 옳다. 그렇지 않으면 후일 무슨 얼굴로 나를 보겠느냐. 힘쓰고 힘쓰거라.[23]

위의 내용에서 할아버지는 손자를 염려하고, 손자는 할아버지의 안위를 걱정하는 모습을 볼 수 있다. 할아버지가 늘 손자의 글공부를 걱정하고 있음을 엿볼 수 있다. 가족 사이에 오고 가는 간찰에는 서로를 걱정하고 위로하며 격려하는 모습이 잘 드러나 있다. 그런 까닭에 오늘날 전자우편처럼 보내는 순간에 열어볼 수 있는 신속함은 없지만, 누구에게나 부모형제로부터 받은 간찰을 읽고, 잘 두었다가 또 읽는 감동이 있는 추억이 하나쯤은 있을 것이다.[24] 간찰은 소식을 전하는 수단을 넘어서 감동을 주는 그런 소통의 매체다.

예나 지금이나 인간사에 있어 관혼상제는 일상적이지만 큰일 가운데 하나다. 새로운 생명이 태어나면 일가친척이 모여서 다 함께 축하하였다. 오랜 세월 함께 지내던 어른이 세상을 떠나면 모두 모여 슬퍼하고, 상주를 위로하였다. 혹 부인이 먼저 떠나거나 자식을 앞세운 경우 위로의 말은 더욱 곡진하고, 안타까움이 잘 드러난다. 이런 간찰 가운데 1736년 9월 21일 김화중金華重이 류경시에게 보낸 내용을 살펴보면 이렇다.

소식이 막힌 지 오래되었고 여러 해 동안 그리워하였는데, 지난 초봄에 홀연히 내려주신 간찰을 받고 손을 씻고 받들어 읽으니 어찌 오랜만의 소식일 뿐이겠습니까. 인하여 당시에 정양하시는 안부가 신명의 도움을 받아 편안하시다는 것을 알았으니 우러러 위로되는 마음이 어떠했겠습니까. (…) 저는 늙고 피곤하여 남아 있는 근력이 거의 없고, 게다가 크고 작은 초상이 겹겹이 잇달아 이어지니 이는 참으로 늘그막에 피할 수 없는 것입니다. 그러나 충청도 음성현감을 지낸 아우가 작년에 먼저 세상을 떠나 이미 소상을 지냈으니 가슴이 찢어지는 아픔을 또 어떻게 이루 형용할 수 있겠습니까.[25]

나이가 들수록 자주 접하게 되는 것이 주변 사람들의 죽음이다. 가까운 친척의 장례식에는 상복을 입어야 하고, 찾아오는 조문객을 맞아야 한다. 견디기 힘들지만 죽은 자에 대한 슬픔과 안타까움은 살아가면서 겪어야 하는 일상 가운데 하나다.

다음 간찰은 1718년 9월 1일 목천광睦天光(1678~1731)[26]이 류경시가 평안도도사를 지내던 때 보낸 것으로 그는 당시 상중이었는데 또 누이의 장례를 치르고 큰고모의 상을 치렀다. 경황이 없을 때 예전부터 친분이 있었던 류경시에게 보낸 것으로 주요 내용은 다음과 같다.

상중에 있던 지는 겨우 누이의 장례를 지냈는데 또 맏고모의 초상을 당하여 줄곧 슬픔으로 지내느라 눈물이 마를 때가 없으니, 저는 어떤 사람인지 남들을 향해 말할 것이 없습니다. 용천에 부임한 새 사또가 마침 형께서 옛날에 알던 사람입니다. 관서에서 벼슬살이하던 중에 만났으니 그 반가움을 상상할 만합니다. 모든 일에 서로 믿고 의지하시니 제 말이 필요 없을 것입니다. 그런데 저희 집의 종과 말이 지금 사또를 수행하여 갔으니, 마시고 먹을 음식을 내주어 제 낯을 내어주시기 바랍니다. 또 갔다가 돌아오는 길에 궁색한 사정을 아뢰거든 약간의 곡식을 주시어 곤궁하고 굶주리는 것을 면하게 해주시기 바랍니다. 어떻습니까?[27]

위 간찰에서 보면 평안도 용천에 새로 부임하는 사또가 류경시도 아는 사람이고, 목천광의 집종과 말이 신임 사또를 수행하여 갔으니 간찰 보내는 사람의 체면을 생각해서 잘 대해주라는 부탁을 하였다.

이 밖에도 관례와 혼례, 혼담과 중매, 신혼부부의 친척 방문 일정 등을 전하는 내용과 제수를 보내는 것 등이 있다. 뿐만 아니라 객지에 벼슬살이 나가 있는 아우가 고향 큰집 형님께 제삿날 제수를 보내는 간찰에서 부모에 대한 추모의 정을 느낄 수 있다.[28]

상례가 슬픔을 이길 수 없는 의례라면 혼례는 남녀가 새로운 삶을 일구는 경사스러운 일이다. 혼례를 치르려면 혼담이 오가야 하고 혼담에는 크고 작은 문제가 있게 마련이다. 송이단宋履端[29]이 1721년 11월 19일에 류경시에게 보낸 간찰을 살펴보면 그 단서를 짐작해볼 수 있다.

저는 객지에서 지내는 형편이 그럭저럭 괜찮고 어린 손자도 병이 없으니 다행스러움을 어떻게 형용할 수 있겠습니까. 주곡注谷의 혼담이 지금까지 소식이 없어 마음속으로 몹시 괴이하고 의아스럽게 여기다가 오늘 다른 사람을 통해서 소식을 받았는데, 춘양에서 때맞추어 본가에 서로 연락을 하지 않아서 그런 것입니까? 이렇게 늦어지면 금년 연말까지 혼례를 치른다고 장담할 수 없을 것이니 몹시 걱정스럽고 걱정스럽습니다.[30]

위 간찰은 송이단이 자신의 근황을 전하고 영양의 주실마을과 혼담이 오갔는데 소식이 없어 궁금했다는 것과 이렇게 늦어지면 올해 안에 혼례를 치를 수 없을지 모른다고 걱정하는 내용이다. 당시의 혼례는 일가친척에게 통지를 해야 하고 준비할 일이 많았던 까닭에 신랑과 신부, 두 집안의 큰일이었으므로 걱정스러운 일이었음을 알 수 있다. 임신 중인 새색시에게 약을 복용하는 방법을 가르쳐주고, 연말에 혼담이 늦어져서 걱정하는 내용과 가을에 조상들의 산소에 가서 지내는 시제時祭와 묘제墓祭까지 다양하다.

농사일과 노비 등에 관한 일

조선시대는 농경사회였던 까닭에 농사에 관한 일은 중요한 문제였고, 양반 가문에서 농사를 직접적으로 담당하는 노비 문제 또한 중요한 문제였다. 뿐만 아니라 홍수와 가뭄 그리고 자연재해는 간찰의 주요한 내용 가운데 하나였다. 1723년 6월 8일 류경시가 사위에게 보낸 간찰을 보면 장마와 더위에도 불구하고 보리농사가 다소 풍년이 들어 다행스럽지만 모내기 때를 놓친 것을 안타까워하는 모습을 볼 수 있다.

요사이 장마와 더위에 시봉하는 나머지 여러 상황이 어떠한가? 그리움이 그치지 않네. 이곳은 관아의 모든 사람이 편안히 지내고 있지만 세 차례의 칙사 행차가 근래 겨우 돌아갔네. 그러나 그들이 머물면서 온갖 것을 끝이 없이 요구하였는데, 이제 겨우 말썽이 없어졌지만 앞으로도 늘 이와 같다면 반드시 대단히 고생스러울 것이니 걱정되고 걱정되네. 영남 고을은 가뭄이 심하지 않아서 비가 이미 흡족하게 내렸는가? 보리농사가 다소 풍년이라 눈앞의 근심은 풀렸지만 모내기는 때를 놓쳤다는 소식을 전해들었는데, 이는 작은 걱정이 아닐세. 이곳은 2달 동안 바짝 가물어 백성이 살고 싶은 생각이 없을 정도였는데 지난달 28일에 보지락[31]의 비가 내려 밭농사에는 충분했고, 어제는 큰비가 내려 샘마다 물이 가득하지만 언덕배기 논에 씨앗을 넣는 것은 이미 늦었으니 어쩔 수 없네. 그러나 기장과 조의 이삭이 벌써 많이 나왔고 그루갈이도 시기를 놓치지 않아서 지금 상황으로 보면 흉년을 면할 수 있다고 하니 요사이는 걱정과 고민이 조금 풀렸네.[32]

위 간찰은 장인인 류경시가 사위에게 보낸 것으로 애정과 사랑이 담겨 있다. 영남 지역은 보리농사가 다소 풍년이라 눈앞의 근심은 풀렸지만 모내기 때를 놓친 것에 대해서는 안타까움을 표하고 있다. 류경시가 현재 머물고 있는 곳은 가뭄 때문에 고생하였지만 최근 밭농사에 충분할 정도의 비가 내려 다행스러워하고 있다. 이처럼 강수량은 농사의 풍흉에 절대적인 영향을 미치므로, 농사의 풍흉에 따라 민생의 안정과 동요가 결정된다. 농경사회에서는 풍년이 들면 민심은 자연스럽게 넉넉해지고, 흉년이 계속되면 백성들의 삶이 불안해지고, 도적 떼가 도처에서 날뛰어 사회 전체가 혼란스러워진다. 간찰은 지역 민심의 동향을 살필 수 있다는 점에서도 큰 의미가 있다. 다음 간찰은 조선시대 과거시험에 관한 내용으로 1734년 권태두權泰斗가 류경시에게 보낸 것이다

> 근래 몹시 인편이 막혀 그리워 달려가는 마음만 절실합니다. 매번 사람을 보내 안부를 알아보려고 했으나 두 종이 멀리 도망간 뒤라 괴롭게도 종의 일손이 모자라 미루다가 결국 하지 못하고 한갓 아쉬운 마음만 더하였을 뿐입니다. (⋯) 저는 여름에 거듭 괴질에 걸렸다가 지금 다행히 깨어나고 있는데 집의 아이가 전부터 더워지면 늘 앓으며 신음을 했는데 금년 5월 20일 후로는 눕는 날이 많고 일어나 지내는 날이 적으며 식음을 전폐하여 형신形神이 점점 삭고 있습니다.

위 간찰 내용은 간찰을 보내고 싶었지만 노비 두 사람이 도망가서 인편이 모자라 소식을 전하지 못했다. 뿐만 아니라 5월 자식이 괴질에 걸려 고생하는데 약을 구하기가 쉽지 않다. 이처럼 간찰은 상대의 안부를 묻고, 자신의 소식을 전하면서 덧붙여 요긴한 부탁을 하기도 하는 긴요한 소통의 매체였다.

양반 집에서 노비는 농사일과 집안의 크고 작은 일부터 생산에 이르기까지 중요한 노동력이다. 그런데 목천현 형제가 류경시에게 보낸 간찰에 따르면 노비들이 까닭 없이 신공身貢을 바치지 않는다는 사실과 1728년에 지독한 전염병이 돌아 노비들이 많이 죽었기 때문에 형편이 어려워졌다는 내용을 전하고 있다. 게다가 도망간 노비를 잡아오고 싶지만 주인이라고 함부로 잡으러 갔다가는 낭패를 당할 수 있으니, 관

청의 힘을 빌리지 않고는 잡아올 수 없다는 사실과 함께 도움을 청하고 있다. 도망간 노비를 잡으러 갔다가 노비가 순순히 돌아오면 다행이지만 도망갔을 때에는 더 이상 주인집에 머물 수 없을 만한 이유가 있기 때문일 것이다. 그런 까닭에 영문도 모르고 잡으러 갔다가는 큰 봉변을 당할 수도 있고, 자칫하면 목숨을 잃을 수도 있었다. 그런 까닭에 도망간 노비를 잡으러 갈 때는 사전에 관청에 알려서 포졸과 함께 가는 것이 일반적인 일이었다.[33]

이 밖에도 간찰에는 아들의 과거시험을 두고 글공부를 걱정하는 모습과 벼슬길에 나간 자식의 안위를 걱정하는 장면 등이 흔히 볼 수 있는 풍경이다. 이러한 풍경은 할아버지가 손자에게 보내는 간찰에도 드러난다. 뿐만 아니라 친구와 명산대천을 찾아 함께 여행을 떠나면서도 먼저 출발한 사람의 안위를 걱정하는 모습과 어디에서 만날 것을 약속하고 헤어지는 장면 등은 애틋함마저 느껴진다. 마을에 전염병과 기근이 돌게 되면 많은 사람이 죽어가는 모습을 쳐다보아야 하고, 내 집안에 그런 참혹한 일이 일어나면 차마 말을 잇지 못하고, 가슴 아프다는 말만 되풀이하는 것을 볼 수 있다.

독서와 공부, 과거시험 그리고 문집 발간

조선시대 과거에 합격하는 것은 출세할 수 있는 유일한 길이었다. 그런 까닭에 글을 읽는 유학자에게 과거는 늘 관심의 대상이었다. 과거에 합격하는 것은 양반 사대부로 살아가기 위해, 자신의 체모를 유지하고 경제적으로 여유를 갖기 위해, 자신과 가문의 유지를 위해 필수적인 요소였다.[34] 뿐만 아니라 자식과 손자의 글공부를 점검하고,

선조의 문집을 편찬하는 것 또한 중요한 일이었다. 이러한 모습이 간찰에서 어떻게 나타나는가를 앞서 인용한 1734년 권태두가 류경시에게 보낸 간찰을 살펴보면 다음과 같다.

> 과거가 머지않은데 응시는 바랄 수 있는 것이 아니나 (괴질의) 증세가 이와 같으니 여기의 걱정과 답답함을 말로 어찌 다 하겠습니까. 약을 쓰려고 하는데 마을의 계契에서 가지고 있는 당약唐藥과 향약鄕藥의 환은 그 가격이 매우 높아 또한 얻을 수 없고 현에서 겨우 내어 쓰니 더욱 답답하고 답답합니다. 귀댁의 약상자 속에 만약 당약재와 향약재를 저장해둔 것이 있으면 있는 대로 보내주시는 것이 어떻겠습니까?[35]

몸은 괴질에 걸려 불편하고 집안에 여러 복잡한 일이 생겨서 과거를 보러 가고 싶지만 여의치 않다. 약을 쓰고 싶지만 값이 비싸고 쉽게 구할 수 없는 상황이니 혹시 보관하고 있는 약이 있으면 보내달라는 내용이다. 상황은 몹시 절박하지만 제대로 손을 쓸 수 없는 안타까운 상황에서 도움을 요청하는 간찰이다.

1726년 류사영이 아버지 류진현에게 보낸 간찰을 살펴보면 과거 급제는 집안의 경사이므로 비록 집안에 초상이 나서 슬픔에 잠겼을지라도 자식의 과거 급제는 영광스러운 것이었고, 이웃과 함께 축하하는 축하잔치를 열겠다는 사실을 알리고 있다.

> 요즈음 큰종조모의 병환이 날로 침중해지더니 23일 유시酉時에 결국 돌아가셨으니, 통곡하고 통곡痛哭하는 것 외에 무슨 말을 하고, 어떤 말을 할 수 있

겠습니까? 올해 과거에 급제한 것은 실로 우리 집안에서 30년 동안 없었던 일입니다. 그렇지만 또 이렇게 상변喪變을 당하여 끝내 영귀榮歸할 수 없을 것이니 인정이나 도리에는 비록 어긋나지만 이 또한 어떻게 하겠습니까. 그렇지만 위로는 조상의 산소가 있고 아래로는 부모님이 계시니 도문연到門宴[36]을 하지 않아서는 안 될 것이므로 이곳에 계신 분들의 뜻을 따라 장례를 치른 뒤에 축하잔치를 열자고 합니다.[37]

과거시험 못지않게 중요한 것은 조상들의 문집을 편찬하는 일이었다. 1897년 변태균이 보내는 간찰을 보면 류경시의 아들인 류진현과 손자인 류홍원의 문집을 발간하기 위해서 저술을 베껴 보내는 사연을 알 수 있다. 변태균의 집안과 류경시의 집안은 대대로 친밀하게 지낸 사이였음을 알 수 있다.

> 균헌筠軒[38]과 강포江浦[39] 두 분 선생께서 쓰신 글을 돌아와서 찾아보니 초고 두 개가 있는데, 한 개는 좀이 슬어 완전히 상하여 베낄 수 없어 우선 한 개만 베껴서 보냅니다. 그러나 또한 사이마다 빠진 글자가 많고, 만장挽章은 유고遺稿에 실려 있어서 모두 적어서 보냅니다. 아, 두 집안이 옛날에는 이처럼 친밀했지만 후손들은 소원해져 문득 서로 멀리 떨어져 어울려 지내지 않는 것 같아 옛일을 돌아보니 몹시 서글프고 한탄스럽습니다.[40]

예전에 문집을 발간하는 것은 많은 것을 준비해야 하는 큰일이었다. 구체적으로 살펴보면 문집의 주인공이 남긴 글을 수집하고, 목판을 제작하고, 나무판에 글씨를 새길 각수를 고용하고, 교정과 모든 과정을

26

주관할 수 있는 학자를 초빙해야 하는 등 과정이 복잡했다. 이 밖에도 시를 짓는 데 운韻자를 묻는다[41]든가 아들과 손자의 공부를 점검하는 일[42] 등 글 짓는 일과 관련된 일로 보낸 간찰도 적지 않다.

관직 제수와 승진, 조정 소식

1716년 류경시는 대과에 합격하고 중앙부처의 요직인 이조좌랑에 제수되었다. 당시 관직의 적체 현상이 심각하였는데도 요직에 나아갈 수 있었던 것은 그에게 무척 다행스러운 일이었는데 감회를 이렇게 표현하였다.

> 11일 정사에서 이조좌랑 관직館職[43]을 받게 되었습니다. 이것은 올라온 후 처음 있는 실직에 대한 결원입니다. 지금 관직이 적체되어 있는 사람이 많은데 결단코 의망에 들어가지 못했으며 참판參判이 홀로 정사하여 수의首擬에 넣어 낙점을 입었으니 늦은 나이의 공명은 크게 볼 것도 없지만 종형從兄이 아직 남쪽으로 내려가기 전에 이것을 얻어 다행일 뿐입니다.[44]

조선시대 때 벼슬길에 나아가는 것은 영광스러운 일이었고, 주변 사람들은 축하의 인사를 전하였다. 중앙 요직에 있었던 류경시는 1721년 지방 수령으로 외직에 나가게 된다. 지방 수령은 목민관으로서, 백성의 삶을 현장에서 직접 살피는 관리로 민생을 돌보는 데 있어 지방관의 의식과 자세는 매우 중요한 것이었다. 김이단이 류경시에게 보낸 간찰에서 그런 면을 읽을 수 있다.

지난번 화부花府(안동부)의 인편을 통해 지방 수령으로 가셨다는 소식을 들었는데 자세한 내막을 몰라 답답하였는데, 어제 당신 아들의 간찰을 받고 비로소 정확한 소식을 들었습니다. 수천 리 추운 여정에 행역行役이 몹시 고생스러웠다고 해도 30년 동안 외롭고 가난하게 지내다가 비로소 한 고을을 맡아 부모님을 봉양하게 되었으니 이 또한 친구 사이에 위로되고 축하할 만합니다.[45]

류경시가 1725년 9월 17일에 그의 형인 류정시에게 보낸 답장에서 지방 수령으로 부임해보니 찾아오는 사람은 많은데 관아의 창고가 비어 있어 큰 고민에 빠졌다고 털어놓았다. 이러한 사실은 류경시가 목민관으로서 청렴한 생활을 했다는 반증이기도 하다. 그 내막을 살펴보면 다음과 같다.

손님과 찾는 사람이 줄을 잇습니다만 관아의 창고가 텅 비어 마음의 병이 크게 났으나 이때는 가려고 해도 가지도 못하니, 애초에 이를 미리 생각하지 못하고 들어온 것이 한스러울 따름입니다만 어찌하겠습니까. 나머지는 다 갖추지 못합니다. 살펴주시기를 삼가 바라오며 답장을 올립니다.[46]

류경시는 지방 수령으로서 외직에 나가 있으면서도 항상 중앙정계의 움직임에 관심을 가지고 있었다. 이것은 어쩌면 당연한 일로 자신과 연관이 있는 인물의 정치적 동향을 주의 깊게 지켜보고 있었다는 것이다. 이 시기는 1744년으로 류경시가 양양부사로 재직할 때였던 것 같다. 이 무렵 오명항은 강원도관찰사로 제수되었다.[47] 이 무렵 류경시는 외직에 나가 있는 아들 진현에게 다음과 같은 소회를 밝혔다.

어제 간찰을 받아보고 벼슬살이가 줄곧 평온하다는 사실을 알고 위안이
되었다. 요즈음도 한결같이 지내느냐? 칙사勅使[48] 행차가 황해도 북쪽 황
주에서 이틀을 묵고 오늘 역참에 도착한다고 하는데, 이곳에서 며칠 동안
머물지 모르겠다. 접대하는 일이 벌써부터 몹시 걱정스러운데 대접하려
고 미리 준비한 물건들이 많이 부패하여 일마다 절박하지만 어떻게 하겠
느냐. 새로 임명되는 관찰사에 오명항吳命恒(1673~1728)[49]과 송성명宋成明
(1674~1740)[50]이 비의備擬[51]되어 수망首望[52]으로 낙점落點을 받았다고 한
다. 이상사李上舍가 어제 아침에 보러 왔는데 이전 간찰에 답이 없어서 혹
시 일이 밀려서 늦어지는 것이 아닌가 걱정되어 저인邸人[53]을 불러서 물
어보았다고 하였다. 그 전에 비록 먼저 간찰을 보냈더라도 답장을 때맞춰
쓰지 않아서는 안 된다.[54]

위의 내용을 보면 중국 사신이 황주를 거쳐 류경시가 관할하는 양양
지역을 지나 한양으로 갈 예정인데 중국 사신인 칙사를 접대하는 일이
여간 어려운 일이 아님을 알 수 있다. 다만 오명항이 강원도관찰사 후
보로 내정되었다는 내용이어서 이 시기가 정확한지는 알 수 없지만 전
후 정황상 이때로 추정된다.

전염병과 자연재해 대처 방안

의료시설과 장비가 취약했던 조선시대 때 기근이나 전염병의 유행
은 공포의 대상이었다. 전염병의 유행으로 온 가족이 사망하여 시

신을 장사 지내지 못하는 일도 있었으며, 학교였던 향교가 문을 닫고, 국가적 행사인 과거시험도 연기하는 사례가 왕왕 있었다고 한다.[55] 1707년에 류경시가 단구丹丘에서 집안 어른인 듯한 사람에게 받은 간찰에 따르면 안동 지역에 천연두가 만연하여 걱정하는 모습이 보인다.

> 사도師道가 안동에서 와서 이곳에서 묵고 다음 날 집으로 돌아갔는데, 그
> 날 중순仲純이 와서 말하기를, 중숙衆叔 노인께서 천연두에 걸려서 물집이
> 생겼다고 하니 놀랍고도 걱정스럽네. 사도가 혼자서 큰 우환을 감당해야
> 하는데, 급하고 당황하여 어찌할 줄 모르고 갈팡질팡할 것 같으니 매우 염
> 려가 되네.[56]

조선시대 전염병은 마땅한 대책을 세우기 어려운 무서운 질병이었으므로 질병에 걸린 환자를 피하는 것이 최선이었다. 당시 역병은 두려움의 대상이었기 때문에 역병이 번지기 시작하면 조상의 차례와 제사도 지내지 않았다고 한다. 경북 예천군에 살았던 초간 권문해는『초간일기』1582년 2월 15일자에서 "집안에 역병이 번지기 시작하여 가묘家廟에서 차례를 행하지 못하니 몹시 미안하였다"라고 하였다.[57] 안동 예안의 계암 김령의『계암일록』1609년 5월 1일자를 보면 "홍역이 아주 가까운 곳까지 퍼졌다"라고 하였다. 이어 5월 5일자에서 "역병 때문에 차례를 중단했다"[58]라고 기록하였다. 전염병은 조상에 대한 제사와 차례마저 간소하게 하거나 아예 지내지 않을 정도로 무서운 질병이었던 것이다.

이 시기는 전염병도 무서운 것이었지만 가뭄과 홍수와 같은 자연재

해는 수시로 엄습하였으며 많은 인명과 재산을 앗아갔기 때문에 그 피해 또한 적지 않았다. 1728년 류춘시가 형 류경시에게 보낸 간찰에 따르면 홍수 피해가 컸음을 알 수 있다.

> 두 달 동안 비가 연일 지루하게 내려 소식이 오래도록 막혀 늘 우울했던 차에 관아의 인편이 비로소 도착하여 주신 간찰을 받고 장마 더위에 모든 생활이 편안한 줄 자세히 알았으니 삼가 지극히 위로되고도 기뻤습니다. (…) 이삭이 핀 이후로 비가 연일 쏟아지면서 꼿꼿이 서서 결실을 하지 못하였고 참밀도 메뚜기의 피해로 결실을 하지 못한 때문입니다. 올해 농사가 많게는 40여 두락에 이르는데 제초 작업이 늦어져서 잡초가 우거져 다스리기 어려운 지경이 되는 것을 면하지 못할 듯하고 비가 지루하게 내려 싹이 트는 데에 손상이 많을까 염려스럽습니다.[59]

홍수뿐 아니라 가뭄도 매한가지로 마음을 졸여야 하는 상황이다. 가뭄의 상심과 피해 또한 적지 않았음을 1729년 류정시가 아우인 류경시에게 보낸 답장에서 살펴볼 수 있다.

> 이곳은 가뭄 피해를 입어 보리 싹이 제법 손상되어 온 마을이 앉아서 손실을 당했는데, 지난 29일에 갑자기 호미 한 자락만큼 비가 왔으니, 혹시 큰 손실에까지는 이르지 않을는지 모르겠네.[60]

조선시대 전염병과 자연재해는 백성들의 삶을 송두리째 파괴시키는 무서운 재앙이었다. 그 범위가 넓고, 피해자의 숫자 또한 적지 않았기 때문이다. 이러한 자연재해를 극복할 만한 마땅한 대안이 없었던 당시로서는 하늘만 바라볼 수밖에 없었고 위정자 또한 하늘에 제사를 지내는 것 외에는 달리 뾰족한 방법이 없었다.

명산대천을 유람하는 기행

산수유람기는 이름난 명산대천을 찾아 경치를 즐기며 유람하는 기록을 말한다. 문학의 형식으로는 기문記文의 한 갈래에 속하지만 산수를 자연의 일부로 인식하여 그 속에 있는 누정과 사찰 등과 같은 건축물도 포함시켰다.[61] 조선시대에는 글을 읽는 사람이라면 누구나 한번쯤 금강산을 가보기를 꿈꾸었다. 금강산은 '금강'이라는 이름이 『화엄경』에 실려 있고, '중향성'이라는 이름이 『마하반야경』에서 나왔다는 믿음 아래 오랫동안 '재현된 불국佛國'으로 인식되어왔다. 신선이 사는 선계仙界이자 선경仙境이면서 제일의 경치로 누구나 찾아가서 구경하기를 소망했던 산이기도 했다. 간찰은 종이가 귀하던 시기라 한정된 지면에 자신의 감정을 담아내야 했기 때문에 표현이 제한적일 수밖에 없었다. 류경시는 1727년 강원도 양양부사로 임명되자 이듬해 금강산 유람을 떠났다. 1728년 류경시가 형 류정시에게 보낸 간찰을 살펴보면 금강산 절경에 대한 소회를 이렇게 담아내었다.

저는 출발한 지 하루 이틀에 과연 고성에 도착하였습니다. 13일에 아사亞使와 함께 삼일포와 사선정四仙亭을 유람하였고 저녁이 될 무렵 비로소 금강외산金剛外山에 들어왔는데, 두 고개가 가파르고 험하여 견여肩輿로는 지나가기 어려웠으며 도보로도 위태하여, 한 발 한 발 전진하여 14일에 겨우 유점사榆岾寺에 도착하였습니다. (…) 만이천봉의 기이한 승경을 과반 이상 보았으니 시원하게 바람을 타는 느낌이 들었습니다. 제가 이 산에 들어오지 않았다면 정말 평생의 숙원이 되었을 것입니다.[62]

누구나 한번쯤 구경해보고 싶은 금강산의 아름다운 경치에 대한 조선시대 한 지식인의 감상을 작은 종이 한 장에 적어내고 그것을 대여섯 줄로 요약한 글에서 그 감흥이 얼마나 전달될 수 있을 것인가. 금강산을 보지 못하였다면 그 아름다움을 상상하면서 평생 한을 안고 살았겠지만 이제 보았으니 평생의 숙원을 풀었다는 한마디는 금강산이 얼마나 절경인지를 가늠케 해준다. 함벽당 집안 간찰 가운데는 금강산뿐만 아니라 류경시의 부인이 아들과 함께 강릉 대관령을 넘어가는 풍경이 묘사된 것도 있는데, 그 내용을 간추려보면 다음과 같다.

내행[63]은 응당 대관령을 거칠 것인데 대관령은 곧 강릉 지역이다. 반드시 가마꾼이 곳곳에서 기다려야 전복될 우려가 없다. 어제 들으니, 강릉 수령이 수일 안에 고향 행차가 있다는데 그전에 서로 알지 못하면 필시 낭패가 될 수 있으므로 여기서 곧바로 안부 간찰을 오梧에 붙였다. (…) 서모의 행차는 응당 울진에서 곧바로 뒤따라 옮겨 오되, 서제庶弟가 만약 나온다면 이렇게 말하고, 그사이에 만약 비나 눈을 만나 고개가 막히면 또한 봄이 오기를 기다려도 어찌 늦겠느냐.[64]

류경시가 양양부사로 부임한 그해 처와 자식이 임지를 방문하는 과정에서 대관령을 넘고 강릉을 거치게 되는데 사전에 강릉부사와 교감을 가지고 부인의 행차에 편의를 부탁한 것을 미루어 짐작할 수 있다. 흥미로운 사실은 대관령에 눈이 내리면 이듬해 3월 눈이 녹을 때까지는 출입을 할 수 없었다는 사실이다.

옛날 편지에는 이런 내용이 담겨 있었다

지금까지 전주 류씨 함벽당 종가의 간찰을 중심으로 한 편의 글을 구성해보았다. 간찰이란 것은 일상생활에서 일어나는 일을 상대에게 전하는 글이다. 그 가운데는 부모와 자식, 형제와 친척에게 보내는 것도 있고, 스승과 선배, 친구와 후배에게 보내는 것도 있어 그 내용이 다양하다. 이렇게 다양한 내용을 유형별로 나눠본다는 것이 어쩌면 무리한 시도일 수도 있지만, 세상의 일을 분류하여 길흉화복을 판단하는 『주역』이라는 책이 있듯이 누군가 또 언젠가는 이런 시도를 해볼 수 있어야 한다는 판단에서 시론으로 시도해 보았다. 어려웠던 부분은 내용이 다양하여 쉽지 않았다는 점과 관점에 따라 분류가 달라질 가능성이 있다는 점이었다. 여러 가지 유형으로 분류할 수 있지만 대체로 '일상의 안부를 묻고 관혼상제를 알리는 내용', '농사일과 노비 등에 관한 일', '독서와 공부 그리고 과거시험과 문집 발간'에 관한 내용, '관직 제수와 승진, 조정 소식', '전염병과 자연재해에 대한 대처 방안', '명산대천을 유람하는 기행'의 6가지 유형으로 구성해보았다. 간찰은 상대에 대한 그리움을 전제로 한다. 보고 싶은 사람을 볼 수 없는 상황에서 글로 전하기 때문에 아무리 곡진하더라도 하고 싶은 말을 모두 담아낼 수는 없다. 그러기에 더욱 간절한지도 모른다.

조선 후기 사회에서 간찰은 일상생활 가운데 일어난 소소한 일에서부터 국가의 중대사를 논하는 일에 이르기까지 여러 가지 사안을 받는 사람에게 전달하는 중요한 통신수단이었다. 그런 까닭에 간찰의 소재가 되는 것은 생활 전반의 모든 일이 될 수 있었다. 멀리 떨어져 있으면 가장 궁금한 것이 가족의 안부와 소식이므로, 간찰 가운데는 일상의 안부를 묻고 자신의 소식을 알려주는 내용이 가장 많다. 이런 간찰의 성격은 어떤 집에서나 수시로 일어나는 새 생명이 태어나고, 병들어 고통스러워하며, 누가 죽었다는 길흉화복이 교차하는 관혼상제가 주류를 이루는 것은 당연한 일이다. 인간사에서는 먹고사는 문제가 가장 중요한 까닭에 농사의 풍흉은 간찰의 주요한 내용이다. 농사의 풍흉은 날씨와 깊은 관계가 있기 때문에 가뭄과 홍수 등 자연재해는 간찰에서 빼놓을 수 없는 항목이다. 의료시설이 제대로 갖추어지지 않았던 조선시대 전염병의 유행은 한 가족뿐만 아니라 마을 전체를 죽음으로 몰아넣을 수도 있는 큰 재앙이었다. 이런 재앙이 발생하면 사람들은 두려움에 떨며 조상의 제사도 모시지 않았으며, 나이 든 부모를 모시고 멀리 산속 절간으로 피신하는 경우도 있었다. 이 경우 전염병의 발생 사실을 외부에 알리는 것은 전염병을 대비하고 이 지역에 출입하지 말라는 경고의 성격을 띠기도 한다. 이러한 점에서 소통이 자유롭지 못했던 조선시대에 간찰이 가진 효용성을 짐작해볼 수 있다.

농사의 풍흉은 모든 백성의 주된 관심사였으며, 간찰의 주요 내용이 되기도 한다. 같은 시기를 살았지만 공간이 달라서 일어나는 다양한 현상에서 당시의 시대상을 알 수 있다. 농사의 풍흉이 간찰의 주요

소재인 까닭은 농경사회에서 농사는 당시 사회 경제의 기본 척도였기 때문이다. 농사의 풍흉과 직접적인 관계가 있는 강수량과 기후 변화는 간찰에서 빠지지 않는 항목이며, 계절인사와 더불어 간찰의 앞부분에 빠지지 않고 언급되는 것을 볼 수 있다. 문안 간찰은 주로 아랫사람이 윗사람에게 보내지만 부모나 스승 그리고 친구가 소식과 안부가 궁금해서 보내는 경우도 많다. 기후 변화와 함께 빼놓을 수 없는 것이 농사의 작황에 관한 것이다. 작황에 대해서는 발신자 측의 상황을 전하면서 수신자 측의 상황을 묻는 것이 일반적이다. 왜냐하면 작황에 관한 정보는 모두에게 중요했기 때문이다. 작황과 더불어 농민들에게는 세금이 무서운 과제였음을 간찰을 통해서 알 수 있다. 농사는 예년과 비교해서 비슷하지만 거기에 부과되는 대동미와 여러 가지 잡세의 부담이 커서 생계유지가 어렵다는 하소연은 공문서보다는 사문서인 간찰에 더 생생하게 묘사되어 있다.

관혼상제에 관한 내용 또한 중요한 주제였다. 관혼상제는 일상생활에서 누구나 경험하는 의례지만 혼자만의 힘으로는 감당하기 어려운 일이다. 그런 까닭에 농경사회였던 조선시대는 관혼상제를 당하면 주변의 일가친척과 이웃이 함께 모여 공동으로 이 문제를 해결하였다. 특히 상례와 혼례를 당하면 이웃에서 공동으로 해결하기 위해 계모임 결성이 이루어지기도 하였고, 일가친척은 내 일처럼 힘을 보태기도 하였다. 관직에 나아간 관료는 빈번한 초상으로 관직 생활에 전념할 수 없던 사회적인 분위기를 알 수 있을 정도다. 왜냐하면 조부모나 부모의 상을 당하면 관직을 버리고 고향으로 돌아가 삼년상을 치러야 했기 때문에, 상례는 관직 생활을 하는 데 걸림돌이었지만 이것을 부정할 수 있는 사람 또한 없었다. 위와 같이 공동체사회에서 함께 생활하면서 누구나 당하게 되는 일상생활의 문제를 해결하기 위해서 간찰을 통해 도움을 청하기도 하고, 소식을 듣게 되면 자청해서 도움을 주는 문화가 형성되어 있었음을 알 수 있다. 뿐만 아니라 고위 관리에게는 아는 사람의 승진을 부탁하거나, 처벌을 의뢰하기도 하는 등 여러 가지 형태의 인사청탁도 볼 수 있다.

이 밖에도 간찰에는 노비추쇄와 종모법을 두고 멀리 있는 사람에게 노비 문제 해결을 위해 부탁하는 경우도 있었다. 시대 상황과 맞물려 부침에 휩싸이는 사대부 집안의 성쇠에 따라 노비 문제는 부차적으로 따라다녔다. 충효가 중시되었던 사회적인 분위기 속에서 효행과 부인의 정절은 칭송의 대상이었다. 이처럼 간찰에는 당시 정치·경제·사회상과 더불어 풍속이 잘 드러나 있음을 알 수 있으며, 이러한 현상은 당시의 시대상을 반영하고 있음을 알 수 있다.

간찰의 모든 내용을 전하지 못하고 그 가운데 주요한 내용의 일부만으로 구성한 것이라서 허점이 많다고 자인할 수밖에 없다. 많은 분들의 조언을 받아 보다 성숙된 글쓰기로 풍성한 내용을 담을 수 있는 계기가 되었으면 한다.

참고문헌

권문해, 장재석·박미경·이지락·김정기 옮김,『국역 초간일기草澗日記』, 한국국학진흥

　　원, 2012.

김상환,「간찰을 통해 본 扶安金氏家의 교유관계 – 陶菴 李縡가 醉醒堂 金守宗에게 보낸 親

　　筆 簡札자료를 중심으로」,『장서각』12, 한국학중앙연구원, 2004.

김홍구,「趙大壽가 받은 간찰 모음 –『卿宰簡札』譯註」, 고려대학교 고전번역협동과정 고

　　전번역전공 박사학위 논문, 2020.

김효경,「『寒暄箚錄』에 나타난 조선 후기의 간찰 양식」,『서지학보』27, 2003.

김효경,「18세기 간찰교본『簡式類編』연구」,『장서각』9, 2003.

김효경,『조선시대 간찰 서식 연구』, 한국학중앙연구원 박사학위 논문, 2005.

김효경,「조선 후기에 간행된 간찰서식집에 대한 연구」,『서지학연구』33, 한국서지학회,

　　2006.

김효경,「조선시대 간찰의 서명」,『簡札 1』, 국립중앙박물관 소장, 역사자료총서 Ⅲ,

　　2006.

박대현,『한문서찰의 격식과 용어 연구』, 영남대학교 박사학위 논문, 2010.

박대현,『한문서찰의 격식과 용어』, 아세아문화사, 2012.

박은정,「조선시대 유자(儒者)의 공간의 의미화 양상과 그 의미 – 금강산 유산기」,『한국

　　문학과 예술』34, 한국문학과예술연구소, 2020.

심경호,「강화학파 관련 새 자료의 발굴과 강화학파 연구의 과제」,『인천학연구』13, 인천

　　대학교 인천학연구소, 2010.

심경호,『간찰』, 한얼미디어, 2009.

이상무, 「조선시대 기근과 전염병에 따른 학교와 과거제의 운영: 17세기 후반 소빙하기를 중심으로」, 『교육사학연구』30(2), 교육사학회, 2020.

임재완, 「『이산창화집(二山唱和集)』과 다산 정약용의 집안 간찰에 대하여」, 『다산과 현대』10, 2017.

전병용, 「조선시대 한글 간찰의 [결말] 구성과 유형에 대한 고찰」, 『동양고전연구』61, 동양고전학회, 2015.

정병호, 「경북 동해안 산수유람기 해제」, 『경북 동해안 산수유람기』, 한국국학진흥원, 2012.

정진영, 「조선 후기 간찰자료의 존재형태 – 문집 '書'와의 비교를 중심으로」, 『역사와 경계』102, 부산경남사학회, 2017.

최병규, 『茶山 간찰에서 읽는 實學的 書藝美學과 經學思想 연구』, 성균관대학교 유학과 박사학위 논문, 2014.

하영휘, 「한 유학자의 서간을 통한 19세기 호서 사회사 연구」, 서강대학교 사학과 박사학위 논문, 1994.

한국국학진흥원, 『涵碧堂』, 한국국학진흥원 국학자료목록집 29, 2016.

홍인숙, 「언간을 통해 본 19세기 양반가의 일상과 문화 – 초계 정씨 가문의 여성 한글 간찰을 중심으로」, 『韓國古典研究』47, 한국고전연구학회, 2019.

1 정진영, 「조선 후기 간찰자료의 존재 형태 – 문집 '書'와의 비교를 중심으로」, 『역사와 경계』 102, 부산경남사학회, 2017, 31쪽.

2 정진영, 위의 논문, 26쪽.

3 홍인숙, 「언간을 통해 본 19세기 양반가의 일상과 문화 – 초계 정씨 가문의 여성 한글 간찰을 중심으로」, 『韓國古典研究』 47, 한국고전연구학회, 2019; 전병용, 「朝鮮時代 한글 簡札의 [結末] 구성과 유형에 대한 고찰」, 『동양고전연구』 61, 동양고전학회, 2015.

4 박대현, 『한문서찰의 격식과 용어』, 아세아문화사, 2012, 15쪽.

5 양선진, 「퇴계와 고봉 : 四端七情의 현대적 해석」, 『동양철학연구』 87, 동양철학연구회, 2016.

6 김효경, 「조선시대 간찰의 서명」, 『簡札 1』, 국립중앙박물관 소장, 역사자료총서 Ⅲ, 2006.

7 위와 같음.

8 「起頭類」, 『寒暄箚錄』.

9 박대현, 앞의 책, 32~33쪽.

10 하영휘, 「한 유학자의 서간을 통한 19세기 호서 사회사 연구」, 서강대학교 사학과 박사학위 논문, 1994; 김효경, 「조선시대 간찰 서식 연구」, 한국학중앙연구원 박사학위 논문, 2005; 박대현, 「한문서찰의 격식과 용어 연구」, 영남대학교 박사학위 논문, 2010; 최병규, 「茶山 간찰에서 읽는 實學의 書藝美學과 經學思想 연구」, 성균관대학교 유학과 박사학위 논문, 2014; 김홍구, 「趙大壽가 받은 간찰 모음 – 『卿宰簡札』 譯註」, 고려대학교 고전번역협동과정 고전번역전공 박사학위 논문 2020.

11 현존하는 간찰의 글씨는 대부분 초서로 작성되어 있다. 초서란 날려서 함부로 쓰는 것이니 스승이나 부형, 특히 예와 형식을 갖추어야 하는 혼서婚書나 위장慰狀 등에는 쓰이지 않는다.

12 김상환, 「陶菴 李縡가 醉醒堂 金守宗에게 보낸 親筆 簡札자료를 중심으로」, 『장서각』 12, 한국학중앙연구원, 2004, 24쪽.

13 김효경, 「조선시대 간찰 서식 연구」, 한국학중앙연구원 박사학위 논문, 2006.

14 박대현, 앞의 논문.

15 최병규, 앞의 논문.

16 김상환, 앞의 논문.

17 김주부, 「전주 류씨 함벽당 종가의 가계와 기탁 자료의 가치」, 『涵碧堂』, 한국국학진흥원 국학자료목록집 29, 한국국학진흥원, 2016, 212~215쪽.

18 김효경, 앞의 논문, 박대현, 앞의 논문 참조.

19 김상환, 앞의 논문.

20 소장번호 000000060402. 류경시가 황원장에게 보낸 간찰. "先施問札在案, 感慰難量. 而苦無 □□信, 尙稽奉復, 徒積恨菀而已 (…) 前索猪心, 今春享不得入齋, 轉借二部, 苦 □(送)委便, 而竟致腐爛棄之, 石菖蒲再求面中, 所得只此, 今始覺呈耳. 甲午二月廿五, 弟 敬時 □□."

21 위와 같음. "近聞寅在沙月, 稍可寬慰耶? 近古一身幸無事, 初欲乘間一往, 而三家一騎, 長在邑中, 隣無借乘處, 末如之何也. 或望貴鬘之見送, 而此亦豈易耶. 德谷過厥子醮禮於乃城金哲氏

家, 新婦極哲云, 何幸如之. 所懷千萬, 非筆可旣. 適逢輞川去奴, 撥忙暫候, 不宣. 伏惟下照, 謹謝上狀. 甲午二月卄五, 弟 敬時 □□."

22 소장번호 000000060109. 류정시가 류경시에게 보낸 간찰. "官使回還後, 音阻已久, 方切懸菀, 卽因祭駄便, 承審淸和, 政履氣況淸勝, 欣慰倍恒 (…) 今年此地, 以市直觀之, 則可謂豐歲, 而素貧之家, 日支之艱, 無異凶歲, 三稅纏納, 大同之督納, 急於星火, 抽桎逐日墮突, 一夫十二疋錢木, 民何以卒備免責?"

23 소장번호 000000060456. 류경시가 손자에게 보낸 간찰. "見汝出東門拜辭, 心緒甚不好, 昨見汝書, 頗慰此懷. 日來, 汝大母調候, 何如? 汝及蘭娥, 亦保眠食耶? 汝以吾行爲慮, 而吾亦以汝爲念. 村舍異於官家, 切勿輕出遊放. 日習前學二丈, 誦于黃君爲可. 不然, 則他日何面見我乎. 勉之勉之."

24 심경호, 『간찰』, 한얼미디어, 2009, 4쪽.

25 소장번호 000000060362. 1736년 9월 21일 김화중이 류경시에게 보낸 간찰.

26 모천광의 자는 중휘仲暉, 호는 치재恥齋다. 본관은 사천泗川으로 아버지는 대사헌 목임일睦林一이다. 숙종肅宗 31년(1705) 증광시에 진사 3등으로 입격하였다. 1728년에 일어난 무신란戊申亂의 모의 가담자로 이름이 거론되어 그의 형 목천임睦天任, 아우 목천운睦天運과 함께 1730년에 붙잡혀 1731년에 장살되었다.

27 소장번호 000000059953. 1718년 9월 1일 목천광이 류경시에게 보낸 간찰. "纔經姊妹之葬. 又罹伯姑之喪. 一味悲阻. 淚眼無乾時. 此何人哉. 無足向人道者. 龍川新使君. 豈非兄舊相識乎. 關外萍涂. 其喜可想. 凡百相恃, 不待弟言. 而鄙家奴馬, 方隨其行. 幸推茶啖以生光輝, 往返之時. 若有告窘之事. 幸圖惠若干糧太. 俾免阻飢. 如何."

28 소장번호 000000060109. 류정시가 아우 류경시에게 보낸 답장. "官使回還後, 音阻已久, 方切懸菀, 卽因祭駄便, 承審淸和, 政履氣況淸勝, 欣慰倍恒. 第聞嫂氏宿痾, 入夏頗苦, 旋切遠慮. 晋姪亦無撓抵達, 可幸, 而相對想益悲悼也."

29 송이단의 자는 신초愼初, 호는 기산岐山, 본관은 야성冶城이다. 영주榮州에 거주하였고, 1723년 문과에 급제하여 좌랑을 지냈다.

30 소장번호 000000060358. 1721년 9월 21일 송이단이 류경시에게 보낸 간찰.

31 비가 온 양을 헤아리는 말이다. 보습이 들어갈 만큼 빗물이 땅속에 스며든 정도를 가리키며 한자로는 이우犂雨라고 한다.

32 소장번호 000000060290. 1723년 6월 8일 류경시가 사위에게 보낸 간찰. "卽玆潦炎, 侍餘□況居似? 懸戀不舍. 此間渾衛安過, 而三次之勅, 頃纔回去. 而留滯求索, 罔有紀極, 僅免生事, 而前頭每如此, 則必有大段苦境, 可慮可慮. 南鄕□旱不甚, 而雨已洽耶? 傳聞麥事稍登, 可紓目前之憂, 而移秧失時, 則此非細慮也. 此地兩月焦曠, 民無生意, 去卄八得數犁雨, 田則優洽, 昨日得大霈, 水泉漲滿, 而崗畓付種, 已晩無及. 然黍粟已多發穗, 根耕隨意無失, 卽今所見, 可以免凶云, 近來稍紓憂悶也. 癸卯 六月八日, 外舅 欽若."

33 소장번호 000000059951. 목천현 형제가 류경시에게 보낸 간찰. "仍悚底有婢小吡之, 其子長男金老郞金者, 而昨今年貢膳, 無端廢却, 已極可惡, 且今歲毒癘, 如干使喚, 死亡殆盡, 長男金者, 切欲捉來使喚, 如無官威, 無以致之."

34 정재훈, 「전주 류씨 함벽당 종가 간찰 해제」, 『전주 류씨 함벽당 종가 간찰』, 한국국학진흥원, 2020, 19쪽.

35 소장번호 000000060430. 1734년 권태두가 류경시에게 보낸 간찰. "弟 夏間重得怪疾, 今幸向蘇, 而豚兒自前 常暑則每患呻吟矣, 今年則自五月念後, 臥多起少, 食飮專廢, 形神漸削.

(…) 科擧不遠, 觀光非可望, 而症情如此, 此間憂懼, 如何可旣. 將用藥餌, 而里中契唐鄕丸, 厥價甚高, 亦不得, 縣僅出用, 尤憫尤懼. 貴箚中, 唐鄕材間, 若有所儲, 隨有送惠, 如何?"

36 조선시대 과거시험에 합격한 사람이 고향 집에 돌아가 친지를 초청하여 베푸는 잔치.

37 소장번호 000000059985. 1726년 류사영이 아버지 류진현에게 보낸 간찰. "此間伯從祖母主病患, 日以沈重, 十三日酉時, 竟至不救, 痛哭痛哭, 尙何言哉, 尙何言哉. 今年科慶, 實是吾家三十年所無之事. 而又遭此變, 終未得榮歸, 情理雖缺, 亦此奈何. 然而上有墳墓, 下有父母, 到門則不可仍廢, 此中僉意以爲, 過葬禮後, 當設慶酌云."

38 류진현柳晉鉉(1687~1767)을 가리킨다. 자는 승백升伯, 호는 녹균헌綠筠軒, 본관은 전주全州고, 경시敬時의 아들이다. 안동에 거주하였고, 조덕린趙德隣의 문인이며, 1726년 생원에 입격하였다. 만년에는 후진을 양성하여 성취한 자가 많았고, 수직壽職으로 첨지중추부사에 제수되었다. 저서로는『녹균헌유고綠筠軒遺稿』가 있다.

39 류홍원柳弘源(1716~1781)을 가리킨다. 자는 여원汝遠, 호는 강포江浦, 본관은 전주고, 진현晉鉉의 아들이다. 류정원柳正源의 문인으로 학문에 성취가 있었으며 필법이 뛰어났다. 저서로는『강포집』이 있다.

40 소장번호 0000000600243. 1897년 변태균이 보낸 간찰. "筠軒江浦兩先生文蹟, 歸來搜覓書草二本, 一本全爲蠹傷, 未能寫出, 一本姑爲謄上. 然亦間多缺字, 挽章則輪在於遺稿中, 故完全錄送. 噫, 兩家先世, 若是綢密, 而後屬疏闊, 便同落落, 追感古事, 采切悵恨."

41 소장번호 000000060082. 권상두權相斗가 보낸 간찰.

42 소장번호 000000060095. 박조수가 보낸 간찰.

43 홍문관弘文館 부제학副提學 이하의 관원과 성균관成均館 대사성大司成 이하 관원에 대한 총칭으로, 여기서는 진급을 기다리는 홍문관과 성균관의 하급관리를 가리킨다.

44 소장번호 000000060474. 1716년 류경시가 형 류정시에게 보낸 간찰. "十一日政, 移拜春曹郞, 此是上來後初有宵闕也. 時人滯於館職者尙多, 斷不入望矣, 參判獨政, 入於首擬蒙點, 遲暮功名, 不足爲多, 而及從兄未南下之前, 得此亦幸耳."

45 소장번호 000000059967. 1721년 김이단이 류경시에게 보낸 간찰. "頃仍花府風便, 得聞一麾之報, 而猶以未得其詳爲菀. 昨見令胤書, 始聞的奇, 數千里寒程, 行役雖甚可苦, 而卅年孤寒之餘, 始得專城之奉, 亦足爲親養間慰懣也. 仍諗至寒, 閣中起居神衛, 尤用欣豁萬萬."

46 소장번호 000000060474. 1725년 류경시가 형 류정시에게 보낸 간찰. "而賓客 求食, 相繼沓至, 官庫如洗, 心忞大發, 此時求去不得, 只恨初不筮而入也. 奈何. 餘萬不備, 伏惟下鑑. 答上書."

47 『朝鮮王朝實錄』숙종 44년 2월 27일.

48 중국 황제의 칙서를 가지고 온 사신을 말한다.

49 자는 사상士常, 호는 모암慕菴·영모당永慕堂, 본관은 해주海州다. 1705년(숙종 31)에 급제하였고, 1716년 경상도·강원도·평안도의 관찰사를 거쳤다. 1728년 이인좌의 난을 평정하여 해은부원군海恩府院君에 봉해지고 우의정이 되었다. 효성이 지극하여 효자정문이 세워졌고, 시호는 충효忠孝다.

50 자는 성집聖集·군집君集, 호는 송석松石, 본관은 여산礪山이다. 1705년에 급제하였고, 1723년(경종 3) 황해감사를 역임하고, 『숙종실록肅宗實錄』개수에 참여하였으며, 진주부사陳奏副使로 청나라에 다녀왔다. 예조판서·대사헌·대사성·좌참찬 등을 역임하였고, 저서에『송석헌집松石軒集』과 편서인『해동명신록海東名臣錄』이 있다.

51 관원을 임명할 때 이조 또는 병조에서 후보자 세 사람을 추천한다.

52 관직 후보에 첫 번째로 추천된 것이다. 관직을 임명할 때, 주로 이조에서 적임자 세 사람을 천거하여 임금의 낙점을 받았는데, 이 중 첫 번째로 천거된 인물을 수망이라고 한다. 특별한 경우가 아니면 대개 수망으로 천거된 사람이 낙점을 받았다.

53 중앙과 지방 관청의 연락 사무를 담당하기 위하여 지방 수령이 서울에 파견해둔 아전 또는 향리를 일컫는 말이다. 경저리京邸史, 경저인이라고도 한다.

54 소장번호 000000060379. 류경시가 아들 류진현에게 보낸 간찰.

55 이상무, 「조선시대 기근과 전염병에 따른 학교와 과거제의 운영: 17세기 후반 소빙기를 중심으로」, 『교육사학연구』 30(2), 교육사학회, 2020, 72~73쪽.

56 소장번호 000000060278. 1707년 11월 23일에 단구에서 류경시에게 보낸 간찰. "師道自花府, 來宿於此, 翌日還家之後, 其日仲純來言, 衆叔老之染痘發表云, 驚慮驚慮. 師道獨當大患, 似爲罔措, 可慮可慮."

57 권문해 지음, 장재석·박미경·이지락·김정기 옮김, 『국역 초간일기草澗日記』, 한국국학진흥원, 2012, 218쪽.

58 김령 지음, 신상목·김용환 옮김, 『국역 계암일록溪巖日錄』, 한국국학진흥원, 2013, 516쪽.

59 소장번호 000000060560. 1728년 류춘시가 형 류경시에게 보낸 간찰. "兩月霖雨支離, 便音久隔, 尋常菀陶之際, 官便始到, 仍伏承下書, 細審異常霾炎, 體中起居萬安, 伏慰伏喜之至. (…) 發穗之後, 霖雨連日, 直立無實眞麥, 且蝗損不實故也. 今年農事, 多至四十餘斗落, 除草尙遠, 似未免茂穢難治之域, 雨潦支離, 發苗多至傷損, 亦可慮也."

60 소장번호 000000060109. 1729년 류정시가 동생 류경시에게 보낸 답장. "此處中被旱乾, 麥苗頗傷, 一村坐損, 去卄九邊得一鉏, 而或不至大損也."

61 정병호, 「경북 동해안 산수유람기 해제」, 『경북 동해안 산수유람기』, 한국국학진흥원. 2012, 55쪽.

62 소장번호 000000060438. 1728년 류경시가 형 류정시에게 보낸 간찰. "舍弟, 發行一二日, 果到高城. 十三日, 與亞使同遊三日浦四仚亭, 向夕始入金剛外山, 而兩嶺峭峻絶險, 肩輿難度, 徒步亦危, 寸寸前進, 十四日, 厪抵楡岾. (…) 然萬二千峰奇勝, 領畧過半, 飄然有御風之想. 此生不入此山, 眞平生宿債也."

63 여행길에 오른 부녀자.

64 소장번호 000000060563. 1727년 류경시가 아들 류진현에게 보낸 간찰. "內行當由大關嶺, 大關嶺乃江陵地也. 必得轎軍, 隨處待候然後, 可無顚仆之慮焉. 昨聞江倅有鄕行於數日內, 其前未及相通, 則必有狼狽之慮, 故自此直附候柬于梧. (…) 庶母之行, 當自蔚珍直路, 隨後搬來, 庶弟若出來, 則以此言之, 其間若値雨雪嶺塞, 則且待開春, 何晩也."

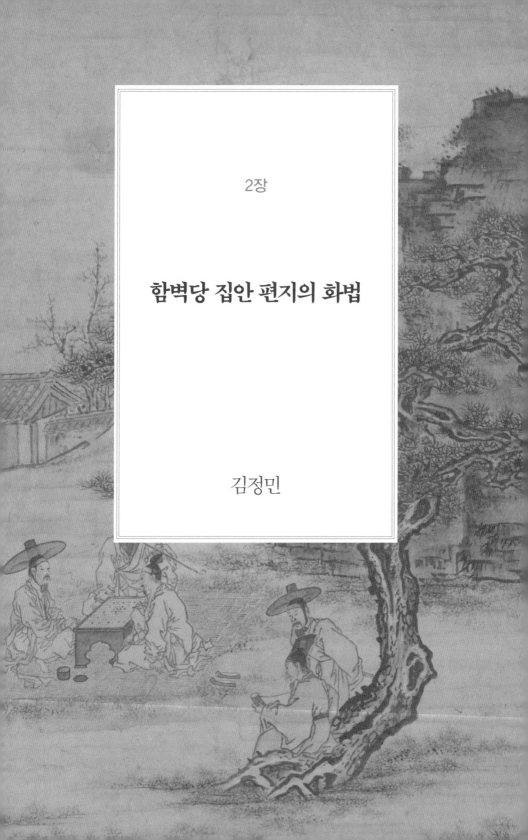

2장

함벽당 집안 편지의 화법

김정민

옛 편지란

　과거에 남과의 교제 및 소통의 수단으로 편지보다 더 편리한 것은 없었다. 생각을 글로 직접 작성하여 전달하므로 생각을 정확하게 전할 수 있을 뿐만 아니라 직접 쓰면 필체가 그대로 담기므로 문서의 신용도에서도 더할 나위 없었다. 친족이나 친구는 물론 직장 동료 등의 다양한 사람과 가장 편리하게 소통할 수 있는 수단으로서 가장 일상적이면서 사적인 중요한 삶의 도구였다.

　편지는 삶과 일상에 대한 기록이 다른 무엇보다 상세하다. 특히 편지는 유독 읽을 사람을 지정한다는 점에서 다른 글과는 다르게 특별하다. 말하는 상대가 정해져 있으므로 특히 말을 하는 방법, 즉 화법에 예도禮道가 매우 중시된다. 상대나 상대의 집안사람을 부르는 용어를 비롯하여 상대를 존중하고 자신을 낮추는 예도가 매우 발달했고 정형화되어 있다. 통용되는 예법과 상황에 따라 사용 어휘를 잘 알아야 했다. 이는 회답해야 하는 편지를 받는 사람도 마찬가지다.

일반적으로 '서書'라 불리는 편지는 문서라는 의미가 있고 왕에게 올리는 글에서 시작되었으며, 이후 받는 이의 신분에 따라, 글을 전하는 목적에 따라 다양한 형식으로 발달했다. 글의 순서와 표기법 등은 제도를 정하여 이에 맞추어 엄격하게 작성되었다. '서찰' 혹은 '서신'이나 '간찰' 등 다양한 이름으로 불렸는데, 학문적 토론이 담긴 편지는 그대로 '서'란 이름으로 문집에 수록되었다.

편지를 쓰는 예법은 초기부터 정교하게 세분화되고 정형화되어 있었고, 매우 사소한 부분에까지 격식이 갖추어져 있었다. 단어 하나, 문장 하나에 상하 존비관계를 드러낼 뿐 아니라 상대방을 향한 마음을 어떻게 표현할 것이며, 또한 그 처음과 마침의 순서까지 모두 일정한 격식으로 규정해두었다. 서식의 규범 위에서 서신을 주고받았기 때문에 어렵고도 복잡했다. 때문에 여러 경우에 따라 서식을 설명하는 서식집이 유행했고, 초학자의 경우 간행된 서식집을 읽고 베껴 쓰며 편지 쓰는 법을 익혔으며, 문장 구성이 어려운 경우 서식집의 표현을 그대로 옮겨 쓰는 경우도 많았다. 편지마다 관용적으로 쓰였던 똑같은 표현이 등장하는 것은 그러한 이유다. 그러나 쓰다 보면 매우 익숙해져 문장을 자유롭게 구사하고 글을 자연스럽게 지으며 나아가 수사적인 표현까지 가미해가면서 쓸 수 있었다.

문집에는 개인이 평생토록 지은 글이 모여 있으므로 여러 가지 글을 비교해볼 수 있는데 편지를 제외한 다른 글은 자신의 정리된 생각을 다소 감성적으로 적는 경우가 많고, 이른바 문학적 글쓰기라는 비유와 함축성, 절제와 묘사를 주된 표현 방법으로 사용하지만, 편지는 인사를 나누는 일정한 격식을 제외하면 전하고 싶은 내용을 말하듯이, 말을 그대로 옮겨 적듯이 쓰는 경우가 많다. 문학은 개인의 독창적인 감상을 중요하게 여긴다. 자신의 경험에 대한 독특한 서정을 전달하는데 그 표현 방법으로는 비유와 묘사, 함축적 언어 구사와 절제미, 운율, 리듬감이 있다. 그러나 일상의 상대와의 소통을 중시하는 간찰의 경우에서는 개인의 독창성보다는 개인과 개인을 연결짓는 공통의 관심사에 더 주목한다.

편지는 발신자와 수령자 간의 안부를 주고받으며 경조사를 축하하거나 위문하는 사적인 내용이 주를 이루는데, 문중마다 간직하여 남아 전하는 것이 매우 많다. 편지의 예법을 고루 지키면서 상대의 입장을 고려하며 곡진한 말로 사연을 전달하여 여타 장르의 글과 다른 특수한 형식과 특징을 지녔다. 상대에게 감사하거나 위문하거나 무엇을 부탁하는 등의 정치·경제적 문제에 대한 소식을 전하는 것이라면 더욱 객관적이고 자세한 설명이 필요하다. 자신의 상황과 부탁하는 내용에 대한 정확한 정보 전달이 무엇보다 중요하다. 따라서 비유나 상징적인 의미 전달보다는 객관적이고 사실적인 정보와 사건을 전달한다. 사실에 따른 자신의 생각과 느낌은 완곡하지만 매우 직설적으로 표현된다. 그러나 무엇보다 중요한 것은 상대방에 대한 이해와 배려. 간찰의 주된 목적은 안부인사, 감사에 대한 답례, 상사喪事에 대한 위로 등인데, 이것은 편지를 받는 수신자의 처지에 대한 보내는 사람의 공감의 표현이다. 상대에 대한 이해와 배려의 표현으로서의 공감은 간찰에서 매우 중요한 핵심 요소다.

간찰의 화법은 오랜 전통 속에서 문화적으로 쌓여온 결과로 간찰만의 수사적 장치 속에서 아름답게 표현되고 전달된다. 봉투에서부터 마지막 수결에 이르기까지 간찰의 격식은 정형화된 형식 속에서 특별하고, 서로 간의 마음을 구체적으로 전달하는 표현을 한다. 상대를 높이고 자신을 낮추며, 상대의 심정과 상황을 충분히 고려하고 자신의 부탁을 정중하게 한다. 수백 년의 세월에 걸쳐 다듬어진 매우 세련된 특유의 표현 및 용어를 구사하며 사족士族 상호 간의 극도로 발달한 문화와 예절을 볼 수 있다

향촌에서 공동체를 이루며 살아가는 일반 문중의 경우 학맥과 혼인 관계를 비롯해 정치·경제적 문제가 모두 긴밀하게 얽혀 있는 관계 속에 있다. 삶의 모든 영역에서 연결되어 있다고 해도 과언이 아닌데 이들 사이의 연결망 역할을 하는 것이 간찰이다. 따라서 연결된 삶의 모든 영역이 간찰의 내용이 되고 주제가 된다. 그래서 상대방과 나의 관계, 수신자와 발신자 간의 관계가 가장 중요하다. 상대방과 자신의 관계를 나타내는 용어, 벼슬이나 친족 관계 등에 따라 부르는 용어가 모두 다르다. 각각의 경우에 따른 서로 다른 표현 방법을 알아야 하며, 관계에 따른 예법 역시 중요하다. 이 모든 예의 규정은 하나의 문화 형식으로 굳어져 전해왔으며, 수백 년 동안 지속되어 왔다. 일정한 형식 아래에서 수·발신자가 서로 예절을 지키면서 주고받았던 간찰의 독특한 문체는 그 오랜 세월 그들을 한데 묶고 서로 화합하며 살아올 수 있도록 한 큰 요인이었을 것이다.

본고는 전주 류씨 함벽당 문중에서 한국국학진흥원에 기탁한 편지를 대상으로 하여 그들이 상대방을 존중하며 공경하고 겸손한 태도로 한 자 한 자 써나간 그들의 화법에 주목한다. 안부를 전하며 용건을 전

달하는 가운데 남을 배려하고 공감하는 사족의 마음가짐과 그에 따른 서식 예절에 대해 살펴본다. 먼저 편지뿐만 아니라 문화 전반을 관통하는 동양적 예의식과 오늘날에 볼 수 있는 옛 편지 한 편이 가지는 유래와 서식 등에 대해 살펴본다.

화법의 전제

남을 높이는 예

편지의 화법은 상대방과의 관계에서 비롯하여 말을 이끌어가지만 가장 중시하는 점은 상대방을 최대한으로 존중하는 데 있다. 내용에서는 보내는 이가 받는 이에게 편지를 보내는 목적과 아울러 상대를 향한 그리움과 고단한 삶의 안부를 물으며 서로의 삶을 위로한다. 형식과 내용은 현대 심리학에서 강조하는 공감 화법을 그대로 실천하고 있다고 할 수 있다. 공감 화법이란 말 그대로 상대방이 공감을 느낄 수 있도록 말을 하는 것이다. 상담심리학자인 칼 로저스는 공감 화법의 중요한 요소로 감정의 공유와 인간 존중의 언어 사용, 적극적 듣기를 제시했는데,[1] 간찰에서 사용하는 모든 언어는 이러한 공감의 표현이다. 간찰의 전개 방식은 공감하기의 과정이라고 할 수 있다. 공자의 서恕, 각종 문서양식에서 확립된 예의 격식은 공감 화법의 기원으로 동양은 일찍이 공감의 원리가 확립되어 있었다고 할 수 있다.

상대방과의 공감을 전제로 하는 편지는 상대를 대하는 예에 대한 관념이 필수다. 『예기禮記』에서 말하는 예의 본질은 바로 자신을 낮추고 남을 높이는 것이었다.

> 예는 주고받는 것을 중요하게 여긴다. 갔는데 오지 않는 것은 예가 아니
> 다. 왔는데 가지 않는 것도 예가 아니다. (…) 예라는 것은 자신을 낮추고 남
> 을 높이는 것이다.[2]

> 도덕과 인의는 예가 아니면 이룰 수 없다. 교화하고 풍속을 바로잡는 것도
> 예가 아니면 갖출 수 없다. 분쟁과 소송도 예가 아니면 판결할 수 없다. 군
> 신, 상하, 부자, 형제의 관계는 예가 아니면 안정시킬 수 없다. 학교에서 스
> 승을 섬기는 것은 예가 아니면 가까워질 수 없다. 조회를 하고 군대를 다
> 스리고 관직에 임해 법을 실행함에 예가 아니면 위엄이 시행되지 않는다.
> 기도하거나 제사를 지내며 귀신에게 음식을 바치는 데에 예가 아니면 정
> 성스럽지 않고 장엄하지 않다. 이 때문에 군자는 공경하고 절제하며 물러
> 서고 차례를 지켜 예를 밝힌다.[3]

동양의 예는 고대로부터 성인이 만들고 지키게 하여 모두가 예를 따
르도록 한 것이다. 행동하고 말하는 것이 상황과 도에 합당하게 하는
것을 바른 것이라 여겨 그에 합당한 형식을 제정하여 모두 지키게 하였
던 것이고, 그것이 규율을 만들고 법을 만들어 동양적인 예의 제도로
이어져온 것이다. 직접 만날 수 없는 경우, 상대를 지면을 통해 만나더
라도 가능한 한 모든 예의 양식을 갖추어서 상대를 대우해온 것이 전통
이었고 그것이 간찰 속에도 고스란히 녹아들어 예의 문화를 이루었다.
인간은 단독적인 존재가 아니라 사회적 관계 속에서 태어나 사회적

역할을 다하다 죽음을 맞는다. 관계적인 존재로서 인류는 동양의 개념에서 가장 중요한 규범으로 인정人情에서 출발한다. 상황에 맞게 적절하게 행동하는 모범적 모델로서의 예가 제정되는 것이다. 규범과 관습이 체계화되고 제도화되면서 거대한 사회질서가 이루어진다. 체계적으로 정립된 사회적 위계질서가 바로 예다.[4]

제도화된 사회질서는 인간의 행위를 지속적으로 규제하게 되어 제도가 도리어 인간을 구속하는 역설이 발생하기도 하지만 예의 근본은 인정에서 출발하여 모두 이상적인 관계를 이루고 공동체 생활을 해나갈 수 있도록 한 질서였다. 예가 미치지 않는 삶의 영역은 어디에도 없다. 삶의 모든 사연이 고스란히 담겨 있는 간찰의 경우, 그 표현에서 예법을 지키지 않은 경우는 거의 찾아볼 수 없다. 서식집 학습을 통해서라도 예법을 배우고 익히고자 했다. 다양한 서식집의 간행, 유명 명인의 간찰첩의 간행 등은 이러한 문화를 반영하는 것이었다.

남을 이해하는 마음, 서恕

편지글의 가장 큰 특색이자 존재 이유는 바로 상호 간의 정서 교류, 유일무이한 관계에서 전달되는 그리움과 상대를 향한 위로와 감사다. 상대방을 자신보다 먼저 생각하고 이해하며 배려해주는 마음이 드러난 표현을 볼 때 우리는 감동을 느낀다. 간찰에는 이러한 감동이 담겨 있는데 이것이 바로 공감의 힘이다. 마음을 다독이고 위로해주며 격려해주는 따뜻한 표현 속에 흐르는 정서는 가슴을 울리며 서로의 존재를 재차 확인하고 서로를 위한 마음을 내고 행동하게 한다.

이러한 공감의 바탕에는 유교의식이 자리 잡고 있는데 유학자들이 평생 동안 읽으며 실천하는 사서四書에 그 정신이 잘 나타나 있다. 바로 공자의 서恕다. 사서에서는 한결같이 서를 인간의 덕목으로 중요하게 거론하고 있다. 자공이 종신토록 행할 수 있는 것이 무엇인가를 물었을 때 공자가 서라고 답하였다. 충서忠恕라고도 하는데, 다산 정약용은 『논어고금주 論語古今註』에서 충서를 충과 서, 두 가지로 보지 않고 충을 정성을 다한다는 뜻의 수식어로 보아 충심을 다하여 서한다는 의미로 풀이해야 하며, 여기서 주요 단어는 서라고 강조했다. 서는 『대학』에서도 『중용』에서도 모두 상대방의 마음을 내 마음같이 헤아려 이해하고 행동하는 것을 뜻한다.

자공이 "한 가지 말로 평생토록 시행할 만한 것이 있습니까?"라고 묻자, 공자가 "서恕다. 자신이 하고 싶지 않은 것을 남에게 베풀지 마라"라고 대답하였다.[5]

맹자가 "만물이 모두 나에게 갖추어져 있으니 스스로에게 돌이켜 온전하면 즐거움이 이보다 더 큰 것이 없다. 애써 서恕하며 행동하면 인仁을 찾는 방법에 있어 이보다 가까운 것이 없다"라고 하였다.[6]

군자는 자신이 그렇게 할 수 있는 다음에야 남에게 그것을 찾고, 자신이 그렇게 하는 일이 없는 다음에야 남에게 그것을 하는 것을 비난한다. 자신에게 갖추어진 바를 헤아려 알지 못하고서 남에게 말할 수 있는 사람은 있지 않다.[7]

충서는 도와 거리가 멀지 않다. 자기에게 베풀어지기를 바라지 않는 것을 남에게 베풀지 마라.[8]

공자는 인간생활과 정치, 학문의 중심 개념을 '서'라고 제시하였다. 서는 내가 남의 감정을 내 감각과 감정으로 느끼는 교감과 공감이라는 감각, 즉 감정 작용으로 우리는 서와 같은 공감적 이해를 통해서 자신과 타인의 존재를 인정하며 사회적 행위를 할 수 있고, 나아가 도덕적인 인간이 될 수 있는 근원이 된다.[9] 예의 근본 바탕이 되는 것이다.

서는 이렇게 공감의 바탕이 되어 나아가 상대의 아픔을 헤아려 아낄 줄 아는 마음으로 행동할 줄 알아야 한다는 맹자의 측은지심惻隱之心으로 이어진다. 이같이 유학은 상대를 나와 같은 마음으로 헤아리고 이해하는 공감의 문화를 학문적으로 정립하여 고대에서부터 이어오고 있었고, 이러한 마음은 유교를 근간으로 하는 조선시대를 살아간 사람들의 글 속에도 고스란히 전해져 오는 것이다.

화법의 형식

편지의 유래

편지는 개인의 문집에서는 '서書'라고 지칭되었으며 '서간書簡', '서신書信', '서찰書札' 등의 용어로도 쓰였다. 일반적인 글이나 문서를 가리키는 용어인 '서'에서 서간이라는 문체 형식으로 의미가 변화한 것은 중국의 진한시대부터다. 고대에서 문서나 기록물을 의미하던 '서書'

가, 서간으로 변화되는 과정에 대해서는 황위주의 논문[10]에서 잘 살펴볼 수 있다.

중국 진秦이 통일한 이후 중앙집권적 통치 범위가 넓어지고 각 지방의 행정단위에까지 문서화가 진행되면서 각종 공문서에 독립 명칭이 생김에 따라 이전까지 공문서, 공적 기록물이었던 서書는 개인 간에 주고받는 서간의 의미로 재조정되었고, 당시의 공문서 양식이 서간 양식으로 편입되었다. 신분에 따라 호칭을 다르게 사용하는 호칭법呼稱法, 황제 이름을 피해서 다른 문자로 대체하는 피휘법避諱法, 존장자와 관련된 사항은 행을 바꾸어 높여 기록하는 대두법擡頭法, 문서 하단에 작성자의 서명을 기록하는 착명법着名法 등이 서간의 격식 속에도 자리 잡게 되었다. 즉, 공적 관계의 위계질서에 따른 격식이 서간의 글쓰기의 형식 속에도 고스란히 적용되었다. 이것이 편지의 구체적인 예법으로 자리 잡게 되었다.

서書는 위진남북조시대 이래 수당시대를 거치면서 성격과 용도에 따라 전통적인 의미에서 의론을 주된 내용으로 하는 서뿐만 아니라 일상의 안부를 묻는 짧은 소간小簡, 친인척 간의 안부를 묻는 각종 가서家書 등으로 세분되었는데, 이러한 종류의 글에 대한 예법, 즉 서의書儀를 정리한 저작이 출현하였다. 이 저작에는 고대로부터 격식을 갖춘 서찰과 각종 의례가 수록되어 있는데 남북조시대부터 제작되어 당과 송대에 크게 성행하였고, 현재는 1081년 북송 사마광司馬光의 저술인 『서의』만 남아 전하고 있다.

사마광은 이전 시대의 공문과 서간은 물론 사대부의 관혼상례와 관련된 사항을 포괄적으로 검토하였다. 황제에게 올리는 글(표주表奏, 주장

奏狀), 관청의 공문(신장申狀, 첩牒), 개인 간에 주고받는 사서私書, 친인척 간에 유통한 가서家書의 4부류를 소개하고 각각의 격식과 표현법을 구별하여 제시하였다. 개인이 사적으로 주고받는 사서와 가서에 대해서는 이를 다시 발신자와 수신자의 존비 관계, 용도, 내용, 형식 등에 따른 구체적인 격식과 표현법은 물론 피봉의 형식까지 함께 소개하였다.[11]

사마광의 『서의』는 국내에도 유입되어 『간식유편簡式類編』, 『한훤차록寒暄箚錄』 등의 서식집이 간행되었는데, 이를 통해 조선에서 서간의 왕래가 확대되어 그 격식이 전문화, 보편화되었음을 알 수 있다. 혼인, 상장喪葬, 우환, 임관 등의 삶에서 발생하는 여러 가지 상황과 발신자와 수신자 사이의 친소親疏, 존비의 상호관계에 따라, 문안, 청탁, 증여, 문답 등의 목적에 따라 갖가지 표현법과 격식이 정비되어 옛 지식인이 소통하는 데 필요한 중요한 문체 양식의 하나가 되었다.[12]

'간찰'은 주로 안부를 묻는 사적인 편지를 가리키는 용어로 쓰였다. 편지를 가리키는 옛 명칭은 다양한데, 종이가 발명되기 이전의 재료로 사용된 얇은 나무 조각이란 의미의 '간簡', '독牘', '찰札'에서 '서간', '간찰', '서독書牘', '서찰'이란 용어가 쓰였고, 짧은 글이란 의미의 '촌寸', '척尺'에서 '촌지寸紙', '척독尺牘'이란 용어가 쓰였다.[13] 간찰이란 용어는 짧다는 의미를 지닌 두 글자로 이루어져 주로 집안 내에서 안부 인사를 주고받는 내용의 편지를 가리키는데, 초기 이름은 수간手簡, 척독이라고 하였고 모두 진술 내용의 간략함에 초점을 둔 용어다.[14] 중국 송나라 소식과 구양수의 편지글을 모은 『구소수간歐蘇手簡』의 '수간'이 바로 이에 해당하는 명칭으로, 『구소수간』은 우리나라 사람의 애독시었는데 사적인 가서와 단기 편교 수준의 상하의 관료 사이에서 유통된 서간을 모은 것이다. '척독'이란 명칭은 명나라 이후 많이 사용되었으며 다소 문예성이 짙은 서간을 부르는 용어로 쓰였다. 중국에서는 이와 같이 서간을 가리키는 각각의 용어가 용도와 격식에 따라 구분되어 불렸고 우리나라의 일반 문중에서 주고받는 안부를 묻는 성격이 강한 간찰과는 성격이 다소 달랐다.

박대현은『한국문집총간』에서 그 사용 빈도를 조사하였는데, 가장 보편적으로 사용된 용어가 '서찰'이며, 다음이 '서독'과 '척독'이고, 그다음이 '서간'과 '간찰'이라 하였다. 서찰이라는 용어가 많이 사용된 것은 주자와 퇴계의 영향이라 하였는데, 주자가 서찰이라는 말을 주로 사용하였고 퇴계 이황이『주자서절요서』에서 편지를 서찰이라는 이름으로 여러 차례 언급하였다고 한다. 주자와 퇴계의 영향으로 학문적인 의론의 내용이 많은 편지글을 서찰이라고 하고 일반 문중 내에서 안부를 묻는 성격이 더 짙은 편지글에 대해서 간찰이라고 지칭하였음을 알 수 있다.[15]

편지의 서식

편지는 다른 사람과의 소통 수단으로 소통에서 중요시되는 것은 상호 간의 존중이다. 상대를 존중한다는 것은 이른바 예로 표현된다. 예식은 몸동작뿐만 아니라 글쓰기에서도 마찬가지인데 간찰의 예식은 오랜 세월 동안 이어 내려오는 문화 속에서 정비되고 정형화되었다. 그 정형화된 예법을 간추려 정리하고 다양한 용례를 찾아 사용할 수 있도록 한 것이 바로 서식집이다.

편지의 글쓰기는 사족이 갖추어야 할 기본적 소양이었고 이에 대한 지식은 삶의 필수 사항이었다. 따라서 서식집이 일찍부터 발달하였다. 중국에서 간행되어 유행한『서의』는 우리나라에서도 간행되었는데 상황별로 자세한 용례와 관용적인 표현을 싣고 있다. 조선의 대표적인 서식집으로는『간식유편』과『한훤차록』이 있다.

『간식유편』은 18세기 중엽에 이인석李寅錫이 편찬한 서식집으로 청나라 전겸익錢謙益의『간식유편』과 김정金淨의『동인예식東人禮式』으로 구성되어 있다. 1739년 유수柳綏가 서문을 썼는데 서문에서 간찰은 유자가 반드시 익혀야 할 필수 덕목으로 인간관계에서 발생하는 까다로운 법도를 실추하지 않도록 하기 위해서 간행한다고 하였다. 당시 중국의 간찰 예식이 우리 풍속과 다르기 때문에 조선에 유포되었던 김정의『동인예식』을 보충해 넣었다고 하였다.

상대방에게 처음 편지를 쓸 때 들어가야 할 구성요소, 즉 피봉에 기록하는 호칭, 내지에 기록하는 수신자와 발신자의 안부, 편지를 쓰게 된 사연, 마무리 인사 및 서명까지를 왕서식往書式에, 상대방이 보내준 편지를 받고 답장 쓸 때 들어가야 할 답서식答書式 요소를 세밀하게 분류해서 기록했다.[16]

『한훤차록』은 남윤묵南允黙이 1811년 이전에 지은 것으로 알려진 문헌이다. '한훤寒暄'은 몸 상태의 차고 따뜻한 여부의 안부를 말하며, '차록箚錄'은 손가는 대로 기록한다는 뜻으로『한훤차록』은 안부를 묻는 서찰의 격식과 용어 용례를 기록한 책이다.[17] 왕서식으로 20가지, 답서식으로 14가지 항목을 설정하여 아래의 순서대로 씀을 안내하였다.

기두류起頭類(그리운 표현 등), 미심류未審類(안부를 묻는 데 있어 말을 꺼내는 어휘),

시령류時令類(날씨 어휘), 기후류氣候類(건강 어휘), 만안류萬安類(안부 어휘), 복모류伏慕類(그리움 표현 어휘), 제류第類(그리운 감정을 나타내는 말의 접두사), 앙념류仰念類(그리운 감정), 소생류小生類(자신에 대한 지칭), 조안류粗安類(자신의 안부 어휘), 취고류就告類(편지 목적을 드러내는 데 있어 시작하는 말), 궤유류饋遺類(상대방의 은혜 표현), 결어류結語類(대면에 대한 희망 등), 불비류不備類(갖추어 쓰지 못한다는 서식투), 복유류伏惟類(편지 읽어봐 달라는 말의 앞 말), 감찰류監察類(편지 읽어봐 달라는 어휘), 상후류上候類(편지 올린다는 의미의 어휘), 연월류年月類(날짜), 성명류姓名類(성명), 재배류再拜類(예식 어휘)

위의 서식을 순서대로 엮으면 그대로 아래와 같은 간단한 안부 편지가 된다.

그리운 중에 편지를 받았습니다. 지금 날씨에 건강이 어떠합니까? 건강이 염려됩니다. 저는 잘 지냅니다. 편지를 쓰게 된 사연을 전달합니다. 조만간 뵙기를 바랍니다. 갖추어 쓰지 못하며 살펴주시기 바랍니다. 삼가 올립니다. 어느 날 누가 재배하고 올립니다.

이러한 기본 양식은 그대로 거의 준용되었다. 답장식도 마찬가지다. 답장식으로는 14항목을 설정하였는데 『서의』에는 왕서식만 있고 답서식은 없다.[18]

기두류起頭類(그리운 중에 편지를 받았다는 등의 시작하는 말), 비의류匪意類(편지를 받을 줄 생각하지 못했다는 말), 체중류遞中類(인편 어휘), 복승류伏承類(받았다는 말), 하서류下書類(상대방 편지를 지칭), 근심류謹審類(편지로 안부를 알게 됨), 시령류時令類(날씨), 기후류氣候類(상대방의 건강), 만안류萬安類(안부 어휘), 복유류伏慰類(위안이 되다는 말), 제류第類(상대방의 호의에 대한 말을 꺼내는 말), 시의류示意類(상대방의 호의), 감하류感荷類(감사 표현 어휘), 사사류辭謝類(답장 어휘)

위의 서식을 순서대로 엮으면 마찬가지로 간단한 답장이 된다.

그리워하던 중 뜻밖에 편지를 받았습니다. 편지를 받고 지금 날씨에 평안하신 줄 알아 위안이 되었습니다. 호의에 감사하며 답장을 올립니다.

두 서식집은 모두 중국의 『시의』에 바탕을 두고 있는데 서찰의 격식이 천년의 세월을 두고도 변함없이 지속되고 있다는 것을 알 수 있다. 이는 일반적인 관례를 잘 알아야 편지를 수수할 수 있었던 과거의 사회적 분위기에 따른 것이다. 박대현은 조장식弔狀式의 경우 11세기 송대의 조장식인 『서의』, 「위인부모망소장慰人父母亡疏狀」과 19세기 조선의 조장식인 『한훤차록』, 「조장弔狀」을 비교하여 두 가지의 서식과 내용이 완전히 동일함을 밝힌 바 있다.[19] 함벽당 류경시柳敬時의 간찰에서도 마찬가지여서 18세기 조선의 간찰 격식 또한 큰 틀에서는 다름이 없다는 것을 발견할 수 있다. 고대의 예의 제도가 수천 년을 이어오면서 정착되고 정형화된 문화로 계승되어 왔음을 알 수 있다.

함벽당 편지의 공감 방법

옛 사람의 편지는 사람이 손수 쓰기 때문에 필적이 그대로 담겨 글자를 통해 그 사람의 성격까지 엿볼 수 있다. 받는 사람으로서는 손때 묻은 상대방의 편지를 받으면 상대를 면전에서 보는 것과 같은 착각에 빠질 정도다.

함벽당 편지의 내용은 경상도 다른 집안의 경우와 비슷하며 서로 안부를 주고받으며 집안의 길흉사를 공유하고 위로와 도움을 요청하였다. 집안의 긴밀한 관계를 유지하는 데 편지는 가장 유용했다. 본고에서는 함벽당 류경시 한 인물을 중심으로 그가 주고받은 간찰에 대해 살펴볼 것이다. 간찰의 격식을 잘 지키면서 정중한 높임으로 상대를 존대하고 항상 상대의 의중을 물으며 일을 상의하면서 처리하는 모습을 볼 수 있다.

간찰을 시작하는 서두 인사말에서는 과감하게 구구절절한 감정이 직접적으로 드러나는 표현을 사용했다. 전통적인 격식 순서를 그대로 지키면서 진솔한 감정을 전달했다. 본론에서는 상대방에게 자신의 근황을 말하고 일의 사안에 대해서는 의중을 물어가면서 구체적인 삶의 이야기를 전하는데 가까이에서 직접 말하듯이 자세하게 표현하였다.

간찰의 마무리 결미는 마지막 인사로 거의 정형화된 투식으로 표현한다. 일찍이 서가 공문서에서 시작하여 공문서 양식이 많이 남았는데 그 흔적이 결미에서도 나타난다. 서식을 모두 갖추지 못했다는 의미에서의 '불비不備'다. 그리고 연도와 날짜를 쓰고 성명을 기록하는 것 모두 그 흔적이다. 신분에 따라 달리 부르는 호칭법, 황제 이름을 피하여 다른 문자로 대체하는 피휘법, 행을 바꾸어 높여 기록하는 대두법 등이 모두 간찰의 격식 속에 그대로 계승되었다. 간찰의 격식 중에서 가장 변하지 않는 부분이기도 하다.

그리고 마지막으로 본인을 증명하는 수결을 덧붙였다. 종이 지면 위에 붓글씨로 쓰인 것이어서 그 서체에도 개성이 고스란히 담긴다. 편지 봉투에 해당하는 피봉에서부터 마지막인 발신자의 사인에 해당하는 수결에 이르기까지 간찰의 존대법은 각자의 특별하고 구체적인 사연과 함께 완전하게 정형화된 형식으로 표현되었다.

존대의 예식

가장 먼저 살펴볼 것은 봉투다. 봉투는 편지를 받는 사람이 가장 먼저 보게 되는 편지의 첫인상으로 편지를 보낸 사람의 겸손과 존경의 태도를 봉투에서부터 볼 수 있다. 다음 편지는 정유신丁惟愼이 1708년에 류경시에게 보낸 것이다.

봉투를 따로 마련하지 않고 편지 뒷면을 봉투로 삼았다. 64쪽 위의 이미지 중 오른쪽 종이는 안쪽 면에 사연을 쓴 다음 말아서 접었을 때 종이 끝부분이 닿는 곳의 뒷면의 양편에 발신자와 수신자를 적은 것이다. 오른쪽에 받는 사람을 위로 올려 적고 왼쪽에 보내는 사람을 낮추어 적었다.

편지를 말아서 후면을 그대로 봉투로 삼는 것을 자봉自封이라 한다. 편지지 그 자체를 봉투로 삼는다는 말이다. 편지 내용이 적힌 안쪽 면(왼쪽 이미지)의 오른편을 보면 뒷면의 먹이 베어 올라와 있다. 봉투를 마련하지 못하거나 긴편하게 보내고자 할 때 편지를 독돌 만 다음 뒷면

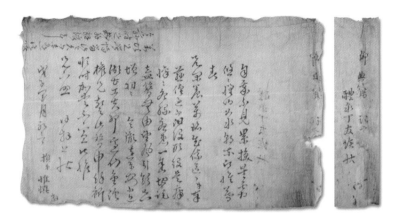

1708년 정유신이 류경시에게 보낸 편지 앞면 및 뒷면의 봉함(문서번호 000000060173)

1708년 정유신이 류경시에게 보낸 편지 뒷면(문서번호 000000060173)

에 봉투에 적을 사항을 적는다. 함벽당 집안의 근대 이전의 편지는 대부분 자봉의 형태를 띠고 있다.

이 편지는 예천군수로 재임하고 있던 정유신丁惟愼(1669~1726)이 전적 벼슬에 있던 류경시에게 보낸 것으로, 받는 곳을 '류柳 전적典籍 기실記室'이라 하였고, 보내는 사람을 '예천醴泉 정우丁友 후장候狀'이라 하였다.

'전적典籍'은 직함으로 당시 류경시가 임직하고 있던 성균관의 벼슬이다. '기실記室'은 상대방이 관리인 경우, 그의 아전이 머무는 곳을 말하는데 상대방을 높여서 문서를 처리하는 아전을 대신 지칭한 것으로 '각하閣下'나 '폐하陛下'와 같이 상대방의 하인을 부름으로써 상대방을 높이는 방식이다. 종이 끝이 닿는 면의 아랫부분에 두 면에 걸쳐서 '근봉謹封'이라 적었다. 이렇게 적은 것을 펴면 64쪽 위의 이미지처럼 글씨가 반씩 나누어져 보이게 된다. '예천'은 편지를 보내는 정유신이 수령으로 임직해 있는 곳을 적은 것이며 '후장候狀'은 안부 편지를 뜻하는 말이다.

편지를 펼치면 먼저 상대방을 직접 가리켜 말하거나 상대방의 행동이나 상대방의 집안사람을 말할 때는 줄을 바꾸어 글자를 올려쓴 것이 눈에 띤다. 이는 상대를 높이는 가장 두드러진 방법으로 '대두擡頭'라고 하는데 윗자리로 밀어올린다는 뜻이다. 이 편지에서는 '형兄'이 그러하고, 상대방의 계절에 따른 순조로운 건강을 뜻하는 '순시順時'가 그러하다. 글자를 한 칸 비우고 건너 쓴 부분이 보이는데, 상대방의 아들을 가리켜 말한 '영윤令胤'이 이것이다. 또한 스스로에 대한 자칭으로시는 '제弟'를 작게 썼다. 이 모든 것이 상대방을 높이고 자신을 낮추

65

는 편지의 예식이다.

정유신의 편지는 마침 상대방과 가까이 사는 사람을 만나 이 사람을 통해 안부를 전하고자 부친 것이다. 이 편지뿐만 아니라 거의 모든 편지는 그동안 보지 못했던 그리움을 전하는 말로 시작한다.

보지 못한 채 해가 거듭 바뀌었으니

自來不見, 累換星霜,

달려가는 그리움은 물이 아래로 흐르듯 하였습니다.

悠悠懷仰, 如水朝東.

이어서 상대방의 그동안의 안부를 묻고 자신의 안부를 전한다.

요사이 늦봄에

卽惟暮春,

형이 한가롭게 몸을 조리하며 갖가지 평안하니 매우 위안이 되고 그립습니다.

兄閒養萬珍, 慰漆區區.

저는 어머니를 모시며 근근이 지내는데 일에만 빠져 있는 것이 걱정입니다.

弟奉慈僅過, 而汨沒形役, 是庸慄慄.

중간에 그동안 연락하지 못했던 자신의 사정과 편지를 쓰게 된 사연을 전하고 마지막에 다시 건강을 기원하는 말로 맺었다.

나머지는, 계절 따라 더욱 자중자애하길 바랍니다.

餘祈順時加愛.

　그리고 다음과 같은 편지의 일반적인 투식을 붙이고 날짜와 보내는 사람을 적었다.

　　이만 줄이며 삼가 형은 살펴봐 주십시오. 삼가 절하고 편지를 올립니다.

　　不宣, 伏惟兄下照. 謹拜上狀.

　　무자년(1708) 윤달 3일에 손제損弟 유신惟愼이 절합니다.

　　戊子閏月初三日, 損弟惟愼拜.

　자신을 '손제'라 하였는데 상대에게 이득이 되지 못하고 손해를 끼치는 벗이란 말로 스스로에 대한 겸사다. 추신을 위의 여백에 작은 글씨로 썼다. 추신은 자신이 전달 부탁을 받았던 남의 편지를 뒤늦게 함께 보낸다는 내용인데, 이와 같이 추신에는 편지를 받는 사람 외에 편지를 받는 사람 주변의 다른 사람에게 전달할 내용 등을 적는 경우가 많았다.

　이 편지는 앞 한 단 정도를 비우고 쓰기 시작했으며 전체적인 용지 배분으로 보면 왼쪽 아래로 붙여 썼고 오른쪽과 위를 비웠고 위쪽 비운 곳에 추신을 썼다. 오른쪽과 위로 여유를 많이 두고 왼쪽 아래로 치우치게 쓰는 것은 영남 문중 편지의 대체적인 양상이다.

　자신의 심정을 묘사한 부분에서는 글자를 반복해서 써서 마음 상태를 형용하고 있다. '달려가는 그리움[悠悠懷仰]', '매우 위안이 되고 그립나[慰慕區區]' 등은 관례로 많이 쓰는 어휘다. '그리움이 문이 아래로

흐르듯 한다[如水朝東]'는 표현 또한 그리움을 표현하는 관용적인 표현
이다.

류경시는 정유신뿐만 아니라 같은 집안사람인 정사신丁思愼과도 교
류하였는데(문서번호 000000060487), 이후로 예천에 다산 정약용丁若鏞의
부 정재원丁載遠도 부임하여 양가의 우의가 지속되었다.

다음은 성중聖重이 류경시에게 보낸 편지로, 자신은 과거시험에 응
시하지 않을 것과 학업을 위해 아들을 류경시에게 보내려고 했지만 뜨
거운 날씨와 타고 갈 말이 없어 보내지 못한다는 것을 알리는 내용이
다. 편지를 접었을 때 앞은 한 단 정도를 띄우고 그다음 단 정도에서 시
작하여 썼으며 왼쪽으로 치우치게 적고 길어진 내용을 위쪽의 빈 공간
에 썼으며 다시 오른쪽 비웠던 자리를 활용해서 썼다.

이 편지 또한 주 내용을 쓴 면의 뒷면을 봉투로 쓰는 자봉 형태로 작
성되었다. 뒷면에 받는 사람으로 "흠약欽若 형께 삼가 답장을 올립니다
[欽若兄謹謝狀上]"라고 왼쪽에 쓰고 받는 곳으로 '류柳 전적典籍 기실記
室'이라고 오른쪽에 썼다. 그리고 종이 아래 끝이 닿은 부분에 양면에
걸쳐 수결을 하고 '근봉謹封'이라 적었다.

흠약은 류경시의 자로, 벗과 같은 친한 사이에서 자를 쓰며, 나이의
고하와 상관없이 상대를 높여 형이라고 칭한다. 자를 부르는 것을 보
면 발신자의 나이가 더 많음을 짐작할 수 있다. 그럼에도 상대를 형이
라고 부르는 것은 상대를 높이는 방법의 한 가지다.

자봉의 왼쪽 줄인 '류 전적 기실'은 편지를 전달하는 사람이 주소를
짐작할 수 있도록 적은 것이다. '류 전적 기실'의 전적은 류경시가 역
임했던 관직으로 그는 1701년에 성균관 전적이 되었다. 전적은 서적

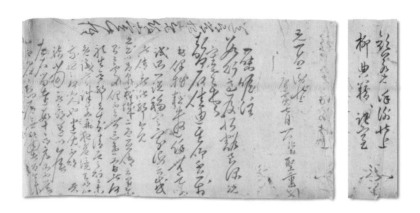

1710년 성중이 류경시에게 보낸 간찰(문서번호 000000060416)

을 관리하는 직책이다. 성과 관직 사이에 간격을 두었으며 관례로 쓴 기실과의 사이에 또한 간격을 두었다. 자봉에서 오른쪽 줄은 수신자를 부르는 호칭이라 할 수 있고, 왼쪽 줄은 수신자의 주소로 수신자가 머무르고 있는 곳이 된다. 그 아래에 발신자의 수결을 하고 근봉이라 적었다.

수결은 원래 관리가 자신이 결재하는 문서를 일심一心으로 판단했다는 뜻으로 인장 대신 사용한 것이었는데 서신에서 발신자 자신의 표식으로 주로 봉투 아랫부분에 쓰였다.[20]

편지 서두는 다음과 같이 시작한다.

언제나 우러르는 마음에 달려갔는데

一味瞻往,

몇 줄 편지가 마침 도착하니 매우 기쁘고 시원합니다,

數行適及, 忻豁良深.

이어서 상대방의 안부를 물었다.

또한 늦더위에
況審老炎,
고요히 계시는 생활이 평안하시다니 천만 위안이 됩니다.
靜履佳迪, 慰仰千萬.

그다음으로 평소처럼 그럭저럭 지낸다는 자신의 안부를 전했다.

저는 볼품없는 모양 그대로 그럭저럭 지내고 있으며
나머지는 말씀드릴 만한 것이 없습니다.
弟保拙粗遣, 餘無足喩.

중간에, 자신이 시험에 응시할 생각이 없음을 전하였고, 마지막으로
자신의 아들을 교육을 위해 류경시에게 보내려고 했다가 보내지 않은
사정을 말하였다.

집의 아이는 그대가 말을 보낼 것을 기다릴 것도 없이
보내어 그대를 문후하고
迷兒不待貴騎, 尙言命送以候左右,
수십 일을 머무르며 배우지 못했던 것을 배워

학업의 차례를 이룩하도록 해야 했는데

留連數十日, 得序所不學,

날이 뜨거울 뿐만 아니라 마구간에 말도 없어

지금까지 보내지 못해 늘 한탄하고 있습니다.

而非但日熱, 廐無騣者, 尚今未送, 尋常恨之爾.

상대방의 편지를 말하는 '수행數行', 상대방의 생활을 말하는 '정리靜履', 상대방의 편지를 말하는 '형서兄書', 상대방을 말한 '좌우左右'와 '형兄'을 모두 대두하였고, 상대방과 관련된 무엇을 가리켜 말한 '귀貴'는 빈 칸을 두어 띄어 썼다.

상대방의 안부를 묻는 부분을 굵고 크게 적고 자신에 대한 소식은 가늘고 작게 적었다. 자신의 소식을 적은 후반부 중 왼쪽에서 세 번째 줄에 크게 적은 '상尙'과 '후候'를 볼 수 있는데, 이와 같은 서체의 강약은 보내는 사람의 의도가 담겨 있는 것이며, 이를 통해 편지 작성자가 특히 무엇을 강조하고 있는지 알 수 있다. 이러한 것은 탈초하여 컴퓨터에 입력한 입력문이나 번역문에서는 도무지 눈치 채기 어려운 점이다.

이 편지에서 상대를 높이고 자신을 낮추며 예를 차리기 위해 적용한 몇 가지 방식은 아래와 같다.

① 수행 : '몇 줄'이라는 말로 편지를 가리키는 말이다. 비교적 짧은 글이라는 데서 비롯한 말로 상대방의 편지를 말하므로 줄을 바꾸어 대두하였다.

② 깅리 : 벼슬이 없이 조용히 지내는 생활을 말하는데 상대방이 벼

슬에서 물러나 심신을 섭양하며 지내는 생활을 말한다.

③ 제보졸弟保拙 : 편지의 다섯째 줄에 쓰인 '제'는 스스로를 가리키는 말로 유독 작게 썼으며 상대방과의 나이 고하의 차이에 상관없이 자신을 가리키는 의미로 쓰는 말이다.

④ 형 : '형' 역시 상대방과의 나이의 고하의 차이에 상관없이 상대방을 일반적으로 부르는 말이며 '형서兄書'는 상대방의 편지를 말하므로 줄을 바꾸어 올려 썼다.

⑤ 귀기貴騎 : 왼쪽에서부터 넷째 줄 아랫부분에 한 칸 띄워 쓴 어휘로, 상대방의 말馬을 말하는데 '귀貴'는 상대방을 말하므로 한 칸을 띄웠다.

⑥ 좌우 : '형'이라 부르는 외에 특별히 어휘를 바꾸어 '좌우'라고 한 것으로, '각하閣下'나 '전하殿下'와 같이 상대방의 좌우에 있는 시종을 말한 어휘지만 직접적으로 상대방을 부르는 말이다. 따라서 줄을 바꾸어 올려 썼고 또한 크고 진하게 썼다.

⑦ 형하조兄下照 : '하조'는 굽어下 살펴달라照는 말로 스스로를 낮추고 상대를 높이는 말이다. 상대방의 행동이므로 줄을 바꾸어 올려 쓰고 크고 진하게 썼다.

⑧ 복제服弟 : 스스로를 지칭한 말로 작고도 연하게 썼다. '복제'의 '복'은 상복을 입고 있다는 말로 상중에 있는 경우에 쓴다.

⑨ 돈頓 : 머리를 조아린다는 말로 몸을 굽혀 상대에게 절을 하고 편지를 올린다는 말이다.

보내는 사람은 편지를 쓴 날짜에 이어받는 사람과의 관계를 밝힌 자신의 호칭을 적는데, 친형제일 경우에는 사형舍兄, 사제舍弟라고 하는

데, 1728년 류경시의 형 류정시가 보낸 편지(문서번호 000000060112)에서 '사형봉답舍兄奉畣'이라 하였고, 같은 해 아우인 류춘시가 보낸 편지(문서번호 000000060560)에서는 '사제춘시상서舍弟春時上書'라고 하였다.

편지에서 표면적으로 가장 강조되는 어휘는 모두 상대방이다. 편지를 받는 사람을 존중하고 높이는 마음을 편지의 표면에서 즉각적으로 느낄 수 있도록 하였다. 편지를 쓰는 방식에 있어서 당시의 관례였지만 글을 쓰는 동안 내내 상대방을 의식하고 있음을 알 수 있다. 글자마다 서체의 강약이 이러한 것을 잘 드러내준다.

이와 같이 상대를 높이는 표현법인 다른 행보다 글자가 강조되도록 위로 올리는 대두법擡頭法, 문장의 행을 바꾸는 개행법改行法, 글자 사이를 띄우는 간자법間字法은, 모두 공문서 양식에서 비롯된 것으로 양식이 정비되면서 편지의 양식에 영향을 미쳐 형성된 결과다.

위의 몇 가지 예시에서 상대방과 관련된 어휘는 줄을 바꾸어 올려 쓰거나 글자에 간격을 두었으며, 특별히 강조하고 싶은 부분을 굵고 진하게 표현했다. 글자의 상대적 크기로도 상대방을 높이고 스스로를 낮추는 태도가 우러나며, 사용한 어휘에서도 상대를 향한 공경과 존중의 마음이 직접적으로 드러난다.

한문 편지뿐만 아니라 한글 편지인 언간에서도 이와 같은 존대법은 마찬가지였다. 사연을 적어갈 때 종이 여백을 활용하는 데 있어서 순서 있게 써내려가는 것과 행을 바꿔 대상 글자를 다른 행보다 위로 올리는 대두법, 행을 바꾸지 않는 대신 글자 사이를 띄우는 간자법, 상대방과 직접적으로 관련된 호칭을 모두 크게 쓰는 대신에 발신자인 자신의 호칭을 상대적으로 작은 글씨고 오른쪽에 치우치게 적어 겸양 의시

를 표시하는 차소법이 동일하게 적용되었다.[21]

구어체 글쓰기

편지는 생각 그대로를 전달하는 데에 초점을 맞추며 받는 대상이 대부분 안면이 있거나 비교적 친밀한 사람이므로 다른 글에 비해 얽매임이 거의 없다. 따라서 전통적인 한문투식을 지키지 않고 말하듯이 적는 경우가 많다. 편지의 상대가 아주 가까운 사이라면 의사소통을 할 수 있는 범위 내에서는 얼마든지 자유롭게 문장을 만들어 써도 상관이 없었을 것이다. 심한 경우는 한자로 적힌 우리말 같은 느낌까지 받는다.

다음은 1727년에 류경시가 아들 류진현에게 보낸 편지의 내용이다.

> 부족한 것은 후에 대희大喜가 가는 길에 부쳐 보내더라도 무엇 늦을 것이
> 있겠느냐. (…) 헤아려서 하거라.
>
> 不足者, 隨後付送於大喜之行何晚也. (…) 商量爲之.
>
> 문서번호 000000060556

다음은 1725년에 류경시가 친형 류정시에게 보낸 편지의 내용이다.

> 우리 집에 있는 털옷을 급히 이 심부름꾼더러 가지고 오도록 하여 가지고
> 갈 수 있도록 한다면 대낮 이전에 올 수 있지 않겠습니까.
>
> 毛衣在吾家, 急此委伻取來, 以爲持去之計, 可趁午前耶.
>
> 문서번호 000000060564

다음은 1734년에 권태두權泰斗가 류경시에게 보낸 편지의 내용이다.

저장해둔 것이 있으면 있는 대로 보내주시는 것이 어떻습니까?

若有所儲, 隨有送惠, 如何?

1935년 류영희柳泳熙가 종형제에게 보낸 편지의 내용이다.

제가 마음으로 축하함이 어찌 다만 저것과 같은 데 그치겠습니까.

從之心祝, 何但等彼已耶.

이러한 표현은 비록 글로 작성하여 종이에 붓으로 적은 것이지만 직접 대면하여 대화를 하는 것과 다름이 없다. 말을 하듯이 글을 이어나가는 것은 자신의 생각을 상대방에게 전달하는 데 있어 매우 효과적이며 심지어 자신의 감정이나 심리도 정확하게 전달할 수 있다.

작은 고을에서 숨은 노비를 찾아내는 일은 전적으로 그대의 행차를 믿고 있는데, 여태 지체하고 있으니 왜 그렇게 고집을 피우는가.

小邑推出隱奴事, 專恃於君行, 尙今遲滯, 何其思之執拗耶.

지시킴이 괴언 그대로 띠르면 좋기만 만야 그대로 따르려고 하지 않고 정단믈單하여 변론하는 행동을 한다면 난처한 일이 있을 수도 있으니 애초에 하지 않는 것만 못합니다.

渠果順從, 則好矣, 若不肯順從, 而有呈辨之擧, 則恐有難處之事, 初不如不爲之爲可也.

문서번호 000000060422

앞의 예문은 1707년에 단구에서 류경시에게 보낸 편지고 뒤의 예문은 1712년에 학천學川이 류경시에게 보낸 편지다. 정통 한문의 글쓰기 방식에서 다소 벗어나 하고 싶은 말 혹은 생각의 흐름을 그대로 옮겨 적었다. 이렇게 자신의 말투를 글로 그대로 옮기는 것은 편지에서 매우 흔한 일로 생각을 편하고도 자연스럽게 전할 수 있는 편지의 특성에 기인한 것이며, 이것은 여타의 글에서는 잘 보이지 않는 편지만의 독특한 특징이다.

완곡한 권유

아래의 예는 1718년에 류경시의 사돈인 김이단金履端이 평안도도사로 있던 류경시에게 보낸 편지다. 서북 변방에서 추위와 직무로 고생하는 사돈을 향한 걱정을 말했다. 안부를 교환함에 있어서 항상 상대방의 안부를 먼저 묻고 자신의 형편을 말한다.

서쪽 먼 곳의 풍토가 남쪽과 같지 않은데다가 이러한 얼어붙는 계절에 추위가 갑절이나 심한데, 험지를 다니며 관무를 보심에 몸을 상하는 고생은 없었으며 또 일을 마치고 감영으로 돌아와서는 생활이 평안합니까? 막부幕府의 시린 추위는 옛사람도 한탄했던 바이니 천만 자신을 아껴 저의 밤

낮의 절실한 바람에 부응해주시는 것이 어떠하고 어떻겠습니까?[22]

상대방의 건강을 걱정하는 마음을 전달함에 '어떻게 하라'고 명령하는 방식이 아니라 '이렇게 하는 것이 어떻겠느냐'고 권유하는 방식으로 말을 하였다. 문제 해결이나 물건 등을 요구할 때도 마찬가지다.

다음의 예는 1707년에 단구의 사람이 류경시에게 보낸 편지로 송자주松子酒를 안동부사에게서 구해줄 것을 부탁했다. 이외에도 숨겨진 노비를 찾는 일을 채근하기도 하고, 객지에서 대상을 치르게 될 것을 대비해 돈을 마련할 것과 관련해 의논할 일이 있으니 만나기를 바라는 등 나이 많은 어른이 충고하듯이 여러 가지를 부탁하고 있다. 이런 정황으로 보아 류경시와 매우 가까운 관계에 있는 사람일 것으로 추정된다.

송자주를 빚어서 지치고 쇠약해진 어른께 드리고 싶은데, 반드시 네댓 말 되어야 그렇게 할 수 있을 것이네. 자네가 구할 수 없다면, 안동부사께 간청해서 구해보는 것이 어떻겠는가?[23]

다음의 예는 1734년에 권태두가 류경시에게 보낸 편지로 집의 아이가 아파서 약재를 부탁한 내용이다.

약이藥餌로 쓰려 하는데 마을의 계에서 가지고 있는 당약과 향약의 환은 그 가격이 매우 높기도 하고 얻을 수도 없으며 현縣에서 겨우 내어 쓰니 더욱 답답하고 답답합니다. 귀댁의 약상자 속에 당약재와 향약재를 만약 저장해둔 것이 있으면 있는 대로 보내주시는 것이 어떻겠습니까?[24]

다음의 예는 1728년에 인제현감 조진세趙鎭世가 양양부사 류경시에게 해산물을 부탁한 내용이다.

눈 속에 고갯길이 막혀 해산물이 한 달 너머 오지 않으니 주방의 음식이 오래도록 넉넉하지 못했습니다. 다만 꺼병이로 대신하고 있을 뿐이니 바라건대 생문어나 동대구어凍大口魚나 연어알 같은 것을 얻으시면 제게도 주시는 것이 어떻겠습니까? 거듭 부탁드리며 만족할 줄 모른다고 음식 때문에 천하게 보시지는 않겠습니까?[25]

상대방에게 부탁이나 권유를 할 때 거의 '하여何如', '여하如何'로 말을 끝낸다. 이 어휘가 포함된 문장은 편지의 목적 가운데 한 가지일 가능성이 많다. 물론 꼭 그렇게 하는 것이 좋겠다는 심정을 전하는 말이지만 표현 자체로는 '이렇게 하는 것이 어떻겠느냐'고 상대방에게 의중을 묻는 방식을 취하고 있는 것이다.

함벽당 편지의 공감 내용

편지란 수·발신자 두 사람 사이의 스토리텔링으로 발신자가 전하는 사연과 전달 방법을 넘어서 수신자에게 보내는 의도와 상대방을 향하는 마음이 행간의 의미로 전달된다. 먼 곳에 있는 상대방을 생각하며 그리워하고 안타까워하며 나누고자 하는 마음에 대한 고찰이 필요하다. 이 마음이 어떻게 표현되어 기술되어 있는지 살펴보는 것 역시 매우 의미 있는 일이다.

한 집안, 즉 문중이라는 가장 가까운 공동체 내에서 주고받는 정서와 사연에는 곡진한 표현이 많다. 상호 예절을 존중하며 공경하고, 상대를 겸손한 태도로 대하며, 서로 간의 신뢰와 정을 바탕으로 하는 자연스러운 감정과 그 감정을 곡진하게 표현하였다. 편지에는 경조사에 대한 인사뿐만 아니라 집안을 유지 경영하기 위한 정치적, 경제적 문제에 대해서 부탁하거나 당부하는 내용이 많이 담겨 있다. 가족 및 주변 인척 관계의 삶의 문제에 세심하게 관심을 가지고 염려하며 안부를 전하는 간찰이 많다. 어휘마저 상대를 향한 공감을 담은 어휘로 가득하다. 특히 첫 문장의 안부 인사말은 정형화되어 관용적으로 쓰이는 표현도 많지만 모두 그리움과 평안을 기원하는 마음을 담은 정서적인 표현이다. 본격적인 상담에 들어가기 전에 내담자와의 라포를 형성하는 것과 같은 역할을 한다.

오랫동안 만나지 못함에 그리워하고 상대의 가족을 기억하며 그들의 안부를 일일이 물으며 상대방의 상황에 궁금해하고 또한 자신의 형편 또한 자세히 전하면서 각자 삶의 영역에서 일어나는 사건 사고, 경조사 등을 전하며 위로하거나 축하하거나 감사하며 때로는 부탁하고, 때로는 사건의 의향을 물으면서 서로 공동의 삶의 영역을 확인하고 도움을 얻으며, 서로 간의 유대를 돈독히 해나간다. 이 모든 표현은 상대의 상황을 이해하고 배려하며 항상 상대방 중심적으로 생각하는 예법에서 비롯하는 것으로 공감 화법의 바탕이 되고 있다. 편지를 주고받으며 대화를 통해서 서로 연결되어 있음을 확인하고 서로의 삶이 친근하게 연대되어 있음과 서로가 존중받고 있음을 느끼게 된다. 결과적으로 사회적 관계는 더욱 굳건해지고 공동체는 더 강하게 결속된다.

본 장에서 '감정적 교감'으로서 위로와 감사의 인사를 나누는 일과 상대방의 처지를 잘 알고 있는 상황에서 '공감적 요청'으로서 부탁과 당부한 일을 공감 화법의 내용으로 살펴본다. 감정적 교감은 상대방을 그리워하며 곡진하게 묻는 안부의 표현과 상대방의 경조사에서 축하하고 감사하거나 위로하는 표현에서 볼 수 있다. 공감적 요청이란 칼 로저스의 적극적 듣기 개념에서 더 나아가 공동체적 삶의 범위 안에서, 서로의 삶을 아는 것으로부터 서로를 이해하고 배려하며 도움을 주고받는 데 유효한 실질적인 화법 개념이다. 문중 내 가족 간의 편지는 서로 긴밀하게 도움을 요청하거나 당부하거나 도움에 대한 답례의 내용이 많다. 편지가 수백 년간 변함없이 이어져 온 데에는 이와 같이 감정적인 교감을 나누면서도 실질적인 요청에 대한 공감이 그 바탕이 되어왔다.

안부 인사

편지는 그리운 심정을 전하는 제일의 수단이었다. 직접적인 목적이 따로 있어 보내는 경우라도 서로를 만나거나 연락하기 어려웠던 전통 사회에서는 그리운 심정부터 주고받는 것이 내용의 첫 번째였다.

다음은 1701년에 정사신丁思愼(1662~1722)이 류경시에게 보낸 간찰의 앞부분이다. 정사신은 류경시와 함께 이유장李惟樟(1625~1701)에게 배웠으며 류경시가 교유했던 우담愚潭 정시한丁時翰의 손자다. 류경시가 휴가를 받았을 때 그를 만날 수 있기를 고대하는 마음을 전하는 안부 편지인데, 다음은 안부를 주고받은 앞부분이다.

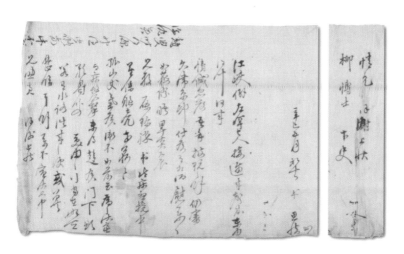

1701년 정사신이 류경시에게 보낸 편지(문서번호 000000060487)

강과 골짜기로 막힌 외진 곳에서 남과 만날 일이 드물어 근래의 소식을 들을 길이 없었는데, 어디서 온 줄 모르는 정다운 편지가 문득 손에 떨어졌으니 펼쳐본 나머지에 (…)[26]

거의 모든 편지의 서두에는 상대를 향한 그리운 마음을 전하고 상대와 자신의 안부를 주고받는다. 이것은 상대방의 사건이나 사고에 대한 위로와 자신의 무사함을 전하며 서로의 공감대를 형성한다. 이후에 편지의 본 목적을 말한다. 정사신은 오랫동안 만나지 못했던 류경시가 보름쯤 뒤에 휴가를 받을 것을 알고서 그때 한번 만날 수 있기를 고대한다고 말했다.

위로와 배려

상을 당한 상대를 위로하기 위해 보내는 간찰이다. 상을 당한 경우에는 먼저 갑자기 일어난 상에 대해 놀란 심정을 말한다. 다음은 1729년에 류경시가 상대를 영감[슈]이라고 부르고 죽은 부인의 작위가 숙부인淑夫人인 것을 보아 받는 이는 정3품의 당상관으로 높은 관직에 있는 사람이다. 자료가 불완전하여 수신자의 신원과 거주지를 추정하기 어렵다. 줄을 바꾸어 올려 쓴 것은 모두 상대방을 존중한다는 뜻이며 가지런하고 정성스럽게 썼다.

줄을 바꾸어 올린 어휘는 상대방의 집안인 '덕문德門', 상대방 부인인 '현합숙부인賢閤淑夫人', 상대방 부부를 뜻하는 '항려伉儷', 상대방이 당한 일인 '거조遽遭', 상대방의 처신으로 슬픈 마음을 누그러뜨리고 몸을 잘 보전하는 행동을 말하는 '심자관억深自寬抑', 상대방의 관직에 대한 복무를 말하는 '이관莅官'이다.

> 예식을 생략하고 말씀드립니다. 뜻하지 않게 덕망 높은 집안에도 변고가 생겨 어지신 숙부인께서 문득 세상을 버리셨으니 부고를 받은 놀란 심정에 무슨 말을 하겠습니까. 막중한 부부의 의리에 아픈 마음을 견디기 어려울 것인데 하물며 천 리 먼 북쪽 변방에서 이런 애통한 일을 갑자기 당하셨고 염습에서 장례까지 모두 가서 곡하지 못하셨으니 그 마음이 응당 어떠하시겠습니까. 오직 스스로를 너그럽게 억제하시고 몸을 보전하시어 멀리 있는 저의 구구한 심정을 위로해주시기를 바랍니다.[27]

상대방 부인의 죽음에 깊은 애도의 심정을 말하였다. 상을 위로하는

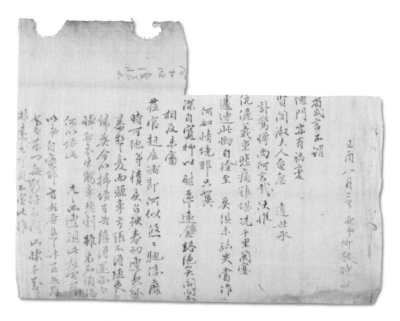

1729년 류경시가 보낸 편지(문서번호 000000060381)

경우는 일반적으로 종이의 오른쪽과 위쪽에 여백을 크게 두며, 관습적으로 '예식을 생략하고 말씀드립니다[省式言]'로 시작한다. 슬픔을 당한 상대를 생각하여 화려한 수사가 덧붙을 수 있는 인사말을 생략하는 것이다. 편지를 보낸 류경시는 자신이 직접 가서 위문하지 못하는 상황을 다음과 같이 말하였다.

저는 쌓인 과실이 재앙을 불러 초봄에 맏손자가 갑자기 죽는 변괴를 당했는데 진휼하는 일이 한창이어서 상여를 따라 귀장歸葬하지도 못했습니다. (…) 지금 체직을 도모하고자 두 차례 사직서를 보냈지만 감영에서 매양 허락을 아끼니 답답합니다.[28]

자신이 직접 가지 못하고 위문의 글로써 대신하기 위해서 보냈지만 상사를 위로하는 데 있어서 서로의 아픔을 공감하는 것이 제일의 목적이다. 글자가 바르고 서체가 고르다. 자신을 '상중에 있는 사람[服弟]'이라 하였고 자신의 이름을 그대로 썼다.

다음은 1736년에 표종숙表從叔이 되는 류경시가 내종질에게 보낸 것으로 상대 집안에 일어난 변고(유배)에 대해 위로하는 편지다.

> 형님이 당한 바는 이 무슨 변고며 이 무슨 변고인가. 여든이 넘은 분이 주야로 엄격한 일정을 내달리는 것은 결코 감당할 수 있는 것이 아니네. 믿는 바는 평소의 함양의 힘으로 반드시 대처하는 데 법도가 있으실 것이라는 것이었는데, 세 윤종질胤從姪의 놀라 겨를 없이 움직이는 상황과 온 집안의 근심하고 애태우는 정을 어찌 말하며 어찌 말하겠나. (…) 나의 놀람과 걱정이 어찌 이보다 못하겠는가마는, (조문할) 생각을 내지도 못했고 이후에도 한갓 밤낮으로 근심만 쌓고 있을 뿐이네.[29]

내용 중의 엄격한 일정이란 죄인을 날짜에 맞추어 압송하는 일정을 말한다. 집안 어른이 구속되어 다른 곳으로 잡혀가는 변고를 알고서 놀람과 아울러 내종질의 아픔을 위로하고자 보낸 편지다. 안타까운 변고로 정신이 없는 상대방을 위로하면서 떠나는 행차를 전송하지 못하는 자신의 사정과 자신이 들은 몇 가지 정계의 소식을 별지로 알렸다.

감사와 축하
일상생활 중 친인척은 물론 그 밖의 사람과 선물을 주고받는 경우가 흔하였는데 선물을 받으면 반드시 감사의 편지를 보냈다. 다음은 임은 任垠이 보내준 물건에 대한 고마운 마음을 전하기 위해 류경시에게 보낸 편지다.

> 형주 자사 같은 분과 면식을 가진 것만으로도 충분한데, 또 며칠 동안 호젓한 절간의 한적한 곳에서 이야기를 나누었으니 가히 행운 중의 행운이라고 할 만하며 앉으셨던 자리의 먼지도 아까우며 쓸어버리고 싶지 않습니다. (…) 팥을 보내오셨는데 어떻게 이런 데까지 생각을 하셨습니까. 물리치는 것도 공손함이 아니니 우선 받아둡니다만 도리어 마음이 편치 않습니다.[30]

상대방과 알게 된 기쁨을 마치 당나라 이백이 형주 자사에게 '면식이 있기를 바랐던 일[識荊]'에 빗대어 자신의 기쁨이 상당함을 표현하였다. '남은 먼지도 쓸어버리기 아깝다'와 같이 류경시와의 만남을 서정적으로 표현하였고, 팥을 보내준 것에 대한 고마운 마음을 겸손하게 표현하였다.

다음은 1728년에 류경시의 아우 류춘시가 집안의 형편을 전하고 받은 물건에 대해 감사의 마음을 전하기 위하여 친형 류경시에게 보낸 간찰이다.

> 두 달 장마가 지루하게 내려 소식이 오래도록 막혀 늘 우울했던 차에 관아의 인편이 비로소 도착하여 편지를 받고 괴상한 장마 더위에 생활이 갖가지로 편안한 줄을 자세히 알고서 지극히 위안이 되고도 기뻤습니다. (…)

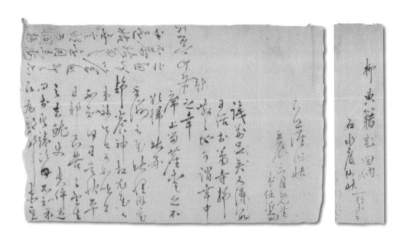

1712년 임은이 류경시에게 보낸 편지(문서번호 000000060340)]

식솔이 많다 보니 여러 가지 근심거리와 병이 그치지 않고, 또 춘궁春窮을 겨우 면한 열흘 만에 맥간麥艱이 이어 닥치니, 이 사람이 어렵고 먹는 일이 특히 고통스럽습니다. (…) 이곳은 홍수가 계속 불어나 수재가 몹시 심하고 (…) 보내주신 작은 문어를 잘 받았으며 삼가 감사합니다.[31]

동생 류춘시가 양양부사로 있던 형 류경시가 문어를 보내준 데 대한 고마움을 말하였다. 먹을 것이 모자란 형편과 장마로 농사일에 어려움을 겪는 점 등 여러 정황을 상세히 설명하는 것으로 보아 보내준 음식물이 매우 절실했고 고마웠음을 알 수 있다.

당부와 부탁
다음은 1723년에 장인인 류경시가 사위를 염려하며 보낸 편지로,

피봉의 기록은 남아 있지 않다. 왼쪽 아래로 치우쳐 썼으며 못다 적은 것은 종이를 돌려 위에 쓰고 날짜와 발신자는 다시 오른쪽 여백에 썼다. 류경시가 자신의 관무 중 하나인 사신을 접대하는 일의 고단함과 가뭄에 내린 단비로 농사 걱정을 조금 덜었다는 형편을 전하며 사위가 부탁한 인삼과 약재를 처방전과 함께 보낸다는 내용이다.

지난달 보름에 인편으로 안부를 물었는데 아직까지 돌아오지 않아 몹시 답답하네.

前月望, 憑便奉問, 而尙未見還, 殊用爲鬱.

요사이 장마와 더위에 시봉하는 여가에 공부하며 어떻게 지내는가? 그리움을 놓을 수 없네.

卽玆潦炎, 侍餘做況居似? 懸戀不舍.

'봉문奉問'은 안부를 묻는 것을 말하는데 그러한 '편지를 받든다[奉]'는 말로 상투적인 표현이지만 사위에게도 이 어휘를 썼다.

자네 맏형의 병환은 점점 차도가 있을 것이라 생각하는데

尊伯氏所患, 想漸入佳境,

'존백씨尊伯氏'는 상대방의 형을 말하는데 '존'을 붙여 사위의 형을 높였으며, 또한 줄을 바꾸고 올려 썼다. 장인인 류경시가 사위의 형의 병을 걱정하며 약을 구해 보내주었다.

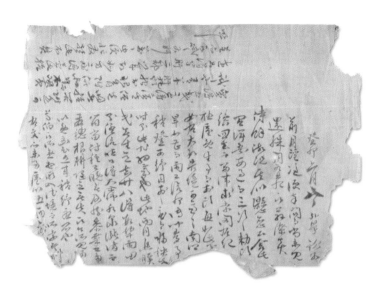

1723년 류경시가 사위에게 보낸 편지(문서번호 000000060290)

계묘년(1723) 6월 8일에 외구 흠약

癸卯六月八日, 外舅欽若.

　오른쪽 빈 곳에 쓴 날짜와 이름이다. 본인의 이름으로 자신의 자를 써서 사위를 정중히 대하는 마음을 담았다. 이 편지 외에 함벽당 류경시가 특히 가족과 문중 내의 대소사에 모두 관심을 기울이며 세심하게 걱정하고 돌보는 자상한 면모가 드러난 편지가 많다.

　다음은 류경시가 아들에게 집안일을 당부한 편지다. 풍기군수를 지내던 류경시가 친형의 병세를 걱정하고 제사에도 참석하지 못하는 울적한 심정을 전하며 아들 류진현에게 가사의 여러 가지를 당부하는 내용이다.

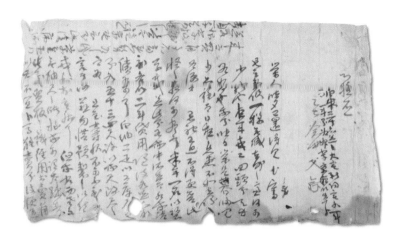

1725년 류경시가 아들 류진현에게 보낸 편지(문서번호 000000060443)

앞의 편지와 마찬가지로 지면을 왼쪽 아래로 치우치게 채우고 종이를 돌려서 위쪽에 다시 쓰고 남은 내용을 오른쪽에 다시 썼다. 오른쪽 끝에 뒷면에 봉투 삼아 쓴 내용이 비쳐 보인다. 본문 둘째 줄에서 자신의 친형을 '형주兄主'라 하며 줄을 바꾸어 올려 썼다.

> 형님의 환후가 한결같이 차도가 없음을 알았으니 외지에서의 근심을 어찌 조금이라도 늦출 수 있겠느냐.
>
> 審兄主患候一樣無減, 在外之慮, 何可少弛.
>
> (…)
>
> 주야로 애를 태우고 있으니 곁에 있으면서 편안한 것만 못하다.
>
> 日夜焦煎, 不如在側之爲便.

이후의 사연은 앞으로 닥칠지도 모를 장례를 대비해서 곡물과 옷감을 보낼 테니 형님의 수의를 만들 것을 아들에게 당부하였다. 류경시는 집안의 대소사에 상세하게 관심을 기울이고 처리 방법을 당부하고 있는데, 특히 경제적인 문제에서는 일의 정황과 관련한 해결책 및 금액까지 정확하게 전달하며 매우 철저하게 관리하고 있다. 걱정과 염려를 직접적으로 표현하며 세세하게 당부했는데, 마지막에 '부父'라 쓰고 수결을 하였다.

다음은 아들이나 손자를 걱정하는 편지로 류경시가 아들 류진현에게 보낸 편지다.

산행은 인제麟蹄를 간 후에 갈 것인지 말 것인지를 결정하되 위험한 곳은 절대로 가벼이 가지 마라. 옛 사람이 마루 가장자리에도 앉지 말라고 한 경계를 생각하며 조심하는 것이 매우 당연하다.[32]

이외에 류경시가 아들에게 보낸 편지는 자세하게 해야 할 일을 당부하고 처리 방식을 지시한 경우가 많다. 옷감을 보내며 수의를 만들 것을 지시하거나 제수를 간략히라도 마련해 제사를 지내는 일과 곡식 사는 일 등 집안일에 대한 경영을 당부한 것이 많다.

다음은 1729년 류경시가 손자에게 안부를 물으며 학업을 열심히 할 것을 당부한 편지다.

너는 내가 다니는 것을 걱정하지만 나도 네가 염려스럽다. 촌집은 관가와 다르니 절대로 가벼이 아무 데나 다니지 마라. 이전에 두 어른께 배웠던 것을 날마다 복습해서 황군黃君에게 외워 보여야 한다. 그렇지 않으면 후일 무슨 얼굴로 나를 보겠느냐. 힘쓰고 힘쓰라.[33]

1721년 권두경權斗經이 류경시에게 보내는 편지에는 자신의 일생에 대한 무상함을 전하면서 따뜻한 담요 하나를 부탁하였다.

저는 다른 바라는 것이 없고 다만 좋은 흰색 담요 하나를 얻어 늙은 몸을 눕히는 데 편하게 하려고 할 뿐입니다.[34]

모두 관직에 있어 물품을 구하기가 용이한 류경시에게 일상생활에서 긴요한 물품을 부탁하는 내용이다. 제사와 손님을 맞는 예법을 중시하는 생활에서 반드시 있어야 하는 물품을 구비하는 데 있어서 서로의 도움을 빌리지 않으면 안 되는 상황이 많을 것이다. 편지를 통해 정중한 태도로 안부를 묻고 사연을 전하면서 도움을 요청하였다.
편지로써 서원 등의 향촌에서 일어나는 일에 대해 의견을 말하거나 정치적 사건에 대해 의견을 교환하는 등 향촌이나 문중에서 있을 법한 다양한 경우의 문제를 상의하고 의견을 구하였는데 편지는 이러한 문제를 해결해가는 창구 역할을 하였다.

소통의 화법

사람의 만남에서 가장 중요한 것은 내 마음을 상대에게 잘 전하는 것이다. 만날 수 없는 먼 곳에 있는 사람에게라면 더욱더 세심한 배려가 필요하다. 그래서 편지는 외면적으로는 예를 적절하게 잘 표해야 하며 내면적으로는 상대방을 아끼며 이해하고 있는 내 마음이 잘 전해져야 한다. 앞서 우리는 편지에서 이러한 과정을 공감 화법이라고 명명하고, 이를 함벽당 류경시가 주고받은 편지를 통해서 살펴보았다.

공감 화법은 더불어 살아가는 공동체사회에서 인생에서 일어나는 다양한 경험을 함께 나누며 서로를 배려하고 존중하는 예의식의 발로며 인의 도덕을 가장 중시하는 유학의 가르침의 실천 방법이고, 옛사람들은 모두 그런 표현의 가치를 잘 알고 있었고 모두 공유하며 실천하였던 예법이었다. 이렇게 예의식은 공감을 바탕으로 더욱 강화되고 예의 제도는 구성원 간의 결속을 더욱 높여준다.

편지의 화법은 서식집을 통해 관용어구로 축적되어 전통처럼 전해 내려오면서 많은 이들이 활용하였고, 각 상황마다 필요한 어구들이 관용어구로 정착되고 활용되면서 조선 후기 편지 문화는 더욱 광범위하게 확산되었다. 일제강점기와 현대까지도 이러한 전통은 지속되었다. 다양한 사회적 관계 내에서 소통 수단으로서의 편지는 그 역할이 지대했으므로 이에 대한 예식과 표현 방법의 발달은 당연한 결과다.

옛 편지는 받는 사람과 보내는 사람의 관계를 명확하게 표시하는 데서 출발해서 상대를 높이고 자신을 겸양하는 다양한 존대법을 서체와 지면 등을 통해서 잘 보여주고 있다. 존장자와 관련된 사항은 행을 바꾸어 쓰고 띄어쓰기와 크게 쓰기를 함으로써 상대를 존중하는 마음을 더욱 강조하는 효과를 주었다.

편지지 지면 위로 드러내 보이는 존대법 외에도 자연스러운 대화 흐름을 이어가기 위해 구어체로 표현한다거나 편지의 주 내용이 되는 사안에 대해서 자신의 표현을 겸손하게 하며 항상 상대방의 의중을 묻는 태도는 모두 상대방과의 교감을 위해 마련된 장치다. 이러한 외적으로 드러나는 공감 장치 외에도 삶의 실질적인 경험을 함께 공유하는 것 역시 공감 화법이라고 할 수 있다.

즉, 상대방에게 일어난 사건이나 상황에 대한 정보를 공유하면서 서로의 처지를 이해하며 배려하는 대화법을 말한다. 공감에서 무엇보다 중요한 것은 감정적 교감이다. 심리학에서 이러한 교감은 다른 이의 감정을 직접 봄으로써 생기고 거기서부터 그 사람의 상황을 이해하게 된다고 하였다.[35] 옛 편지에서 오늘날 우리가 사용하는 언어보다 훨씬 더 직접적이고 감정적인 표현을 사용하는 것은 상대방과 소통함에 있어서 바로 이러한 감정적 교감을 매우 중요시했기 때문이다. 함벽당의 편지에서도 그리움과 슬픔 등 삶에서 직면한 감정이 매우 직설적으로 표현되어 있었다.

만날 수 없었던 동안의 그리움과 안부를 구구절절한 표현으로 전하거나, 상대가 처한 여러 상황에 대해 충분히 공감하고 있음을 전하는 것이다. 안부 인사는 길고 곡진하게 식구 한 사람 한 사람의 정황을 모두 물어주고 어려운 형편을 위로하고 감싸주는 표현을 한다. 자신의 어려운 상황 역시 곡진히 전하면서 도움을 줄 수 있으면 도와달라고 부탁하기도 한다. 복잡한 정치적·사회적 사안에 대해서는 사실적으로 자세하게 전하면서도 일방적으로 명령하지 않으며 상대의 의향을 넌지시 완곡하게 물어 의견을 구하고 상대의 의견을 경청하는 자세를 보였다.

모두 편지를 받는 상대의 마음을 다독이고 위로하며 격려해주는 따뜻한 표현이며, 상대방을 향한 진솔한 마음이 행간에 흐르며 글의 표현을 부드럽고 정중하게 하여 아름다움을 더했다. 직간접적인 표현을 통해서 교감을 나누고 서로를 이해하고 배려하면서 도움을 주고받았고 이러한 과정을 통해 서로 깊은 연대성을 확인했다. 비슷한 생활공간에서 더불어 살아가는 공동체적인 삶의 양태 속에서 서로의 고통을 이해하고 위로해주는 공감의 마음은 이로 더욱 발달했으며 혈연적으로나 정치경제적으로나 밀접하게 연결되어 있는 관계에서 이러한 공감을 핵심으로 하는 편지는 그들 내부의 결속력을 다지고 삶을 영위하는 데 중요한 역할을 하였다.

참고문헌

『예기』

『논어』

『맹자』

『대학』

『중용』

김효경, 「조선시대 간찰 서식 연구」, 한국학중앙연구원, 박사학위 논문, 2005.

김효경, 「조선 후기에 간행된 간찰서식집 연구」, 『서지학연구』 33, 2006.

박대현, 『한문서찰의 격식과 용어』, 아세아문화사, 2012.

박종천, 『예, 3천 년 동양을 지배하다』, 글항아리, 2011.

칼 로저스, 오제은 옮김, 『칼 로저스의 사람중심 상담』, 학지사, 2007.

프란스 드 발, 최재천 옮김, 『공감의 시대』, 김영사, 2017.

황문환, 『조선시대 한글편지 언간』, 역락, 2015.

황위주, 「한문문체 '서'의 연원과 연변」, 『대동한문학』 36, 2012.

황태연, 『감정과 공감의 해석학』, 청계, 2014.

주

1 Brian Thorne, 이영희·박외숙·고향자 옮김, 『인간중심치료의 창시자 칼 로저스』, 학지사, 2007.

2 『禮記』, 「曲禮」, "禮尙往來. 往而不來, 非禮也. 來而不往, 亦非禮也. (…) 夫禮者, 自卑而尊人."

3 『禮記』, 「曲禮」, "道德仁義, 非禮不成, 教訓正俗, 非禮不備. 分爭班訟, 非禮不決. 君臣上下父子兄弟, 非禮不定. 宦學事師, 非禮不親. 班朝治軍, 涖官行法, 非禮威嚴不行. 禱祠祭祀, 供給鬼神, 非禮不誠不莊. 是以君子恭敬撙節, 退讓以明禮."

4 박종천, 『예, 3천 년 동양을 지배하다』, 글항아리, 2011.

5 『논어論語』, 「衛靈公」, "子貢問曰, 有一言而可以終身行之者乎? 子曰, 其恕乎! 己所不欲, 勿施於人."

6 『맹자孟子』, 「盡心章」, "孟子曰, 「萬物皆備於我矣. 反身而誠, 樂莫大焉. 强恕而行, 求仁莫近焉."

7 『대학大學』, 「傳9章」, "君子有諸己而后求諸人, 無諸己而后非諸人. 所藏乎身不恕, 而能喩諸人者, 未之有也."

8 『중용中庸』, 「12章」, "忠恕違道不遠, 施諸己而不願, 亦勿施於人."

9 황태연, 『감정과 공감의 해석학』, 청계, 2014.

10 황위주, 「한문문체 '서'의 연원과 연변」, 『대동한문학』 36, 2012.

11 황위주, 앞의 논문, 25쪽.

12 황위주, 앞의 논문, 42쪽.

13 이인숙, 「조선시대 한문 간찰의 서예사적 의의」, 『서예학연구』 6, 2005.

14 황위주, 앞의 논문.

15 박대현, 『한문서찰의 격식과 용어』, 아세아문화사, 2012.

16 김효경, 「조선 후기에 간행된 간찰서식집 연구」, 『서지학연구』 33, 2006.

17 박대현, 앞의 책.

18 박대현, 앞의 책, 49쪽.

19 박대현, 앞의 책.

20 이인숙, 「조선시대 편지[簡札]의 문화사적 의의」, 『민족문화논총』 30, 2004.

21 황문환, 『조선시대 한글편지 언간』, 역락, 2015.

22 문서번호 000000060418. "西徼風土, 不竝以南, 屬此嚴沍, 寒凝倍甚, 原濕驅馳之餘, 能無添傷之苦, 而亦旣竣事還營, 起居對勝否? 幕府酸寒, 古人所歎, 千萬自愛, 以副區區夙宵之望, 如何如何?"

23 문서번호 000000060278. "切欲釀得松子酒, 養老疲敗, 而必得四五斗後, 可以爲之. 君未可, 轉懇于府伯, 圖得如何如何?"

24 문서번호 000000060430. "將用藥餌, 而里中契唐鄕丸, 厥價甚高, 亦不得, 縣僅出用, 尤憫尤憫. 貴笥中, 唐鄕材間, 若有所儲, 隨有送惠, 如何?"

25 문서번호 000000060524. "雪中嶺阽, 海珍隔月不來, 廚供久不贍. 只以雉雛爲長脚, 幸望以生

文凍大口鱸明卵之屬, 要得波及, 如何如何? 屢溷固不知足, 無乃以飮食賤之耶?"

26 문서번호 000000060487. "江峽僻左, 罕與人接, 邇來聲息, 末由得聞, 何來情緘, 忽落吾手, 披玩之餘, (…)"

27 문서번호 000000060381. "省式言. 不謂德門, 亦有禍變, 賢閤淑夫人奄忽違世, 承訃驚愕, 尙何言哉. 伏惟伉儷義重, 悲痛難堪, 況千里關塞, 遽遭此慟, 自殮至葬, 俱未臨哭, 當作何如情境耶. 只冀深自寬抑, 以慰區區遠念."

28 문서번호 000000060381. "弟積戾召殃, 春初遭長孫暴逝之變, 而賑事方張, 不得隨喪歸葬. (…) 方有圖遞之計, 再送辭本, 而營門每靳許, 可悶."

29 문서번호 000000060473. "卽羅兄主所遭, 此何事變此何事變. 八耋人, 日夜驅馳嚴程, 決非可堪. 而所恃平日有定力, 必能處之有常, 而三胤從姪, 驚遑奔走之狀, 一家憂慮焦鬱之情, 尙何言尙何言. (…) 我之驚憂, 豈不如此, 從而旣不得生意, 隨後徒積夙宵之慮而已."

30 문서번호 000000060340. "識荊足矣, 又得數日話於蕭寺靜散之地, 可謂幸中之幸, 席上留塵, 愛之不欲掃. (…) 赤豆之惠, 何以念此. 却之亦不恭, 姑留之, 還用未安."

31 문서번호 000000060560. "兩月霖雨支離, 便音久隔, 尋常菀陶之際, 官便始到, 仍伏承下書, 細審異常靆炎, 體中起居萬安, 伏慰伏喜之至. (…) 所率旣多, 種種憂病未已, 且春窮纖免一旬, 麥艱繼至, 此生艱食, 殊可苦也. (…) 此處, 則大水連漲, 水災太甚, (…) 下惠小文魚, 依受, 伏感."

32 문서번호 000000060521. "山行, 則麟蹄後, 正決去就, 而危險處, 切勿輕犯. 以古人垂堂之戒, 愼之至可."

33 문서번호 000000060456. "汝以吾行爲慮, 而吾亦以汝爲念. 村舍異於官家, 切勿輕出遊放. 日習前學二丈, 誦于黃君爲可. 不然, 則他日面見我乎. 勉之勉之."

34 문서번호 000000060476. "弟則他無所望, 但要得好白氈一部, 以便老身藉臥耳."

35 프란스 드 발, 최재천 옮김, 『공감의 시대』, 김영사, 2017.

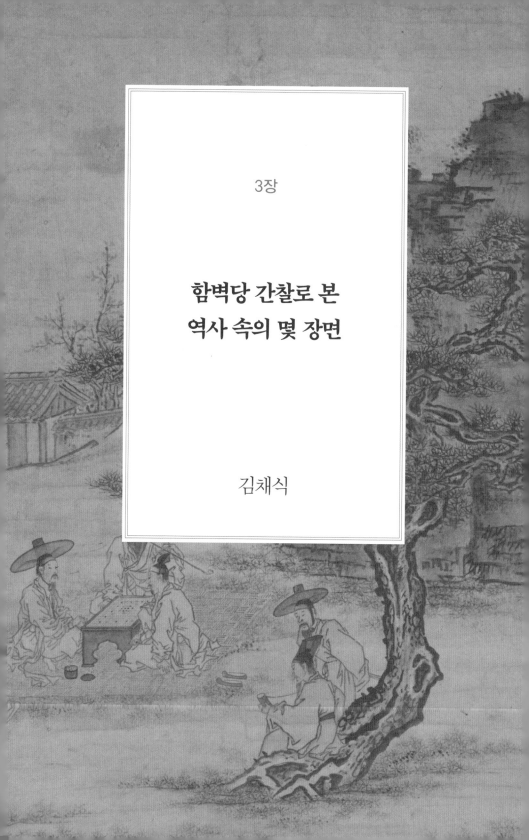

3장

함벽당 간찰로 본
역사 속의 몇 장면

김채식

연구의 방향

전주 류씨 야계공파 함벽당涵碧堂 종가는 안동시 서후면 광평리에 세거했던 함벽당 류경시柳敬時와 녹균헌綠筠軒 류진현柳晉鉉, 농포農圃 류영희柳永熙를 배출한 유수한 가문이다. 류경시는 조선 후기에 활동 했던 기봉岐峰 류복기柳復起와 도헌陶軒 류우잠柳友潛, 효성이 지극했던 야계冶溪 류학柳㰊의 후예다.

함벽당 종가에서는 2003년부터 2016년까지 6차례에 걸쳐 총 2,014점을 한국국학진흥원에 기탁하였다. 고문서는 21종 1,373점으 로 그 가운데 간찰이 834점에 이른다.[1]

이 간찰에는 함벽당 류경시와 그 후손이 쓴 것도 있으나, 각지의 친 인척으로부터 받은 간찰의 비중이 훨씬 더 크다. 수발신된 시기로 보 면 류경시가 쓴 당시의 간찰은 물론 불과 수십 년 전인 현대에 작성되 어 구고빈은 후손의 진찰에 이르기끼지 근 300여 년에 걸친 역시가 중

첩되어 있다. 그 간찰의 내용은 여느 가문의 간찰 모음처럼 관혼상제를 치르며 소식을 주고받은 것에서부터 당시 유행하던 전염병과 흉작 등 자연재해를 당해 애끓는 심정을 전하는 소식, 안부를 물으며 딸려 보낸 소소한 물품에 이르기까지 인간사의 인정물태人情物態가 오롯이 담겨 있다.

본고는 함벽당 가문에 전해 내려오는 간찰을 일별한 후, 공사 간의 기록을 보완할 만한 간찰을 추려 분석한 것이다. 주제를 미리 정해놓고 작성한 것이 아니라 간찰을 읽어가면서 의미 있는 조각을 모으다 보니, 문집에 미처 실리지 못한 기록이나 혹은 함벽당 구성원의 생애를 구성하는 데 도움이 될 만한 '빠진 고리'가 눈에 띄었기에 이를 항목별로 정리해본 것이다.

함벽당 간찰은 근 300여 년에 걸쳐 수발신된 800여 통의 문중 간찰로, 수신자와 발신자의 관계, 전후 맥락 등을 필자의 얕은 소견으로는 소상히 파악하기 어려운 고충이 있었다. 그리하여 부득이 문집이 제대로 남아 있는 함벽당 류경시의 생애를 위주로 작성할 수밖에 없는 현실적인 한계에 부딪혔다.

그리하여 류경시가 수발신한 간찰로 범위를 좁혔고, 간찰 내용에 따라『함벽당문집』,『조선왕조실록』,『승정원일기』등과 교차 비교해봄으로써 간찰이 지닌 기록으로서의 가치를 드러내고자 노력하였다. 요컨대 무언가 새로운 결정적인 자료를 발견했다기보다는 이미 드러나 있는 행력行歷일지라도 이에 연관된 간찰을 통해 보다 입체적으로 재구성하려 노력한 것에서 가치를 찾고자 한다.

두 번째 절에서는 800여 건의 간찰 중에서 류경시의 생애를 규명하는 데 도움이 되는 몇 가지 장면에 초점을 맞춰보았다. 즉, 간찰에서 눈에 띄는 언급이라든지, 평범한 말일지라도 전후 맥락을 검토해보면 행간에 많은 사연이 담긴 간찰을 선정하여 미시적인 분석을 해보았다. 분석의 주안점은, 첫 번째로 류경시의 행적 중에서 1701년부터 1716년까지 약 15년간의 기록이 보이지 않는데, 그 실마리가 담긴 간찰을 뽑아 류경시의 기록되지 않은 행적을 최대한 추적해보았다. 두 번째로는 류경시가 오랜 침체 끝에 문신文臣 겸 선전관宣傳官에 임명되자 내외의 친지가 축하편지를 다수 보냈는데, 그 직책이 어떤 의미를 지니는지 몇 건의 간찰을 인용하여 파악해보았다. 세 번째로는 류경시의 다양한 관력 중에서도 평안도 용강龍岡의 현령으로 부임하면서 벼슬살이의 참맛을 알게 되는데, 사대부가 꿈꾸는 '전성봉양專城奉養'의 현실적인 모습을 재구성해보았다.

세 번째 절에서는 함벽당 간찰에서 보이는 단편적인 기사를 포착하여, 역사 기록과 비교해봄으로써 의미를 확장해보고자 노력하였다. 첫 번째로 류경시가 양양부사로 재직하면서 실현한 '금강산 유람'의 의미를 규명해보았는데, 우선 유람의 전후 과정을 서술하고, 유람 끝에 맞닥뜨린 이인좌李麟佐의 난과 양양부사로서의 대응 양상을 분석해보았다. 두 번째로는 류경시가 조정에서 벼슬하면서 여러 차례 사직소를 올렸는데, 그중 1732년(영조 8) 4월 2일에 올린 사직소에서 동향의 관리 김정金做이 무함誣陷을 당해 곤경에 처한 것을 구명하고자 노력한 흔적을 포착하여, 실제 남아 있는 간찰과 비교하여 논해보았다. 마지막으로 여기저기에 산재해 있는 질병이나 풍수해에 대한 소식을 전하는 몇 건의 산찰을 뽑아 역사 기록과 비교해봄으로써 간찰이 지닌 가료로서의 의미를 부연해보았다.

함벽당 가문은 물론이고, 각 문중에 대량으로 쌓여 있는 간찰이나 고문서는 활용처를 발견하기가 어려운 난해한 고물덩어리로 보일 수 있다. 그러나 그 안에 포함된 '기록'으로써의 가치는 연구자의 손질에 따라 얼마든지 빛을 발할 수 있음을 믿어 의심치 않는다.

류경시의 인간상과 『함벽당문집』

함벽당 류경시(1666~1737)는 숙종 대에서 영조 대에 활동한 문신이다. 본관은 전주, 자는 흠약欽若, 함벽당은 그의 호다. 증조는 의병 류우잠이고, 할아버지는 야계 류학이며, 아버지는 류동휘柳東輝다.

함벽당 류경시는 경술經術에 대한 깊은 공부를 토대로 조정의 내직을 거쳐 지방관을 두루 역임한 청렴한 관료의 전형이 될 만한 분이다.[2] 류경시는 고산孤山 이유장李惟樟(1625~1701)의 처조카로 어려서 학문을 전수받으면서 크게 칭찬받은 바 있다. 이유장은 백졸암百拙庵 류직柳㮨(1602~1662)에게 학문의 근원을 두었는데, 류직은 1650년(효종 1)에 이이李珥와 성혼成渾을 문묘에 종사시켜야 한다는 당시의 여론에 반대하여 영남에서 소수疏首로 추대되어 유생 800여 명과 함께 서울에 올라와 상소하였다가 유적儒籍에서 삭제당하는 처벌을 받았다. 이후 벼슬길을 단념하고 백졸암이라는 편액을 걸고 문인과 더불어 도학道學을 강론하며 생을 마쳤다. 류경시는 이유장을 통해서 류직의 학문은 물론 이유장의 벗으로 강원도 원주에 우거한 우담愚潭 정시한丁時翰

104

(1625~1707), 갈암葛庵 이현일李玄逸(1627~1704)의 학문도 접하였던 것으로 보인다.

함벽당 류경시의 모습은 문신, 학자, 관리 중 어디에서 찾아야 할까? 이에 대해서 류경시의 족증손族曾孫 류범휴柳範休는 『함벽당집서涵碧堂集序』에서 "세상에서 공을 논하는 자들이 왕왕 한漢나라 때의 2천 석 녹봉을 받던 순량한 관리에 비교하곤 하는데, 그 근원이 경술에 근본한 곳이 있음을 알지 못한다"라고 하여, 류경시가 황해도도사와 평안도도사 및 5차례의 지방관을 지내면서 백성들에게 은혜를 베풀고 청렴하고 공평한 처신을 하여 훌륭한 치적을 세운 것을 모두 학문의 공으로 돌렸다.

그러나 실제 『함벽당문집涵碧堂文集』에 보면 경술을 연마한 흔적이 많이 보이지 않는다. 이에 대해 류홍원은 「유사遺事」에서 다음과 같이 언급하였다.

> 고산 이유장의 문하에서 공부한 것이 오래인데, 일찍이 의심나는 점을 문목問目으로 만든 적이 없었다. 동문이 그 이유를 물어보니, 부군은 "거처가 별로 멀지 않아서 독서하다 의문이 생기면 직접 나아가서 친히 가르침을 받을 수 있으니, 어찌 반드시 줄줄이 베껴서 질문을 한단 말이오"라고 하였다.

이 구절을 그대로 믿는다면 고산 이유장의 문하에서 오래도록 배우고도 어떤 차기箚記나 문목이 남아 있지 않은 이유를 짐작케 한다. 그러나 류경시는 문경의 저술보다는 견건 암송에 전념한 듯하다. 「유사」에 따르면 다음과 같다.

부군은 총명하기가 남보다 빼어났다. 별과別科에 응시하고자 할 때, 화원
花園 이공李公(李明夏)과 함께 봉정사鳳停寺에 올라 18일 동안 경전을 강론
하고 암송하였다. 강경講經을 시험하는 자리에서 주석까지 깡그리 외면서
조금도 착오가 없었다. 말년에 여러 아동에게 7서를 전수하면서 단락별
로 암송하니, 비록 평생토록 경전을 연마한 사람이라도 이보다 더할 수는
없다. 대경戴經(『禮記』), 태사공서太史公書(『史記』), 한비韓碑(『平淮西碑』) 등에도
또한 마찬가지였다.

류경시의 공부는 제술製述보다 강경에 주안점을 둔 것으로 보이는
데, 이를 참고하면 류경시의 문집에 성리학 저술이나 시문이 적은 이
유의 일단을 엿볼 수 있을 듯하다.

류경시의 학문과 경륜은 후손에게 전해져, 아들 녹균헌 류진현
(1687~1767)은 『녹균헌유고綠筠軒遺稿』를 남겼고, 손자 강포江浦 류홍원
柳弘源(1716~1781)은 『강포문집江浦文集』을 남겼다.

류경시의 학문과 교유를 살필 만한 자료로는 우선 목판본으로 간행
된 4권 2책의 『함벽당선생문집涵碧堂先生文集』을 꼽을 수 있다. 이는 문인
과 후손이 함벽당 류경시의 시와 산문 등을 모아 편집하여 1818년(순조
18)에 간행한 것으로, 원고는 진즉에 마련되어 있었으나 실제 간행이 매
우 늦게 이루어진 것으로 보인다. 문집 구성은 대략 다음과 같다.

권1. 시詩 137제, 애사哀辭 3수가 실려 있다.

권2. 소疏 4편, 서書 14편, 잡저雜著 3편이 실려 있다.

권3. 전箋 3편, 서序 1편, 제문祭文 10편, 행장行狀 1편이 실려 있다.

권4, 부록附錄으로 제문祭文 14편, 행장, 묘갈명墓碣銘, 유사, 낙연리 사봉안문洛淵里社奉安文, 묘사상향문墓祀常享文이 각각 1편씩 실려 있다.

문집을 일별해 보면, 당시 류경시가 지닌 존재감과 활동 내용에 비해 소략하기 짝이 없다. 족증손 류범휴가 1818년 간행 시에 지은『함벽당집서』에 따르면, 문집이 소략한 이유가 외적인 요건이 아니라 류경시 자신이 원고를 남기기를 매우 꺼려 자제들이 수습하는 것조차 허락하지 않았으므로 남은 것이 시문과 잡저 몇 편에 불과하다고 하였다.

또한 같은 맥락에서 손자 류홍원이 지은「유사」에 따르면, "부군께서는 긴요치 않은 저술을 하지 않았고, 때로 응대해야 하는 문자가 있더라도 원고를 남겨두지 않았다. 간혹 시동이 거두어 베끼는 것을 보게 되면 곧 빼앗아 찢으면서 '이러한 문고文藁를 어찌 후세에 전해서 후인들로 하여금 할애비가 글에 능하지 못한 것을 알게 해서야 되겠느냐'라고 하였다"라고 하여 류경시가 평소 저술을 즐기지 않았을 뿐만 아니라 자신의 저술이 후대에까지 남는 것을 매우 꺼린 정황도 포착된다.

이 두 가지 기록을 참고한다면, 평소 관직 생활에서 지나칠 정도로 개결함을 보인 류경시이고 보면, 이 글에서 보듯 자신이 지은 시문의 원고까지 남겨두지 않아 훗날의 부끄러움을 미연에 방지하고자 한 그의 성격이 보이는 듯도 하다. 류경시의 문집이 소략할수록 자연히 류경시가 주고받은 간찰이 더욱 소중해질 수밖에 없다고 하겠다.

간찰을 통해 본 류경시의 벼슬생활 몇 장면

류경시의 승륙陞六과 침체기의 행적

류경시는 29세 때인 1694년(숙종 20) 10월 인현왕후 민씨의 복위를 계기로 실시된 별시문과에 유학幼學으로서 병과 12위로 급제하였다. 류경시는 문과 급제 후 3년 뒤인 1697년(숙종 23, 32세) 10월 23일에 성균관 학유學諭에 임명되었고, 1700년(숙종 26, 35세) 9월 21일에 성균관 학록學錄에 임명되었으며, 1701년(숙종 27, 36세) 1월 7일에 승정원 가주서假注書, 동년 8월 10일에 성균관 전적典籍에 임명된 기록이 확인된다. 〈표 1〉은 류경시의 생애를 이해하기 편리하게 정리한 것이다.

〈표 1〉 함벽당 류경시의 행력

연도	나이	비고
1666년(현종 7)	1세	11월 13일에 수곡리水谷里에서 출생.
1678년(숙종 4)	13세	모친상을 당함.
1683년(숙종 9)	18세	부친상을 당함.
1688년(숙종 14)	23세	조부 천태공天台公의 상을 당함.
1694년(숙종 20)	29세	10월에 별시문과에 병과 12위로 급제.
1697년(숙종 23)	32세	10월 23일에 성균관 학유.
1700년(숙종 26)	35세	9월 21일에 성균관 학록.
1701년(숙종 27)	36세	1월 7일에 승정원 가주서.
1701년(숙종 27)	36세	8월 10일에 성균관 전적.

연도	나이	비고
15년간 기록 없음.		
1716년(숙종 42)	51세	2월 12일에 문겸文兼(文臣 兼 宣傳官).
1716년(숙종 42)	51세	5월 11일에 예조좌랑.
1716년(숙종 42)	51세	7월 5일에 황해도도사.
1718년(숙종 44)	53세	4월 9일에 평안도도사.
1721년(경종 1)	56세	11월 5일에 용강현령龍岡縣令.
1723년(경종 3)	58세	8월 11일에 한산군수韓山郡守.
1724년(경종 4)	59세	윤4월 17일에 군보軍保에 관한 문서를 부실하게 작성하여 파직.
1725년(영조 1)	60세	4월 4일에 풍기군수.
1725년(영조 1)	60세	12월 16일에 규격 미달의 작은 산돼지를 왕대비전 진상품에 올려 파직.
1727년(영조 3)	62세	7월 11일에 양양부사 임명.
1728년(영조 4)	63세	3월에 금강산 유람.
1729년(영조 5)	64세	초봄에 맏손자 사영思永이 죽음.
1729년(영조 5)	64세	10월 19일에 이인좌의 난의 잔당으로 양양부에 정배된 죄인 이세광李世光·이세홍李世弘 등이 안성安城으로 달아났다가 붙잡힌 일로 인해 의금부에 체포됨.
1732년(영조 8)	67세	1월 26일에 사헌부 장령에 임명. 2월 25일·3월 17일·3월 28일·3월 29일·4월 2일에 누차 사직소를 올림. 이때 김정의 무고함을 변명하다가 부수찬 이흡李潝의 탄핵을 받아 4월 12일에 처벌을 받았다가 얼마 후 서용됨.
1732년(영조 8)	67세	6월 22일에 순천부사 임명. 부임한 지 1개월도 되지 않아서 시종侍從을 역임한 자로서 왕대비 곡반哭班에 참석하지 않았다는 이유로 파직.
1737년(영조 13)	72세	4월 8일에 졸서卒逝.

그런데 성균관 전적을 지낸 뒤로 1715년(숙종 41)까지 무려 15년 동안이나 어떤 처지에서 어떤 활동을 했는지 잘 파악되지 않는다. 류경시의 생애와 관력을 가장 자세히 서술해놓은 것이 손자 류홍원이 지은 「유사」인데, 이곳에서도 15년 동안의 류경시의 활동상은 전혀 기록되어 있지 않다. 『승정원일기』에도 벼슬에 임명된 기록이 없는 것으로 보아 향촌에 기거한 것으로 짐작되지만, 자세한 실상을 파악하기에는 용이하지 않다. 함벽당 간찰을 두루 살펴보면 이 시기의 활동을 유추할 만한 짧은 정보가 보인다. 대략 연도별로 훑어보면 다음과 같다.

경진년(1700, 숙종 26) 8월 5일에 종從 '시중時重'이라는 사람이 자봉自封 형식으로 '흠약 류학록柳學錄'이라고 써서 보낸 편지를 보자. 류경시가 직책에 임명된 것을 축하하는 것으로 서두를 시작하였는데, 이는 1697년에 성균관 학유에 임명된 것을 가리킨 것으로 보인다. 이어 본론은 다음과 같다.

> 형님께서 근래 입한立漢에게 공격을 당해 관문官門에서 머무는 것이 벌써 여러 날이 지났는데, 일 자체가 이치가 곧기 때문에 마침내 통쾌하게 결판이 나겠지만 지금 당장의 통분함은 이루 말할 수 없습니다. 승륙陞六할 기한이 마땅히 내년 봄에 있을 듯한데, 그 전에 내왕하기는 저절로 여의치 않을 것이고, 상봉할 날도 이 때문에 쉽지 않을 듯합니다.[3]

이 간찰을 통해, 류경시의 형 류정시柳正時(1660~1732)가 이때 입한이라는 이름의 어떤 사람에게 소송을 당해 관아에서 대기한 것으로 추정되며, 류경시는 서울에 있으면서 벼슬에 종사하고 있었음을 알 수 있다. 승륙은 출륙出六과 같은 말로 7품직에 있는 관원이 그 임기가 만료되고 성적이 좋은 경우에 6품으로 승급하여 다른 직에 전임轉任하는 것을 말한다. 달리 말해 조정의 조회에 참여할 수 있는 종6품 이상의 참상관參上官이 되는 것으로, 한 개인으로서 보면 당당한 정식 관료로 입신하는 기념할 만한 사건이다.

이 간찰을 통해 류경시는 3년 사이에 9품에서 시작하여 6품에 승급한 것을 알 수 있는데, 매우 빠르다고 보아야 할 듯하다. 「유사」에서 "신사년(1701, 숙종 27, 36세)에 성균관 전적(정6품)으로 승진하였다"라고 하였으므로 무난히 승륙한 것으로 보인다.

그리고 성균관 전적을 지낸 후의 생활 모습 또한 잘 드러나지 않는데, 그에 관련된 간찰을 추려보면 다음과 같다.

◇ 류경시의 장인 단구丹丘 황창술黃昌述(1628~1711)이 정해년(1707, 숙종 33) 11월 23일에 사위 류경시에게 보낸 편지 : 황창술은 손자의 질병 걱정으로 서두를 시작하였고, 내용의 핵심은 숨겨놓은 노비를 찾는 일을 독촉하는 것이고, 객지에서 초상을 치르는 고생을 위로하는 것이다.[4] 이 시기의 류경시는 관리로서는 침체기에 해당하며, 이러저러한 집안의 대소사를 처리하며 시간을 보낸 것으로 보인다. 즉, 벼슬이 없는 평범한 향촌의 양반생활이란 별 수 없이 이렇게 지낼 수밖에 없다는 사례를 보여준다고 하겠다.

◇ 예천의 정유신丁惟愼이 무자년(1708) 윤3월 3일에 피봉에 '류 전적 기실'이라고 써서 보낸 편지 : 류경시가 기거하는 정황을 "한가로이 정양하는 생활이 편안하시니, 위안되는 심정이 간절합니다"라고 표현

하였고, "겨울에 우환으로 말미암아 1사숨에 불과한 거리를 함께 모일 길이 없어서 바람결에 고개만 빼고서 서글픈 심정만 더합니다"[5]라고 한 것을 보면, 류경시는 당시 향촌에서 조용히 칩거하는 상황이었음이 짐작된다.

◇ 이만유李萬維가 신묘년(1711, 숙종 37) 10월 16일에 류정시에게 보낸 편지 : "형의 조용히 지내는 생활이 두루 평안하시니[兄靜候萬相]"라고 근황을 물었고, 이어 "모두 형이 오래 침체되었다고 이야기를 하는데, 정목政目 사이에는 실제가 보이지 않으니, 이 어찌 공론이 있다 하겠습니까"[6]라고 하여 류경시의 오랜 침체는 주위의 의구심과 걱정마저 자아낸 듯하다.

◇ 계사년(1713, 숙종 39) 3월 10일에 월전月田에 사는 '척戚 류후갑柳後甲'이란 사람이 '류 전적 우소寓所'로 보낸 편지 : 내용의 대략은 류경시의 아들 류진현이 앓는 병이 위중하여 놀란 심정을 전하고, 이어 열이 내린 후에 다른 가족이 어디로 피접을 나갔는지 물으면서 지금은 더 앓는 사람이 없는지 궁금해했으며, 그곳에 오래 머물 계획이면 찾아뵙고 싶다는 내용이다.[7]

◇ 계사년(1713) 3월 6일에 월애月厓에 사는 재종再從 '권주權輈'가 보낸 편지 : 서두에서 아들 류진현의 병이 심해졌다가 좀 덜해진 것을 축하하고, 이어 "오래 개사開寺에서 머무실 겁니까. 지팡이 하나를 끌고 적막한 곳으로 방문하고 싶으나, 쓸데없는 일에 매이지나 않을지 어찌 기필하겠습니까"라고 하였다.[8]

위의 계사년 두 통의 편지를 보면 간찰에서 언급한 류진현이 앓던 병은 전염병으로 추정된다. 이때 류경시는 개사, 즉 안동시 서후면의 개목사開目寺에서 피접을 하고 있었고, 다른 가족들은 봉사鳳寺로 피접을 나간 것으로 보이는데, 봉사는 바로 경상북도 안동군 서후면에 있는 봉정사鳳停寺다. 류경시 가족은 전염병이 돌 때마다 주로 개목사와 봉정사 등지를 전전하며 전염병을 피하여 가족을 건사하였다.

이 몇 건의 간찰을 종합해보면 류경시의 15년간의 모호한 행적이 소상히 설명되지는 않지만, 고향에서 일상적인 생활을 영위하며 집안 대소사에 힘을 다하고, 전염병으로 이리저리 허둥대며 피접을 다니는 생활인의 모습을 짐작할 수 있다. 참고로 이번 심층연구에서 김명자 선생의 노력으로, 류경시가 1714년(숙종 40)과 1731(영조 7)년에 병산서원 원장을 역임하였고, 1721년(효종 1)과 1736년(영조 12)에 도산서원 원장을 역임하며 향촌사회에서 식자識者로서의 역할도 수행한 것을 파악했다.

류경시의 문겸 진출과 축하 편지

류경시는 15년간의 적막함을 깨고 51세 때인 1716년(숙종 42) 2월 12일에 문겸文兼에 임명되었다. 이 직책은 문신文臣 겸 선전관宣傳官의 준말로, 문신으로서 무반의 선전관[9]을 겸하는 직책이다. 이에 대해 두 통의 간찰이 참고가 된다.

'사제查弟 성중聖重'이라는 발신자가 병신년(1716, 숙종 42) 5월 8일에 류경시에게 보낸 편지를 보자.

형이 복직되어 상경한 것을 나중에 듣게 되어 축하의 편지를 올리지 못했으니, 몹시 한탄스럽습니다. 이제 묻자옵건대, 새벽부터 밤중까지 벼슬하는 생활이 철 따라 순조롭게 신명의 보호를 받고 있습니까. 서반西班(무반)의 썰렁한 관직을 얻었다고 하여 다행이라 할 수 없습니다만, 청운의 높은 관직을 두루 역임하는 것이 오늘 그 디딤돌이 생긴 것이니, 어찌 축하하지 않을 수 있겠습니까.[10]

피봉에 '류柳 문겸文兼'이라 적어서 보냈으니, 바로 문겸에 임명된 류경시에게 보낸 것인데, 류경시가 문겸에 임명된 것이 2월 12일이므로 3개월 뒤에 보낸 셈이다. 그런데 오랜 침체 뒤에 '복직'한 류경시에게 축하를 건네는 성중의 심정은 다소 복잡한 듯하다. 소식을 늦게 들어 축하 편지도 보내지 못한 미안함도 있지만, 선전관이 본래 무반에 속한 직책이고 어찌 보면 청요직이라 볼 수도 있으나, 정3품부터 종9품까지 역임할 수 있는 두루뭉술한 직책이라 이미 문신으로 승륙을 한 류경시가 선전관에 임명된 것이 우선 마뜩지 않아 보인다. 그러나 성중은 이내 앞으로의 현달한 벼슬생활의 단초가 열린 것에 의미를 두어 축하해 마지않았다. 즉, 문신 겸 선전관을 발판 삼아 앞날의 창창한 벼슬길이 열리기를 축원한 것이다.

김도응金道應(1685~1728)[11]이란 사람이 1716년(숙종 42) 2월 15일에 류경시에게 보낸 편지는 문겸이 어떤 자리인지 파악하게 해주는 귀중한 자료다. 김도응의 편지는 음미할 만한 구절이 적지 않다. 김도응은 편지에서 자신을 '시생侍生'이라 칭하고 있으며, 매우 정갈한 행서로 정성들여 필사했는데, 아마도 향촌에서 류경시에 대해 익히 들어 존숭하던 후배로 추정된다.

선달의 도목정사를 2월 12일에 비로소 시행하였는데, 집사께서 문신 겸 선전관의 수망首望으로 올라 임금의 낙점을 받으셨습니다. 이 직책은 품계가 낮고 봉급이 박하므로, 얻고 못 얻고가 집사께 그다지 중요한 일이 아닐 것이고, 친한 사람의 처지에서 보아도 매우 축하할 일이 되지 못합니다. 그러나 수십 년 두문불출하던 나머지에, 쉽게 얻지 못할 때에 이 직책을 얻으셨으니, 훗날의 희망이 이를 계기로 시작될 것이므로 다행이라 하겠습니다. 다만 객지살이의 쓰라림이 집에서 편안히 지내는 것보다 못할 것이고, 분주히 다니며 수고하는 것이 산림에서 유유자적하느니만 못할 것입니다. 집사께서는 이를 어떻게 생각하고 계십니까. 그러나 가난 때문에 벼슬을 한다면 문지기가 되어 밤에 순행하는 낮은 직책도 괜찮을 것입니다. 품계가 낮고 녹봉이 박하다고 혐의하지 마시고, 때에 맞춰 길에 오

115

르시어 기한을 넘기는 폐단이 없기를 천번만번 바랍니다.[12]

이 몇 줄의 편지에 김도응이 류경시를 얼마나 존경하는지 여실히 드러나 있다. 김도응은 1715년(숙종 41) 6월 24일에 성균관 학정學正에 임명되었으므로 이때 서울에서 벼슬을 하고 있었던 듯하다. 김도응은 류경시가 학문과 경륜을 겸비하고도 산림에서 소일하는 모습을 매우 안타까워했던 듯, 선전관에 임명된 소식을 듣자마자 3일 뒤에 편지를 보낸 것이다.

위 구절을 보면 수십 년 두문불출한 끝에 얻기 어려운 직책을 얻었다고 한 것을 보면, 류경시는 1701년(숙종 27, 36세) 8월 10일에 성균관 전적에 임명되었다가 이내 낙향하여 줄곧 고향에서 산림처사로 독서하며 지냈음을 알 수 있다.

김도응은 품계도 낮고 녹봉도 박한 문겸자리가 학문과 경륜을 겸비한 류경시에게 어울리지 않음을 잘 알면서도, 이를 적극적으로 받아들여 훗날 입신양명의 계기로 삼기를 부탁하였다. 그리하여 서울 생활의 쓰라림, 이리저리 분주히 움직여야 하는 고단함을 참고 견디기를 감히 조언하기까지 하였다.

편지에서 김도응 자신은 작년에 조모상을 당하여 이 편지를 작성할 즈음이 첫 기일이 되는데, 관리를 평가하는 포폄褒貶에 매여 고향으로 떠나지 못하고 있었다. 즉, 멀리 서울에 몸이 매여 제사에 참석지 못한 상태이므로 심정과 예법에 모두 결함이 생겨 암담한 지경이었다고 한다.[13] 그럼에도 류경시가 서울에 올라오면 가르침을 받을 수 있다는 기대에 부풀어 류경시의 서울 생활을 위한 세심한 배려를 하였다.

저는 타고난 품성이 용렬하여 일마다 남에게 미치지 못하여, 한번 세상길에 나온 이후로 허물과 후회가 날마다 쌓입니다. 이런 까닭으로 스스로 가련하게 여겨서 '어찌하면 집사께서 세상에 진출하시어 내가 그 만분의 일이나마 본받는다면, 집사의 가르침을 받아 나의 허물을 고쳐서 남들의 손가락질을 면할 수 있으리라'고 생각하였습니다. 이제 장차 평소의 소원을 이룰 수 있게 되었으니, 저의 기뻐하는 마음이 실로 다른 사람에 비할 바가 아닙니다. 객지 벼슬살이 중에 머물 곳을 찾는 것이 또한 어렵습니다. 옛날 머물던 관사에 사람이 있다면 매우 편리하지만, 만약 있는지 없는지 알 수 없다면, 새로 도임하여 구차함을 면할 수 없을 것입니다. 서울에 들어오시는 날에 만약 낭패한 일이 생겼을 때, 곧장 저의 처소로 오신다면 상의할 수 있을 것입니다. 그런데 근간에 휴가를 얻어 떠나고자 하니, 혹시 교묘히 어긋나는 탄식이 있을까 염려됩니다. 제가 거주하는 곳은 육조六曹 앞 의영고동義盈庫洞의 병조 아전 이시연李時衍의 집인데, 바로 재종조께서 옛날 머무시던 곳입니다.[14]

김도응이 류경시에게 가르침을 받고자 한 것은 겸손에서 나온 말로 보이지만, 평소 류경시의 학문과 경륜을 매우 존경한 듯하며 서울에서 자주 어울리며 감화받기를 기대하는 심정은 거짓으로 보이지 않는다. 아울러 서울에 류경시가 거주할 만한 곳이 마땅치 않으면 자신을 찾아오라고 하면서 자세한 주소까지 알려주었는데, 김도응의 심정이 인사치레에 그치는 허식이 아님을 느끼게 해준다.

류경시는 김도응의 바람대로 순조롭게 벼슬이 풀려 1716년 5월 11일에 세소좌랑, 7월 5일에 황해도도사에 차례로 임명되었고,

1718년(숙종 44, 53세) 4월 9일에는 평안도도사에 임명되었다.

그러나 세상일이란 아무도 모르는 것이라 했던가. 이토록 벼슬살이에 적극적이던 김도웅은 1724년(영조 즉위년)에 회인현감懷仁縣監으로 부임하였다가, 1728년(영조 4) 3월에 이인좌 일당이 보낸 거짓 관문關文에 호응하여 군사를 움직인 죄목으로 이인좌의 난이 끝난 뒤 4월 6일에 서울 종로의 철물석교鐵物石橋 대로변에서 효시되는 것으로 생을 마쳤다.[15]

용강현령 부임과 전성봉양專城奉養

류경시는 1721년(경종 1, 56세) 11월 5일에 평안도 용강현령에 임명되었다. 현령이 큰 벼슬은 아니지만, 류경시에게는 남다른 의미로 다가온 듯하다.

김이단金履端이 신축년(1721) 11월 17일에 류경시에게 보낸 편지는, 류경시가 용강현령으로 부임하기 직전에 작성된 것이다.

지난번에 화부花府(안동부)의 인편을 통해 지방 수령이 되셨다는 소식을 들었지만 그래도 자세한 내막을 몰라 답답하였는데, 어제 아드님의 편지를 보고 비로소 정확한 소식을 들었습니다. 수천 리 추운 여정에 행역이 몹시 고생스럽겠지만, 30년 동안 한산寒酸하게 지내던 끝에 비로소 한 고을을 맡아 봉양[專城之奉]하게 되었으니 이 또한 친구 사이에 위안이 되고 축하할 만합니다. 이어 동짓달 추위에 온 집안의 기거가 신명의 가호가 있으심을 알았으니 더욱 기쁘고 후련하기 짝이 없습니다.[16]

김이단은 안동 김씨로 의성의 사촌沙村에 거주하였는데, 류진현의 장인, 즉 류경시와 사돈 간이다. 김이단은 류진현의 편지를 보고서 류경시가 30년 동안 한사하던 끝에 지방관이 된 소식을 듣고 득달같이 축하 편지를 썼다. 김이단이 편지에서 축하한 주된 이유는 드디어 '전성의 봉양'을 하게 된 것이다. 전성봉양專城之奉이란 한 고을의 수령이 되어 그곳의 수입으로 어버이를 극진히 모시는 것으로, 예로부터 사대부가 지방관 벼슬로 나가는 이유 중 하나로 꼽혀 왔다. 류경시가 1694년(숙종 20) 29세로 별시문과에 급제한 뒤로 지금까지 28년째이므로 30년이라고 한 것은 이를 가리킨다.

이 편지의 행간을 음미하면 류경시가 그간 승정원 가주서, 성균관 전적, 문신 겸 선전관, 예조좌랑, 황해도도사, 평안도도사를 두루 역임하며 적지 않은 벼슬을 거쳤으나, 모두가 책임자의 자리는 아니었던 것이다. 그리하여 그간의 벼슬을 한 마디로 '30년 동안 한산하던 끝에'라고 뭉뚱그리고, 용강현령이야말로 한 고을의 책임자로서 어버이를 당당히 봉양하게 된 자리이므로 축하를 건넨 것이다.

그런데 류경시는 13세 때인 1678년(숙종 4)에 모친상을 당하였고, 18세 때인 1683년(숙종 9)에 부친상을 당하였으며, 23세 때인 1688년(숙종 14)에 조부 천태공의 상을 당하였다. 이를 고려하면 류경시에게 전성의 봉양이란 조모, 서모庶母, 형제의 가족, 아내, 자식 내외를 두루 건사하는 것을 가리킨 것으로 보인다.

월전月田에 사는 '척종 류후갑'이 신축년(1721) 11월 20일에 류경시에게 보낸 편지는 피봉에 '용강장龍岡長'이라 썼는데, 류경시가 아직 용강 임지도 떠나기 전이었다. 류후갑은 "존형께서 다시 제수된 것은 참으로 의외인데, 하물며 풍족한 고장의 수령이 되시니, 친구로서 위안되고 다행스러움을 이루 말할 수 있겠습니까"라고 하여,[17] 류경시가 용강현처럼 풍족한 고을[饒邑]의 수령이 된 것이 의외면서 축하할 일이라고 자신의 일처럼 기뻐하였다. 그런데 용강현은 황해도 삼화현三和縣과 인접한 평안도의 한 속현으로 삼면이 바다에 접하고 높은 산들이 에워싸 토지가 척박하고 가난한 고장이다. 그러나 평야지대에 비하여 척박하다는 것이지, 평안도의 다른 고을에 비하면 사정이 나은 편이었다. 그리하여 류후갑은 류경시가 천 리 멀리 부임하기 전에 한번 만나서 회포를 풀고자 하면서 출발 날짜를 알려주기를 청하였다.

권두경權斗經(1654~1725)이 신축년(1721) 11월 14일에 류경시에게 보낸 편지를 보면 용강현령에 임명된 의미가 더욱 드러난다.

일전에 함께 모였을 때, 형이 끊임없이 관서關西(평안도) 지방의 벼슬살이를 말하면서 자주 강서현江西縣의 물산이 아무리 풍부하더라도 용강에는 미치지 못한다고 연일 언급하시더니, 그때 용강의 신임 수령이 될지 어떻게 알았겠습니까. 작별한 이튿날 아침에 형이 용강현령에 제수되었다는 소식을 듣고, 얼른 편지 한 통을 보내 축하하려고 했으나 행차가 가시는 곳을 몰라서 결행하지 못하였습니다.[18]

이 편지를 보면 류경시가 용강현령에 임명된 것이 어떤 신비로운 운명에 의한 것처럼 묘사하였는데, 사실 여부를 떠나서 류경시는 평소 용강현의 물산이 강서현(용강과 평양 사이에 있는 고을)의 풍부함을 뛰어넘는 고장임을 익히 알았던 듯하다. 이는 류경시가 1718년(숙종 44, 53세)

4월 9일에 평안도도사에 임명된 일과 관련이 있는데, 류경시는 당시 평안도에서 벼슬하면서 용강현의 지리 조건 및 재정 상태에 대해 소상히 파악하고 있었던 듯하다. 어찌 되었든 용강현은 류경시에게 가별한 고장이었음에 틀림없다.

이어 같은 편지에서 권두경은 다음과 같은 음미할 만한 말을 하였다.

사은謝恩하러 가시는 행차를 언제 하실 것인지 궁금한데, 흉년이 든 해에 좋은 태수 자리는 간청을 해도 얻기 어려운데, 하물며 구하지 않았는데도 얻게 됨에 있어서겠습니까. 형의 벼슬 복이 어찌 이리 순조롭습니까. 백여 명의 식구가 배부르고 따뜻하고 나면, 남은 은택이 응당 두루 아우들에게 까지 미칠 것이므로 부럽고 부럽습니다. 용강이 삭주朔州와 얼마나 거리가 멉니까. 비록 귀성龜城이 아니라도 만나기를 도모해볼 수 있는데, 다만 이미 사타리沙吒利(포악한 존재)의 손에 넘어갔을까 걱정이 됩니다.[19]

권두경의 눈으로 보기에 류경시가 용강현령에 임명된 것은 특별한 의미가 있어 보인다. 권두경은 공교롭게도 류경시와 같은 날에 함경도 고산찰방高山察訪에 임명되었고 이후 무겸武兼으로 진출하였다. 권두경의 처지에서는 문관으로 고속승진을 거듭하다 요족한 고을의 수령이 된 류경시가 한없이 부러웠던 듯하다. 편지에서 말한 '백여 명의 큰 식구'가 사실인지 모르겠으나, 대가족이 모두 등이 따습고 배가 부르고 나면 응당 고향의 형제에게까지 은택을 나눠줄 수 있다는 말은 단순한 상상을 넘어 사실에 가까운 것으로 보인다.

권두경의 내상내도 용강현령으로 재임하는 동안 류경시는 형세는 물론 친지에게까지 두루 인정을 베풀었으니, 그 흔적이 함벽당 간찰에 수두룩하게 남아 있다. 그 몇 건의 사례를 보면 다음과 같다.

◇ 이종연李宗延이라는 사람이 임인년(1722) 1월 3일에 류경시에게 보낸 편지[20] : 류경시가 전에 발인과 장례 및 복일卜日에 필요한 물품을 부조하겠다는 약조를 했기 때문에 이번에 그것을 가지러 노마奴馬를 보내는데, 부임한 초기라 뜻대로 될지 모르겠다는 내용이다.

◇ 상채相采라는 사람이 임인년(1722) 4월 4일에 류경시에게 보낸 편지[21] : 류경시가 특별히 백주白紬 1필, 세목細木 1필을 보내주어 고마움을 표시하는 내용이다.

◇ 서종섭徐宗燮이라는 사람이 계묘년(1723) 1월 4일에 류경시에게 보낸 편지[22] : 매양 얼굴 한번 뵙지 못하는 것을 한탄하던 차에 멀리 소식을 물어주시고, 겸하여 3종의 진귀한 선물을 보내주시어 감사하다는 내용이다.

◇ 류경시가 계묘년(1723) 7월 9일에 친형 류정시에게 보낸 편지[23] : 이름난 석공을 보내니 즉시 집안의 석물에 관한 일을 시작하기를 당부하는 내용이다.

◇ 류경시가 계묘년(1723) 6월 8일에 사위에게 보낸 편지[24] : 사위의 맏형의 병환에 인삼을 구해보내고, 청양간환靑羊肝丸을 어렵게 만들어 보내게 된 정황을 자세히 적었다.

◇ '시생侍生 이광부李光溥'라는 사람이 임인년(1722) 4월 8일에 보낸 편지[25] : 류경시를 '존장尊丈'이라고 칭하였다. 내용은 외성外城 사는 이진사李進士가 마침 일이 있어서 용강현으로 가게 되어 찾아뵙고자

한다고 하니, 평소의 교분으로 후하게 대접해 달라는 내용이다.

위 몇 건의 간찰을 종합해보면, 용강현령은 류경시에게 있어서 벼슬살이의 즐거움을 맛보게 해주었을 것으로 추측된다. 집안의 대소사에 물품으로 부조하는 것은 물론 남은 은택이 주위의 친지에게까지 두루 파급되어가는 모습을 읽어낼 수 있다. 이는 조선시대 사대부가 부모의 봉양을 위해 지방관을 자청하던 전통에 맥이 닿아 있으며, 사대부가 꿈꾸는 이상적인 외직外職 생활의 한 장면이라 생각된다.

아울러 이광부李光溥의 간찰에서 보듯이 경하境下(다스리는 고을)로 가는 어떤 사람을 후대해 달라는 청탁 편지는 조선시대 간찰에서 흔히 보는 내용이다. 예컨대 가장 빈번한 청탁이 달아난 노비를 추쇄하는 추노에 관한 일인데, 노비가 다른 고을로 도망했을 경우에 그곳을 다스리는 관장의 도움 없이는 쉽게 붙잡아 오기가 어려운 것이 현실이었다.

이처럼 간찰을 통해서 한 사람의 고을 수령이 친지간에 파급하는 증답물贈答物의 실태는 물론, 지방관으로 재임하는 동안 양반사회의 인적 네트워크가 어떤 방식으로 확대되고 작동되는지 그 일단을 파악할 수 있다.

손자 류홍원이 지은 「유사」에 따르면, 류경시가 용강현령으로 부임하자마자 인근의 강제생講製生들이 가르침을 청하러 모여들었다고 하는데, 평안도에 이미 퍼져 있는 류경시의 명성을 짐작할 만하다. 그리고 평안도도사 때 베푼 은혜로 인해 수백 리 떨어진 백성들까지 찾아와서 사례를 하였다고 한다. 아울러 재임하는 동안 용강현에 전해 내려오는 지칙고支勅庫라는 것이 고리대금업처럼 운영되고 있어서 돈을 빌려갔다가 갚지 못하여 낭패하는 자가 속출하는 실태를 파악하고는, 상채청償債廳을 설치하여 자신의 녹봉을 보태서 8천여 냥의 밑천을 만들고, 믿을 만한 자에게 운영을 맡겨 그 이문으로 부채를 갚도록 조치하여 큰 효과를 보았다고 한다. 이러한 업적으로 인해 지방관으로서의 전성봉양의 기회가 차례로 주어졌다.

류경시는 1723년(경종 3) 8월 11일에 58세로 한산군수에 임명되었으나, 이듬해 윤4월에 군보軍保에 관한 문서를 부실하게 작성하였다는 죄목으로 파직되었다. 그리고 얼마 안 있어 1725년(영조1) 4월 4일에 60세의 나이로 풍기군수에 임명되었으나, 왕대비전 진상품에 규격 미달의 작은 산돼지를 올렸다 하여 같은 해 12월 16일에 파직되었다. 한산군수와 풍기군수를 역임한 기간을 합쳐도 겨우 1년 남짓 밖에 되지 않는다.

이어서 류경시는 1727년(영조3) 7월 11일에 양양부사에 임명되었으니, 류경시의 관운이 그리 나쁘지 않은 듯하다. 양양부사 시절은 류경시 자신에게도 가장 찬란히 기억될 만한 시절이었다. 손자 류홍원이 지은 「유사」에도 당시 기록이 가장 생생한데, 이는 아마도 류홍원이 양양부에 가서 조부 밑에서 공부하며 지내 직접 목도한 때문으로 보인다.

양양은 관동의 작은 고을이지만 물산이 풍부하고 문학을 중시하는 기풍이 있었다. 류경시는 검약한 생활을 영위하면서 농사를 권장하고 학문을 권장하는 한편, 태평루太平樓에 고을의 문무文武 인재들을 모아서 사후候射를 관찰하고 시부詩賦를 제술하기를 권장하는 등 흥학興學에 관심을 기울였다.[26]

또한 양양부에 할당된 영양각羚羊角, 해달피海獺皮 등을 봉진封進할 때에도 수량 이외에는 거두어들이지 않았고, 춘궁기에 진휼을 하면서 바다에 밀려온 고래 2마리로 기름을 짜서 진휼미에 보태는 등 백성을 보살피는 행정을 적극 펼쳤다고 한다. 또한 관아가 한가하고 송사가 드물어 한가한 여가에 종일토록 『근사록近思錄』을 읽으며 손수 「자경편自警編」 1질을 베끼는 등 학문을 게을리하지 않았다고 한다.

간찰과 역사기록의 비교

금강산 유람과 이인좌의 난

금강산 유람은 조선 사대부의 평생소원 중 하나다. "고려국에 태어나 금강산을 한 번 보고 싶어라[願生高麗國, 一見金剛山]"라고 읊은 중국인의 시가 전해지는데, 명나라 주지번朱之蕃의 시라고 한 자료도 있지만 실상 작자는 미상이다. 이토록 금강산의 명성은 예로부터 유명하였고, 조선 사람이라면 누구나 어릴 적부터 귀로 익히 들은 동경의 대상이다. 하나의 사례를 들어보자.

앞서 본 권두경의 간찰에서, 권두경은 금강산 유람에 대해 다음과 같은 말을 하였다.

저는 벼슬을 시작한 지 30년이 되었고 나이가 70세가 다 되어갑니다. 변방의 한 찰방자리를 얻었는데, 이는 10년 동안 침체된 끝에 얻은 것이니, 공명이란 참으로 미끄러운 메기가 미끄러운 장대에 오르는 것처럼 어렵습니다. 다만 평생토록 꿈꾸던 것이 풍악楓岳의 만폭동萬瀑洞과 관동관경

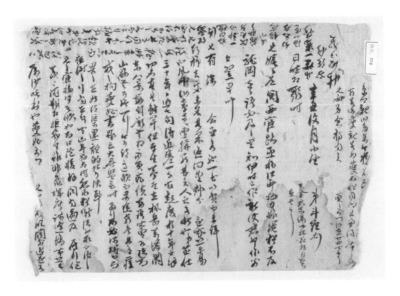

1721년 11월 14일에 권두경이 류경시에게 보낸 편지 (문서번호 000000060476)

關東八景으로 장차 영영 숙원을 이루지 못할까 늙음을 한탄하였는데, 매번 아이들에게 고산高山이라면 비록 늙었더라도 힘써 가볼 수 있다고 말하곤 하였습니다. 지금 바라던 바대로 되었다고 할 수 있는데, 한겨울에 길을 떠나는 것도 두렵고, 또 조심해야 할 전염병도 있습니다.[27]

권두경(1654~1725)[28]은 1712년(숙종 38) 12월 1일에 사간원 정언正言에 임명되었고, 그뒤로 10년 만인 1721년(경종 1)에 함경도 안변安邊의 고산역 찰방高山驛察訪에 임명되었다. 고산역은 지금의 원산에서 가까운 곳으로 금강산에서 북쪽으로 별로 멀지 않은 곳이어서 마음만 먹으면 충분히 금강산 유람을 할 만한 곳이었다. 그런데 권두경은 고산역 찰방으로 부임한 해에 부인 김씨의 상을 당하였고, 이듬해 가을에 지

126

제교知製教로 선발되었으며, 문집에도 금강산을 유람한 기록이 없는 것으로 보아 결국 금강산 유람은 상상에 그치고 말았던 듯하다.

류경시의 경우도 권두경과 마찬가지로 경상도 안동에서 생장한 선비로, 정미년(1727, 영조 3) 7월 11일에 62세의 나이로 양양부사에 임명된 것은 하늘이 내린 기회였다. 류경시의 금강산 유람은 원래 양양부사로 부임한 직후인 1727년 9월에 계획되어 있었다. 금강산은 양양에서 삼일이면 왕래할 삼숙三宿 정도의 거리에 불과한데다, 본래 풍악산楓嶽山이란 별칭이 있듯이 가을철에 유람하며 아름다운 단풍을 보는 것이 제격이다. 7백 리 떨어진 안동의 선비가 천재일우로 양양부사가 되어 부임했으니, 어찌 금강산을 놓칠 리가 있겠는가.

그런데 가을에 금강산을 유람하려던 계획은 결국 이듬해로 연기되고 말았다. 류경시가 지은 『유금강산록遊金剛山錄』에서는 유람이 연기된 이유를 "철이 이미 늦었고, 단풍잎도 다 져서[屬節序已晩, 楓葉衰盡]"라고 하였다. 그런데 류경시가 1727년(영조 3) 9월 9일에 아들 류진현에게 보낸 편지를 보면, 내행內行이 대관령을 넘어올 계획이라는 것과 서모와 서제도 모셔올 계획이라는 것을 전한 뒤에 그 말미에 "지금 백일장을 거행하고서 열흘 뒤에 풍악산 유람을 떠날 계획인데, 짐말과 하인이 갖추어지지 않아서 아직 분명히 정할 수는 없구나"[29]라고 하였다. 이 구절을 음미해 보면, 양양부사로 새로 부임한 며칠 만에 금강산 유람을 강행하기에는 아직 여건이 성숙되지 않았음을 알 수 있다. 이는 신임 사또로 부임하여 이리저리 처리해야 할 사항이 많고 또 명령만 내리면 다 되는 자리는 아님을 짐작하게 해준다.

그리하여 류경시는 부득이하게 이듬해 3월에 유람을 떠나게 되었다. 이때 동행이 한 사람 더 있었으니, 바로 신척申滌(1680~?)이다. 신척은 본관이 고령高靈, 자는 일신日新으로 1710년(숙종 36) 증광문과에 급제하였고, 1728년 1월 27일에 강원도도사에 임명되어 근무하고 있던 중에 류경시에게 편지를 보내 동행하겠다고 청하였다.

류경시 일행이 유람한 코스는 『유금강산록』을 보면 알 수 있는데, 요약하면 〈표 2〉와 같다.

통상 금강산은 서울 쪽에서 진입할 경우 강원도 김화金化를 거쳐 단발령斷髮嶺을 넘어서 장안사로 진입하여 내금강의 만폭동을 두루 구경하고 외금강으로 진출하여 고성의 삼일포를 유람하고 역로를 통해 돌아오는 것이 일반적인 코스다. 그런데 류경시는 양양부사로 재임 중이므로 삼일포 쪽에서 유람을 시작하여 코스를 거꾸로 잡았고, 일정도 10여 일에 불과할 정도로 짧았다. 일정이 짧았음에도 구석구석 알차게 유람하였고, 도중에 일어나는 감흥을 시로 읊어 기록하였으므로 문학성이 짙은 금강산 유람기를 남기게 되었다.

금강산 유람 과정을 증언하는 편지로는 류경시가 무신년(1728) 3월 16일에 류정시에게 보낸 편지가 주목되는데, 금강산 유람 도중에 자신의 일정과 유람 상황을 친형에게 소상히 알리는 내용이다. 이 편지는 『함벽당집』권2에도 「상백형上伯兄」이란 제목으로 실려 있는데, 작성 연도는 적혀 있지 않다. 문집에 실린 「상백형」을 기준으로 삼아 두 자료를 비교하면 다음과 같다(괄호 안의 내용은 류경시가 친형에게 보낸 편지에만 나오는 내용).

〈표 2〉 류경시 일행의 금강산 유람 코스 요약

날짜	내용
1728년(영조 4) 3월 9일	출발. 설악산雪嶽山 계조굴繼祖窟, 내원암內院庵, 신흥사新興寺 구경. 낙산洛山 관아에서 유숙.
11일	저물녘 출발 간성杆城 도착.
12일	가학정駕鶴亭, 선유담仙遊潭 구경. 간성현감 류준柳濬과 대화를 나눔. 명 파역明波驛, 남강南江을 건너 고성군高城郡에 도착. 신척申滌과 해산정海 山亭에서 합류. 고성현감 심종현沈宗賢을 만나고 유숙.
13일	아침에 해산정, 삼일포三日浦 유람. 사선정四仙亭에서 술자리를 갖고 금 강산에 진입. 발연사鉢淵寺에서 중의 견여肩輿로 이동. 발연鉢淵과 와폭臥 瀑 구경하고 나서 발연사 승당에서 유숙.
14일	효양령孝陽嶺, 원통사圓通寺, 송림굴松林窟, 박달령朴達嶺을 차례로 보고 풍혈대風穴臺, 북경대北景臺, 불정암佛頂庵을 거쳐 유점사楡岾寺에 도착. 비가 와서 하루 더 묵음.
16일	선담船潭, 구룡담九龍潭, 축수굴祝壽窟, 은선대隱仙臺, 내수점內水岾, 백헌담 白軒潭, 미륵대彌勒臺, 마하현摩訶衍을 구경하고 표훈사表訓寺에서 유숙.
17일	천일대天逸臺, 정양사正陽寺, 개성루愷惺樓, 청연암靑蓮庵, 명연鳴淵, 장안 사長安寺, 옥경담玉鏡潭, 백천동百川洞, 삼불암三佛庵, 백화암百華庵을 차례 로 보고 표훈사에서 유숙.
18일	신척과 헤어져 양양으로 향함. 내수점을 거쳐 유점사楡岾寺에서 유숙.
19일	구현狗峴을 지나 백천교百川橋에 도착. 중의 견여를 보내주고 복마服馬로 갈아탐. 40리를 달려 고성에 도착. 단서암丹書巖과 현종암懸鐘巖을 구경. 길을 돌려 감호鑑湖를 구경. 저녁에 명파정明波亭에서 유숙.
20일	정오에 간성杆城에 도착. 청간호淸澗湖와 영랑호永郞湖를 구경하고 강선 역降仙驛에서 유숙. 새벽에 상운찰방祥雲察訪이 와서 영관營關을 보여주 며 기호圻湖의 적경賊警을 통지함.

산에 이미 깊이 들어와 소식이 막힌 지 며칠 되었습니다. 그리운 마음이 막 절실하였는데 관아의 인편이 와서 13일 발송한 편지를 전하여 삼가 체후體候가 강녕하심을 알았고 관아의 모든 사람이 평온히 지내는 줄 알았으니 기쁘고 위로되기 감당할 수 없습니다. 저는 출발하여 (1)2일에 고성에 도착하였습니다. 13일에 아사亞使(申滌)와 함께 삼일포(사선정)를 유람하였고 저녁이 될 무렵 비로소 금강외산金剛外山에 들어왔는데, 두 고개가 가파르고 험하여 견여로는 지나가기 어려웠으며 도보로도 위태하여, 한 발 한 발 전진하여 14일에 겨우 유점사에 도착하였습니다. 밤이 되자 비가 오기 시작하더니 15일에 낮부터 밤까지 내리는지라 부득이 두 밤을 묵었습니다. 오늘 일찍 내수점을 넘어 이미 진주담眞珠潭과 만폭동을 지났고 표훈사에 도달하여 묵었습니다. 어제 내린 비가 깊은 산중에서는 눈이 되었고, 예전에 내린 눈도 많이 쌓였으므로 비록 승려들을 시켜 눈을 밟아 길을 열게 하였어도 절반은 걷고 절반은 견여를 타고서 여러 차례 위태로운 곳을 지나자니 간담이 서늘하였습니다. 그러나 만이천봉의 기이한 승경을 절반 이상 보았으니, 시원하게 바람을 타는 느낌이 들었습니다. 제가 이 산에 들어오지 않았다면 정말 평생의 숙원을 저버릴 뻔하였습니다. 내일(17일) 정양사와 천일대天一臺를 오르고 (승경을 실컷 볼 것이고) 이어 장안사에 묵고서 그 이튿날 갔던 길을 되돌릴 것입니다. (유점사에 묵고서 19일에는 고성에 도착할 것이니, 돌아오는 출발은 21일이 아니면 22일이 될 것입니다. 날짜가 점차 늦어지니 진봉進封을 마련하는 일로 인해 돌아갈 생각이 몹시 바쁠 뿐입니다.) 서너 곡조의 금가琴歌와 12무산巫山에 와유臥遊의 즐거움이 있으니, 수백 리 험지를 다니던 때보다는 도리어 낫지 않겠습니까. (아이들 행차가 20일 즈음에 도달할 듯하니 매우 기다려집니다. 나머지는 서식을 갖추지 않습니다. 삼가 살펴주시기 바라

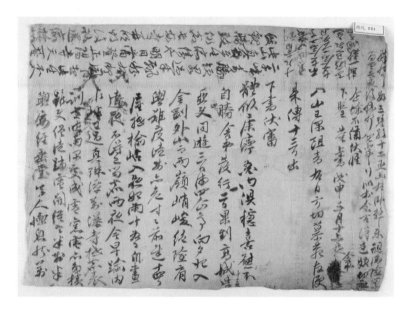

1728년 3월 16일에 류경시가 친형 류정시에게 보낸 편지(문서번호 000000060438)

며 답서를 올립니다. 무신년(1728) 3월 16일 밤, 사제 경시가 편지를 올립니다.)"[30]

류경시가 이 편지를 쓴 때는 무신년(1728, 영조4) 3월 16일 밤이다. 위의 유람한 일정과 비교해보면 내용이 꼭 들어맞는다. 또한 문집에서 '2일에 고성에 도착하였다[二日到高城]'라고 한 것은 'ㅡ'자가 누락된 것으로 보면 12일에 고성에 도착한 것으로 보아야 한다.

아울러 편지를 문집에 실으면서 편지의 뒷부분을 대폭 생략하였고 편지를 작성한 날짜를 빼버렸으며, 원래 편지에서 몇 구절의 윤색을 가하였다. 이는 문집에서 '서간[書]'이란 장르가 문장 자체만으로도 훌륭한 감상거리가 되기에 충분함을 의미한다.

그러나 조선시대에 문집을 편찬하면서 간찰이 발신된 날짜를 으레 누락하는 것은 자료의 측면으로 보면 중대한 문제가 아닐 수 없다. 간찰이 수발신된 날짜가 사라짐으로써 그 간찰이 지닌 맥락과 행간의 정보가 함께 사라지기 때문이다. 천만다행으로 이때 친형에게 보낸 편지가 남아 있어서 작성 시기와 주변 정황을 더 세밀히 파악할 수 있었으며, 『유금강산록』과 대조하여 읽는다면 훨씬 정확한 정보를 제공할 수 있을 것이다.

그런데 류경시의 금강산 유람은 평생의 숙원을 이룬 쾌거였으나, 돌아오는 길은 그리 유쾌하지 못하였다. 그것은 류경시가 금강산 유람을 거의 마치고 3월 20일에 간성의 강선역에서 유숙할 때, 새벽에 상운찰방이 와서 감영의 문서[營關]을 보여주며 기호圻湖 지방에 반역이 발생한 정황을 통지하였기 때문이다. 반역이란 바로 이인좌의 난을 가리킨다.

이인좌의 난은 권력에서 배제된 소론과 남인의 과격파가 연합해 벌인 반란으로, 1728년 3월 15일에 이인좌가 충청도 청주성淸州城을 함락하면서 시작되었다. 반란군은 충청도 청주감영을 급습해 충청병사 이봉상李鳳祥, 영장 남연년南延年, 군관 홍림洪霖을 살해하고 청주감영을 장악한 뒤 권서봉權瑞鳳을 목사로, 신천영申天永을 병사로 삼고 여러 읍에 거짓 관문關文을 보내 병마를 속여 탈취하고, 격문檄文을 보내 백성을 모으고자 하였다.

이인좌의 난은 류경시에게는 하나의 시험과도 같은 사건이었다. 이인좌 일당은 감영의 문서를 위조하여 각 지방으로 보내 인마人馬를 조달하고자 하였는데, 그 위조문서가 류경시가 금강산 유람을 하는 동안 강원도 양양부에도 전달된 것이다.

위조문서 처리에 결정적인 역할을 한 것이 류경시의 손자 류홍원이다. 류홍원은 1728년(영조 4)부터 조부를 배종하여 양양 임소에서 함께 거처하고 있었는데, 조부가 금강산 유람을 떠나게 되자 류홍원이 동헌을 지키게 되었다고 한다.[31] 류홍원이 기억하는 당시의 상황은 다음과 같다.

갑자기 감영의 장교를 자칭하는 자가 와서 비관秘關(비밀문서)을 가지고 와서 군기軍器를 점검하고 관마官馬 10필을 어떤 곳으로 보내라고 하였다. 이때 류홍원은 이방을 불러 "지금과 같이 근심이 없는 세상에 이러한 문서가 부사께서 없을 때에 와서 군마를 징발하는 것은 극히 괴이하다. 또 도장 자국에 의심 가는 구석이 있다"라고 하고는 즉시 그 문서를 가지고 온 자를 포박하고 군졸을 풀어 성을 지키게 하는 한편 금강산으로 급히 파발을 보냈다. 이에 소식을 접한 류경시가 주야로 달려 관아로 돌아오니 성문의 수비가 엄정하여 친히 글씨를 써보이고서야 들어갈 수 있었다. 관아로 들어온 류경시는 아직 큰일이 벌어지지 않은 것을 알고서 가슴을 쓸어내리며 기쁨에 겨워 류홍원의 등을 어루만지며 "오늘 양양이 보전된 것은 13세 손자의 힘이다"라고 하고는 즉시 자초지종을 갖춰 감영에 보고하였다고 한다.[32]

류경시는 즉시 속오군束伍軍을 모아서 급한 대로 『병학지남兵學指南』, 『병기연의兵機演義』 등의 책을 참고하여 밤에는 깃발 신호와 진퇴의 방법을 익히고, 낮에는 백사장에서 훈련을 하였다. 5일간의 조련으로 군대의 모습이 제법 갖춰졌으니, 얼마 지나지 않아 이인좌의 역모가 일망타진

133

되었으므로 태평루太平樓 아래서 군사를 호궤犒饋하고 군사를 해산하였다.[33]

당시 거짓 문서에 속아 충청도 진천鎭川, 청안淸安, 회인懷仁 등 실제로 말을 탈취당한 고을이 여럿이었는데, 그 고을 현감들은 모두 효시되는 처벌을 받았으나 양양고을만은 홀로 표창을 받았다. 이때 효시된 사람 중에 회인현감 김도응도 있었는데, 앞서 류경시가 문신 겸 선전관에 제수되었을 때, 누구보다도 기뻐하고 서울 생활을 시작하는 데 세심하게 신경을 써준 바로 그 사람이었다.

그런데 함벽당 집안의 간찰에 이인좌의 난을 증언하는 간찰이 많이 보이지는 않는다. 워낙 안동과 양양이 멀어 소식을 자세히 알지 못했든지, 아니면 충청도의 이인좌의 난이 양양까지 큰 영향을 미치지 않았는지는 더 고찰해야 한다.

초토민草土民(상을 당한 백성)이라 일컫는 최규태崔逵泰가 미상의 날짜에 양양부사 류경시에게 올린 편지를 보자.

호서湖西의 병란兵亂에 관한 소식이 며칠째 들리지 않아 우려스럽고 답답함이 심하던 차에 방금 내려주신 말씀을 들으니, 조금 위안이 되고 시원해져 더욱 감사하고 감사합니다. 대체로 이 역적들은 모습을 드러낸 지 이미 오래되었는데 급보急報가 아직까지 깜깜 무소식이니, 형세가 스스로 박멸될 듯합니다. 그런데 지금은 놀란 인심이 조금 진정되었고 엉성했던 무비武備도 조금 완비되었으니, 오래 지나고 나면 역리逆理와 순리順理가 저절로 구분되고 인심의 거취도 저절로 판가름 날 것이니, 적이 어찌 고립되어 오래 버틸 수 있겠습니까. 소사素沙에 진을 쳤다는 이야기는 낭설인 듯합니다. 그러나 이미 청주에 모여 있다면 병사가 죽었다는 것은 헛말이 아닌 듯합니다. 다만 조정에서 보낸 병졸과 장수가 잘 조련되었는지에 대해서는 듣지 못하여 매우 답답합니다. 4적四賊이 법에 따라 처단된 것은 매우 놀랍고 탄식할 만하니, 이런 변이 이런 부류에서 나오리라고 어찌 생각이나 했겠습니까. 막 영서에 사람을 보내놓고 어제 오늘 오기를 기다리고 있는데, 아직 오지 않아 매우 답답합니다.[34]

위 내용을 음미하면 최규태는 평범한 백성이 아니고 양양의 토착 양반으로 보이며, 양양부사와 변란에 대한 정보를 공유하며 사태 파악에 예의주시하고 있었음을 알 수 있다. 이때는 청주를 점령한 이인좌가 극성할 때인데, 조정에서 누구를 파견할지에 대해서도 관심을 기울이고 있다. (여기서 법의 처벌을 받은 4적이 누구를 가리키는지는 미상이다.) 최규태는 청주의 병마절도사가 죽은 것을 사실로 알고 있으며, 토벌군으로 나가는 사람이 누구인지 알지 못하는 것으로 보아 토벌군이 편성될 즈음에 보낸 편지로 보인다.

1728년(영조 4년) 3월 17일에 이인좌의 난의 급보를 접한 영조는 병조판서 오명항吳命恒을 사로도순무사四路都巡撫使로, 박찬신朴纘新을 중군中軍으로, 박문수朴文秀·조현명趙顯命을 종사관從事官으로 삼아 성영京營의 병사를 거느리고 안성安城과 죽산竹山을 순무하고 남하하여 죄를 묻도록 하였다. 이들은 모두 소론 완소 계열 인사들이었으니, 곧 소론으로 소론을 치게 하는 이이제이의 수법이었다.

어명으로 출정한 도벌군은 3월 23일 안성에서 이인좌의 군대와 처음 접전하였고, 이어 안성과 죽산 일대에서 반란군을 토벌하고 이인좌를 사로잡았다. 3월 26일 이인좌가 호송되어 도성에 다다르자 영조는 인정문 앞에서 그를 친국한 다음 참수형에 처했다. 이인좌는 반란을 일으킨 지 불과 12일 만에 불귀의 객이 되었다.

'종말宗末 류준柳遵'이 무신년(1728) 4월 7일에 강원도 간성군수로 재직하면서 류경시에게 보낸 편지에도 이인좌의 난의 처리 결과가 약간 드러나 있다.

> 주상께서 친림하여 수부례受俘禮를 행하시니, 종묘사직의 무궁한 아름다움이므로 신민들의 기쁨이 어떠했겠습니까. 조지朝紙 속에 보이는 일들이 놀랍고 경악스럽지 않은 일이 없으니, 세상의 도리가 이에 이르러 통분스럽고 통분스럽습니다. 누락된 사항이 심하여 자세치 못하니, 이른바 '간단조보間斷朝報'라 애석하기 짝이 없습니다.[35]

수부례는 전쟁에서 승리하거나 반란을 진압한 후 돌아와 생포한 포로를 종묘나 사당에 바치고 승전을 고하는 의식이다. 이 편지를 보면, 간성군수로 재직하던 류준은 조정의 소식을 조보朝報를 통해 파악하고 있었으나, 그 내용이 부실하기 짝이 없었던 듯하다. 표면상으로는 이인좌의 난이 발생한 데 대해서 매우 통분스러워하였지만, 류준이나 류경시 모두 이 사건에 연루되지 않은 것만을 다행스럽게 여겨 가슴을 쓸어내리는 듯한 기색을 읽을 수 있다.

1732년(영조8) 김정사건의 재구성

류경시가 임자년(1732, 영조8) 4월 8일에 '손정자孫正字'라는 사람에게 보낸 편지는 손정자가 누구인지 미상이지만 의외로 많은 정보가 들어 있다. 류경시는 동년 1월 26일에 67세로 사헌부 장령掌令에 임명되었고, 2월 25일, 3월 17일, 3월 28일, 3월 29일, 4월 2일에 차례로 사직소를 올린 상태였다.

저는 죄가 산처럼 쌓여 재앙이 매우 극심해, 초봄에 부모처럼 모시던 장형의 상을 당하여 겨우 장례를 마쳐 심정이 매우 고통스러운데, 객지에서 또 갑자기 여식이 요절했다는 소식을 들으니, 창자를 에는 듯한 아비의 마음을 더욱 억누르기 어렵습니다.[36]

편지의 서두부터 표현이 매우 무겁다. 늘 집안의 기둥이 되어 함벽당을 건사하던 큰형 류정시가 이때 세상을 떠나 장례를 치렀고, 이어 딸이 요절했다는 소식을 들었는데 사직소에 대한 윤허를 기다리며 꼼짝하지 못하는 류경시의 심정은 말로 표현하지 않아도 짐작이 된다.

직명職名(사헌부 장령)은 이미 체직이 되어 속히 돌아가고 싶은데, 말 한 필로는 짐을 싣고 사람이 탈 수 없고 복마卜馬(짐말)를 구하기도 쉽지 않아 또 며칠을 체류하고 있자니 근심스럽고 답답함을 형언할 수 없습니다. 강령江令이 들여보낸 공초供招는 두 달간 여러 차례 논의하는 자리를 거치면서도 끝내 거론되지 않았으니, 몹시 개탄스럽습니다. 제가 올린 사직소의 말미에 대략 기론한 바 있으니 성상의 비기批答가 가못 우아하였습니다만,

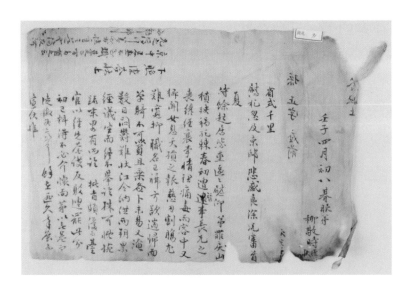

1732년 4월 8일에 류경시가 손정자에게 보낸 편지(문서번호 000000060008)

대관臺官이 '덮어놓고 보호한다[徑先營護]'고 반박하여 제가 파직을 당했습니다. 이것은 당초에 이미 예상한 일이므로 굳이 마음 쓸 일이 아닙니다만, 무익하게 화만 돋운 것이 아닌지 염려가 될 뿐입니다.[37]

　이 구절은 매우 복잡한 정황이 내포되어 있다. 편지에 등장하는 강령은 김정(1670~1737)을 가리킨다. 김정은 본관이 풍산豊山, 자는 사달士達, 호는 노봉蘆峯으로 아버지는 김휘봉金輝鳳이며 어머니는 봉화 금씨 금성휘琴聖徽의 딸이다. 거주지는 경상도 영천榮川으로 1708년(숙종 34) 문과에 급제, 내섬시 직장, 사헌부 감찰, 경성판관鏡城判官, 함경도 도사, 병조정랑, 옥천군수沃川郡守 등을 역임하였다.
　류경시와 김정은 고향이 비슷한데다 가까운 고을에서 지방관을 한 인연이 있었다. 즉, 김정이 1725년(영조1) 3월 7일부터 1727년(영조3) 10월 29일까지 강릉부사로 재임할 때, 류경시는 1727년 7월 11일에 양양부사에 임명되었으므로 잠깐의 기간이나마 이웃고을에서 함께 벼슬한 적이 있었다. 당시 류경시는 김정에게 편지를 보내 가까운 곳에 근무하게 되어 자주 만날 수 있으리라는 기대를 표하기도 하였다.[38] 또한 김정은 예전에 내섬시 직장으로 있으면서 말미를 얻어 고향에 돌아와 부모님을 위한 잔치 자리를 열고서, 성균관 전적을 지낸 뒤에 고향에서 오랫동안 칩거해 있던 류경시를 간곡히 초대하기도 하였으니, 둘 사이의 관계는 동향 출신으로 매우 각별했던 것으로 보인다.[39]

이때 김정이 공초를 바쳤다는 것은 지난 경종景宗 연간에 벌어진 신임옥사辛壬獄事(1721~1722) 때에 김정의 처신이 바르지 않았다는 두 가지 혐의를 받고서 이를 변론하며 올린 진술서다. 그 혐의란 것이 '다른 사람이 창의倡意한 공을 빼앗아 직질職秩을 올리고자 도모하였다는 것'과 '많은 사람이 모인 자리에서 역적으로 처단된 김일경金一鏡의 작호爵號를 불렀다는 것' 두 가지인데, 사실 여부를 떠나 신임옥사가 일어난 지 10년 뒤에 이 일이 다시 불거져 영조8년(1732) 1월 20일에 사헌부 지평 정희보鄭熙普로부터 탄핵을 받은 것이다.

김정이 탄핵을 당하자, 동년 3월 12일에 사헌부 장령 권상일權相一이 상소하여 김정이 평소 언행이 바른 사람으로서 뜻하지 않게 악명을 입게 된 억울함을 적극 변론하였고,[40] 이때 류경시 또한 동년 4월 2일에 사헌부 장령을 사직하는 두 번째 소를 올리면서 김정의 무고함을 변명하였는데, 류경시와 김정이 고향의 이웃으로 거주하여 평소 김정의 지조志操와 인론을 잘 알고 있는 것과 김정이 벼슬에 나온 이래 한결같이 봉공奉公하여 세 고을의 수령을 거치면서 모두 칭송을 들었음을 상기시키면서 두 가지 현안에 대해 차례로 변론하였다.[41]

첫 번째로 '남의 공을 빼앗아 승자되었다[掠功陞資]'는 사안에 대해서는 당시 김정이 '난리에 달려가지 않아 함께 파직한다[不奔問幷罷]'는 죄목에 들어 있어서 임금이 특명으로 수서收敍하여 곧 대직臺職에 제수하였기 때문에 자급이 높아졌다는 오해를 불렀던 것이고, 또 자급이 높아진 날에 누차 사직소를 올린 것만 보아도 그가 남의 공을 빼앗은 혐의가 애초에 없었음을 논증하였다. 두 번째로 '김일경의 작호를 불렀다'는 말은 보통 사람도 이미 처단된 역적의 작호를 부르지 않게 마련인데, 사람이 많이 모인 자리에서 김정이 김일경의 작호를 불렀다는 것은 더욱 이치에 닿지 않는다고 논증하였다. 이어 사직소의 말미에서 류경시는 김정이 지금 죄수가 되어 공초를 바친 지가 3개월에 이르렀으므로 용서할 것이면 용서하고 죄를 줄 것이면 죄를 주면 되는데, 누차 논의하는 자리[議坐]가 열리면서도 끝내 거론하지 않으니, 속히 의금부에 신칙하여 속히 판단하여 처리해주기를 청하였다.

류경시의 사직소에 대해 영조는 "김정의 일은 벌써 그 말이 어긋난 것임을 알았다[金偵事, 予亦有知其言之爽誤矣]"라는 비답을 내려 김정이 당한 무고가 억지스러움을 인정하였다.

류경시의 소가 올라가자 동년 4월 5일에 사간원 사간 한덕후韓德厚가 김정의 사건이 아직 심리하여 처결하기 전인데, 법을 집행하는 사헌부 관원들이 '번갈아가며 서로 비호해주고[迭相營護]' 있으니, 이들을 모두 파직하고 서용하지 말라고 청하여 윤허를 받았다. 또 동년 4월 12일에 김정을 구제하고자 올린 권상일·류경시의 상소가 방자하다는 부수찬 이흡李瀹의 탄핵을 받았는데, 영조는 이흡의 탄핵소를 되돌려 주도록 명하였다.

이어 영조는 동년 4월 20일에 김정을 구제한 권상일과 류경시가 영남인이므로 서용하도록 명하여 우선 사태를 수습하였다. 영조가 권상일과 류경시를 서용하도록 명한 것은 영의정 홍치중洪致中이 영남 사람은 마땅히 진념軫念하여 거두어 채용해야 한다고 건의하였기 때문에 이런 명이 있었던 것이다.[42]

그리고 동년 5월 20일에 판의금부사 서명균徐命均이 상주하여, 김정이 공을 빼앗아 직질이 더해지기를 도모한 데 대해서는 그가 발명發明한 것이 근거가 있지만, 역적 김일경의 벼슬을 일컬은 조항은 어사御史의 계사啓辭와 대간의 공론이 이미 명백하니, 전례대로 논의하여 처리할 수는 없다고 진언하자, 영조가 "김정이 몸가짐을 조심스럽게 하였다면 이런 말이 어디에서 생겼겠는가? 삭직하여 놓아 보내도록 하라 [使金侹謹慎持身, 則此言何從而生乎. 削職放送]"라는 처분으로 사태가 일단락되었다.

류경시가 김정을 옹호한 사건은 수많은 논쟁을 거치고서 결국 김정이 삭직되어 방송하는 것으로 귀결되었다. 김정이 벼슬을 탐하여 남의 공을 빼앗은 것이 아님은 증명되었으나, 결국 김정이 김일경의 작호를 호칭한 죄목만은 변론하지 못한 것이다.

김정은 이후로 다른 벼슬을 하지 못한 듯하고, 류경시는 잠시 파직되었다가 이내 서용되었다. 이 과정에서 류경시가 보여준 행동은 매우 위험천만한 일이지만, 영남 사람을 우대하여 탕평의 효과를 높이려는 영조 초년의 정치적 지형으로 인해 큰 처벌은 피한 듯하다. 동창의 김구를 위해 임금께 올리는 상소에까지 억울함을 진달하여 임금의 우악한 비답을 받아낸 것은 류경시의 의리 있는 자세라 하겠으며, 내외의 존경을 받으며 의지처가 되었던 일단을 짐작할 수 있게 해준다.

류경시가 김정을 변론하여 구원하고자 노력한 것은 류홍원이 지은 「유사」에도 드러나지 않은 기록이다. 실록에 실린 기사도 이 간찰이 없었더라면 그저 평범한 일로 묻히고 말았을지도 모른다. 다행히 이 간찰이 남아 있음으로 인해, 류경시와 김정이 동향의 친한 관계며, 눈앞의 현안에 대처해나간 류경시의 관원으로서의 모습을 보다 생생하게 구성할 수 있었다.

전염병과 풍수해에 대한 기록

전염병, 질병, 풍수해, 흉년 등을 걱정하며 전하는 간찰은 함벽당뿐만 아니라 우리나라 어느 문중의 간찰에도 흔히 볼 수 있는 단골 소재다.

계사년(1713, 숙종 39) 3월 10일에 월전月田에 사는 '척 류후갑'이란 사람이 '류 전적 우소'로 피봉을 적어 보낸 편지를 보자.

전해듣기로 아드님의 병환이 가볍지 않아서 존장께서 들어와 열이 내리도록 조치한 뒤에 피접을 나갔다고 하는데, 소식을 듣고서 몹시 놀라고 염려가 되었습니다. 편지로나마 문안을 올리고자 한 지 오래인데, 존장께서 피접을 나간 곳이 어디인지 몰라 편지를 보내지 못하여 한스럽게 생각하고 있습니다. 그러던 차에 막 금계金溪(안동시 서후면 금계리)에 사는 김생金生을 통해 존장께서 봉사鳳寺에 와 계시며, 객지 생활이 평온하심을 알게 되니, 몹시 위안이 되고 경하하는 마음입니다. 아드님의 병환이 열이 내린

지 이미 오래니, 아마도 점차 좋아지는 상태일 것이므로 더욱 경하를 드립니다.[43]

서두에 류진현이 앓는 병이 위중하여 놀란 심정을 전하였는데, 간찰의 격식이라고 할 만한 인사말조차 생략한 것은 그만큼 소식이 급박한 것으로 보인다. 이어 류경시가 피접을 간 곳을 몰라 애태우다가 류경시 일행이 봉사鳳寺에서 무사히 지낸다는 소식을 듣고 안심했다는 것이 주된 내용이다.

1713년 3월 6일에 월애月厓에 사는 '재종 권주權輶'가 보낸 것인데, 서두에서 아들 류진현의 병이 심해졌다가 좀 덜해진 것을 축하하고, 이어 류경시를 방문하지 못하는 심정을 전하였다.[44]

위 두 통의 편지를 보면, 간찰에서 언급한 류진현이 앓던 병은 전염병으로 추정되는데, 공식 기록에서 확인되지 않는다. 이때 류경시는 개사開寺(안동시 서후면의 개목사)에서 피접을 하고 있었고, 다른 가족들은 봉사鳳寺(안동시 서후면의 봉정사)로 피접을 나갔다. 류경시 가족은 전염병이 돌 때마다 주로 개목사와 봉정사 등지를 전전하며 전염병을 피하여 가족을 건사하였다.

또한 장후상張后相(1677~1742)이 임인년(1722) 3월 15일에 용강현령으로 재임 중인 류경시에게 보낸 편지를 보면, 영남에 천연두가 퍼져 많은 사람이 죽어가는 소식을 전하고 있다.

영남의 전염병과 역병이 함께 치성하여, 뜨락 아래의 장적蒣赤이 전염되어 아픈 사가 많으므로 멀리서 염려되는 심정을 이루 형언할 수 없습니다.

요즘 소식은 편지로 전할 수가 없는데, '같은 배를 타고 바람을 만났다'는 말씀은 참으로 말씀하신 바와 같아, 듣고 싶지도 않고 말하고 싶지도 않습니다.[45]

당시 영남에 퍼진 천연두는 국지적인 현상이었는지, 공식 기록에는 보이지 않는다. 창적(남녀 노비)으로부터 전염이 시작되어 퍼지는 형국이 멀리 벼슬하는 장후상에게도 심상치 않았던 듯, 말미를 얻어 고향에 다녀와야겠다는 소식을 전하였다. 이외에도 눈병, 종기, 체증, 산후통, 외상 등 크고 작은 질병 소식을 전하는 간찰이 부지기수여서 더 이상 인용하지 않고자 한다.

코로나19가 창궐하여 온 세계가 고통받는 현재 시점에서 각 가문의 간찰에 드러난 이러한 질병 관련 자료는 최근 들어 유독 눈에 들어오는데, 이 기록들을 모아서 데이터베이스를 구축하여 분석한다면 우리나라 전염병의 현황 및 대처방식 등에 관한 좋은 자료가 될 것이라 상상해본다.

나아가 전염병 기록 이외에도 간찰에는 인간세상 오만가지 질병이 모두 기록되어 있다. 예로부터 '병은 널리 알려라'라는 말이 전해오는데, 내 병을 널리 알리면 주위 사람들로부터 치료에 관한 조언을 들을수 있기 때문이다. 각 문중은 물론 국내외 박물관에 소장된 수십만 점의 간찰을 모두 데이터베이스에 넣는다면 우리나라의 의약사醫藥史의 소중한 기록이 될 것이다.

신묘년(1711) 7월 26에 복제服弟 이협李浹(1663~1737)이 류경시에게 보낸 간찰을 보자. 내용을 보면 당시 류경시의 장인 황창술이 순리대로 살다 세상을 떠난 죽음을 서술하고, 평소 황창술을 만나고자 한 소원을 이루지 못한 아쉬움을 토로하였다. 이어 당시의 홍수를 묘사하였다.

> 홍수가 하늘에 닿는 것은 우공에서 보았는데, 마음으로 상상하던 것을 지금 내 눈으로 직접 보게 되었습니다. 하물며 대우大禹처럼 물을 다스릴 사람이 없고, 또 사악四嶽과 군목群牧처럼 백성을 길러줄 자도 없으니, 구름은 어찌해야 걷힐 것이며, 꿈은 어찌해야 꿀 것이며, 백성은 어찌 해야 살아나겠습니까. 그러나 평생의 장관은 이날 광경으로 족합니다.[46]

이협이 편지의 말미에 평생의 장관으로 이때의 홍수를 꼽은 만큼 홍수가 전대미문의 것이었음을 반증하는 시니컬한 반어법으로 보아야 할 듯하다. 태평시대로 일컬어지는 삼대三代로부터 치수治水는 제왕의 덕목에서 빼놓을 수 없는 사항이었다. 우禹 임금이 9년 홍수를 다스려 천하를 편안히 한 것은 주지의 상식이거니와 이를 보좌할 신하 또한 백성의 처지에서는 늘 간절한 존재다.

이때 홍수는 실록에도 기록되었는데, 숙종 37년 신묘년(1711) 여름에 장맛비가 지나치게 많이 내려 7월 14일에 사문四門에 영제禜祭(祈請祭)를 행한 기사가 보인다. 그러나 기청제도 소용이 없어서 폭우가 연달아 내렸고, 결국 역사서에 기록될 만한 기록적인 수재가 났다. 숙종 37년 신묘년(1711) 7월 22일에 강원도·경상도에 수재가 들었는데 안동 일대가 더욱 심하다는 기록이 보인다.

> 강원도 영동의 여러 고을과 영서의 몇 고을에 대풍우大風雨가 밤낮을 다

하도록 내려서 평지가 바다를 이루고, 밭과 논이 다 모래와 자갈땅이 되었으며, 관해官廨와 정대亭臺가 혹은 기지基址까지 없어지기도 하였다. 표몰漂沒된 인가가 대략 1,500여 호에 달하고 빠져죽은 인물이 290여 명이나 되었으니, 수백 년 동안에 있지 않았던 변고였다. 경상도에도 비바람이 강원도와 다름이 없었으니, 사망한 인물이 250여 명이고, 표몰된 가옥이 700여 호나 되었다. 안동 일대는 재해를 입은 것이 더욱 심하여 큰물에 부성府城까지 잠기어, 안동부사와 영장營將이 각각 동·남의 문루門樓로 올라가서 급히 토석土石을 져다가 성문을 메워 막아서 겨우 물에 잠기는 것을 면하였다. 본부本府에서는 늘 을사년의 큰물이 진 것을 말하였는데, 올해는 을사년(1605, 선조38)에 비하여 더함이 있다고 하였다.

간찰에 기록된 풍수해와 역사 기록을 비교해보는 일은 나름의 의의가 있다. 특히 영남지방 유수한 가문의 문중 간찰의 경우, 담고 있는 정보가 연도별, 시기별로 매우 촘촘하게 기록되어 있으므로, 이런 간찰을 번역하여 데이터베이스로 구축하면 소중한 자료가 될 것임에 분명하다.

류경시가 1723년(경종3) 7월 9일에 친형 류정시에게 보낸 편지를 보자. 이때 류경시는 용강현령으로 재임 중이었는데, 그때 남쪽 지방에 큰 수재가 났다.

남쪽 고장의 수재水災는 전대에 있지 않은 것으로 근읍의 서쪽이 피해를 극심하게 입었다고 합니다. 이는 시운時運에 관계된 것으로 한 사람이 사사로이 근심할 바가 아닙니다만, 지금 온통 떠내려간 나머지에 또한 추수

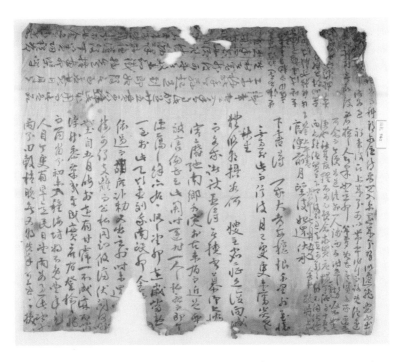

1723년 7월 9일에 류경시가 친형 류정시에게 보낸 편지(문서번호000000060479)

할 희망이 있겠습니까. 해를 연달아 재해가 닥침이 이 지경에까지 이른단 말입니까. 하늘이 우리 남쪽 백성을 모두 죽이고자 하는 것입니까.[47]

이 편지를 보면 우리나라의 남쪽에 큰 물난리가 난 상황을 여실히 읽을 수 있는데, 이는 기록으로도 확인이 된다. 『경종실록』3년(1723) 7월 18일 기사에는 약방제조 이태좌李台佐가 진언하여, 삼남 지방의 수재로 인한 재해를 도신道臣과 수령이 보고한 것이 실제보다 훨씬 많이 건결田結이 크게 준었으니, 식년경시관式年京試官을 보내 과거시험을 보이는 여가에 재실災實을 돌아다니며 살피기를 청하여 윤허를 받았다. 7월 20일 실록의 기록을 보면 다음과 같다.

이 가을에 삼남에 홍수가 났다. 충청도의 문의文義·회인懷仁·청주·단양·영춘永春·공주 등의 고을은 민가 1,000여 호가 떠내려갔고, 익사한 사람이 수천 명이었으며, 무림사霧林寺 수백 칸이 일시에 물에 잠겨 승려와 속인으로서 죽은 자가 대단히 많았다. 경상도의 거창·대구·밀양 등 고을은 물에 떠내려간 것이 1천 수백여 호였고, 익사자 또한 1,000명을 넘었으며, 거제부巨濟府는 눈에놀이(모기의 일종)가 크게 발생하였다. 전라도의 무주 등 고을은 물에 떠내려간 것이 수천 호였고, 익사한 자 또한 그 수의 반이었다. 강원도의 영월 등 고을도 역시 홍수가 나서 떠내려가거나 빠져죽은 자가 많았다. 도신이 모두 장문狀聞하였는데, 영남에서는 그 신포身布와 조적糶糴을 탕감할 것을 청하였으므로, 묘당에서 복주覆奏하니, 윤허하였다.

결국 이때의 홍수는 연말까지 큰 영향을 미친 듯, 동년 11월 23일에 이광좌가 남도의 산읍山邑이 수재가 더욱 심하여 환곡을 내지 못해 유리걸식하는 백성이 많으니, 도신으로 하여금 세밀히 추려내어 적곡糴穀을 징수하지 말게 하고, 흩어진 백성을 불러모은 뒤 속속 보고하기를 청하여 또한 윤허를 받은 일이 있다.

병자년(1956) 8월에 박영보朴榮普라는 사람이 류영희柳泳熙(1890~1960)에게 보낸 편지는 수재가 나고 별로 머지않은 시기에 작성된 것이다. 산모와 신생아에 대한 소식을 전하고 문집교정의 협조를 바라며 보낸 간찰인데, 말미에 수재에 대한 언급이 눈길을 끈다.

금년의 홍수로 인한 변고는 지난 시대에도 드물어, 귀와 눈이 닿는 곳마다 참혹하지 않은 곳이 없습니다. 존형께서 계신 곳도 어떠십니까. 온 집안이 손상된 일이 없으십니까.[48]

비록 길지 않은 기록이지만 수재로 손상이 없는지 물었는데, 이를 역사적 사실과 비교해보면 의미가 있다.

1956년 7월 14일부터 24일까지 남한에 폭우가 내렸다. 사상자 68명, 건물 1만 9백여 동 파손 등 약 43억 7천7백만 환으로 피해액이 집계됐다. 북한 조선적십자사는 27일 대한적십자사 앞으로 홍수 이재민들에 대한 원조를 제공하겠다는 메시지를 발송했다. 미곡 50톤, 모포 9만 6천 마, 의류 2만 점, 신발 오천 족을 제공하겠다고 의사를 밝혔다. 이는 국제적십자사에도 접수됐다. 그러나 이승만 정부는 거절했다고 한다.[49]

당시 남한에 내린 폭우는 연일 신문기사에까지 실렸고, 이때 북한에서 원조를 제공하겠다는 의사를 표하기까지 하였다고 한다. 비록 이승만 정부가 원조물자를 거절하여 성사되지 않았으나, 홍수로 인한 구호물자는 남북한의 대화를 촉진하는 하나의 매개체로 작용하기도 하였다.

크든 작든 홍수는 해마다 우리나라에 큰 상처를 남겼는데, 이것이 우리가 간찰에 실린 풍수해 기록에 무감각해진 이유이기도 하다. 그런데 한 통의 간찰로 인해 지난 시대의 역사와 연결고리가 갑자기 생겼으니, 간찰이 지닌 기록으로서의 힘이 아닐까 한다. 다른 수많은 간찰도 성의를 가지고 싶이 분석해나간다면 의외의 소득을 거둘 수 있지 않을까 기대해본다.

덧붙이는 말 한마디

이상으로 함벽당 가문의 간찰 중에서 류경시와 관련된 간찰을 위주로 몇 가지 장면을 구성해보았다. 함벽당의 800여 통의 많은 간찰 중에서 본문에 거론한 것은 겨우 30여 통에 불과하다. 한마디로 한 섬의 간찰을 읽고서 한 되만 써먹은 셈이다. 본 연구자의 역량이 부족한 것이 가장 큰 이유지만, 이는 여타 문중의 간찰에서도 마찬가지여서 간찰을 연구하기를 꺼리는 장애요소가 되곤 한다.

갖은 우여곡절을 겪었으나, 본고에서는 미시적인 접근법을 써서 간찰에 보이는 단편적인 기록 하나가 어떤 사건의 핵심 연결고리가 될 수 있다는 가능성을 보여주고자 시도해보았다.

함벽당 간찰 중에서 류경시의 일생을 구성하는 데 도움이 될 만한 몇 건의 기록을 추출하였고, 그것이 다른 역사 기록이나 문집의 기록과 깊은 연관을 맺고 있음을 알 수 있었다. 류경시의 경우에 승륙되어 정식 관료로써의 여정이 시작되었고, 문겸으로 진출하게 된 것이 침체기를 딛고 일어선 하나의 커다란 계기가 되었음을 알 수 있었다. 또한 용강현령이 되고부터는 지방관으로 집안을 건사해나갈 만한 규모가 갖추어졌고 친지에까지 널리 은택이 파급되었음을 알 수 있었고, 이후로도 계속 지방관으로 활동하였음을 살펴보았다.

아울러 양양부사 시절의 금강산 유람이 즐거운 추억으로 끝나지 않고, 자칫하면 이인좌의 난의 파도에 휩쓸릴 뻔한 위기의 순간이었음을 역사 사실을 인용하여 규명해보았다. 또한 1732년에 김정이 무고를 입어 탄핵된 사건에 대해 류경시가 이를 구원하고자 적극적인 역할을 했던 정황도 파악할 수 있었다. 그리고 함벽당 간찰에는 수많은 전염병 및 풍수해에 관한 기사가 수두룩하게 보이는데, 이러한 기사 중에 한두 건을 역사적 사실과 대조하여 의미를 확장해보았다. 즉, 간찰에 보이는 사소한 기록일지라도 모두 모아놓고 보면 의외의 결과를 도출할 수 있는데, 그 가능성을 엿보고자 시도해보았다.

이외에도 본고에서 다루지 못했으나 함벽당 간찰에는 함벽당을 중심으로 살다 갔던 많은 가족의 생생한 증언이 살아 있다. 예컨대 류정시, 류춘시柳春時, 류사영柳思永, 류진현, 류홍원은 물론 근대의 류영희와 그의 아들 류건기柳建基가 받은 간찰까지 근 300년간의 기록이 축적되어 있다. 미처 문집을 남기지 않아 그 활동상을 소상히 알 수 없었던 함벽당 가문의 수많은 인사 및 그 친지의 목소리가 누군가 읽어주기만을 기다리고 있다.

각박하게 평가를 하자면, 간찰에 나타나는 단편적 기록으로 큰 자료를 대뜸 발견하기란 여간 어려운 일이 아니다. 연구자가 간찰을 분석하는 것은 한 알씩 사금을 모으는 과정에 비유할 수 있을 것이다. 다소 무모하고 미련해 보일지라도 많이 모아놓고 보면 의외의 가치를 지닌다는 것을 이번 심층연구를 통해 경험하였는데, 이것이 개인적으로 망외望外의 소득이라고 하겠다.

참고문헌

全州柳氏 涵碧堂 簡札類.

柳敬時,『涵碧堂文集』.

柳晉鉉,『綠筠軒遺稿』.

柳弘源,『江浦文集』.

權斗經,『蒼雪齋先生文集』.

『朝鮮王朝實錄』DB.

『承政院日記』DB.

『全州柳氏族譜』9책, 1991.

김주부,「전주 류씨 함벽당 종가의 가계와 기탁 자료의 가치」,『涵碧堂』, 한국국학진흥원
    국학자료목록집 29, 한국국학진흥원, 2016.

김효경,「조선시대 간찰 서식 연구」, 한국학중앙연구원 박사학위 논문, 2005.

류영수,「전주 류씨 수곡파 가학의 형성과 전개」, 경북대학교 대학원, 2009.

박대현,『한문서찰의 격식과 용어』, 아세아문화사, 2012.

정진영,「조선 후기 간찰자료의 존재 형태」,『역사와 경계』102, 부산경남사학회, 2017.

한국국학진흥원,『涵碧堂』, 한국국학진흥원 국학자료목록집 29, 2016.

1 김주부, 「전주 류씨 함벽당 종가의 가계와 기탁 자료의 가치」, 『涵碧堂』, 한국국학진흥원 국학자료목록집 29, 한국국학진흥원, 2016, 212~218쪽.

2 족증손 호곡壺谷 류범휴가 지은 『함벽당집서』 참조.

3 문서번호 000000059978. 시중 간찰. "兄主近爲立漢之所侵, 留侍官門, 已過累日, 事是理直, 終當快伸, 而目今憤惋不可言. 陸六之期, 當在明春, 則其前來往, 自難如意, 相逢之日, 以此未易."

4 문서번호 000000060278. 황창술 간찰. "近阻菀菀, 不審寒沍, 靜履何似? 奉慮不淺. 老人長在感冒中, 悶苦悶苦. 傳聞孫兒等染小痘云, 今已善過了, 屈指日數, 今可寬慮耳. 小邑推出隱奴事, 專恃於君行, 尙今遲滯, 何其思之執拗耶. 此則異於凡例, 其爲勇赴, 小無人言, 君可默料耶. 非但生計蕭然, 京行只隔一月, 客祥經過, 何以過了耶. 必得錢資於彼處, 可以發行, 此爲大關事, 君可惄然耶. 須於晦初間發行如何. 此事相議爲可, 未可惠枉耶. 君亦無功勞都家, 不可不留念耳."

5 문서번호 000000060173. 정유신 간찰. "冬緣憂患, 一舍地距, 盍簪無由, 望風引領, 只增切切."

6 문서번호 000000059979. 이만유 간찰. "皆稱兄久居, 而政日間, 則無其實, 豈有公論耶."

7 문서번호 000000060107. 류후갑 간찰. "傳聞胤患非細, 尊入敍退熱後出避, 聞來極庸驚慮. 久欲替書以問, 而不知尊出寓何所, 未果爲恨矣. 卽因金溪金生聞來寓鳳寺, 旅候平吉, 極爲慰賀. 胤患退熱已久, 想漸向佳境, 尤用奉賀, 而欲行敍, 而非但身有薪憂, 一馬長兒騎往金谷, 它無借乘處, 姑未果, 可勝歎恨. 宅中癉氣, 更無繼臥者耶. 知尊久留鳳寺, 則與天丈聯鑣往訪, 望須因便示止如何."

8 문서번호 000000060356. 권주 간찰. "其久留開寺耶, 欲曳一杖相訪於寂寞之濱, 而其不爲冗滾之所牽摯, 何可必也."

9 조선시대 선전관청에 속하여 형명形名·계라啓螺·시위侍衛·전명傳命 및 부신符信의 출납을 맡았던 무관직으로 정3품부터 종9품까지 있었다. 문신으로 선전관이 된 사람은 근시近侍로 근무했기 때문에 서반승지西班承旨로 지목되어 청요직淸要職으로 간주되었다. 또 무관의 경우는 장차 무반의 중추가 될 인재라는 점에서, 무재武才가 있고 용맹스러운 사람을 뽑아 임명했으며 끊임없이 무예와 병법을 연마시켰다.

10 문서번호 000000060286. 성중 간찰. "在兄之復職上京, 聞之後未克奉賀狀, 危用歎恨. 卽伏問夙宵, 仕候順序神衛否. 西班冷秩, 得之不爲幸, 而歷敭靑雲, 自今日其堵矣. 烏得不賀也."

11 본관은 안동, 자는 행언行彥으로 거주지는 의성義城이다. 1711년(숙종 37)에 식년문과에 급제하여, 1714년(숙종 40)에 성균관 학유, 1715년(숙종 41)에 성균관 학정, 1716년(숙종 42)에 직장直長, 1717년(숙종 43)에 사헌부 감찰, 1724년(영조 즉위년)에 회인현감懷仁縣監에 임명되었다.

12 문서번호 000000059977. 김도응 간찰. "臘月都政始行於今十二日, 而執事以文兼首望, 獲蒙天點, 本職品卑俸薄, 其得不得, 於執事不足爲輕重, 在親舊亦不足爲甚賀, 而數十年杜門之餘,

得之於不易得之時, 他日之望, 由此權輿, 則可謂幸矣. 但旅味之酸冷, 不如家食之安吉, 奔走之勞苦, 不若山林之自適, 不審執事以爲何樣看也. 然爲貧而仕, 則抱關擊柝可也. 勿以卑薄爲嫌, 及時登途, 無有過限之弊, 千萬企望."

13　문서번호 000000059977. 김도웅 간찰. "侍生家門凶禍, 上年春遭祖母喪, 初朞過今十二, 而拘於褒貶, 求去不得, 坐此遠外, 未由進參, 情禮俱缺, 痛裂難抑. 自餘生受, 不欲汚筆墨也."

14　문서번호 000000059977. 김도웅 간찰. "稟性菱庸, 事事不及於人. 一出世路, 尤悔日積, 以故常自悼以爲安得執事進爲於世, 而師法其萬一, 庶幾可以承誨補過, 而得免指點於人也. 今將得遂素願, 區區喜幸之心, 實非他人之比也. 旅宦中, 住接一節亦難, 舊館人在則甚便好, 而若未必其存否, 則新到不免苟且. 入城之日, 萬一有狼狽, 直抵鄙所, 則可以相議, 而近間欲作由行, 或恐有巧違之歎. 所住處, 六曹前義盈庫洞兵吏李時衍家, 卽再從祖舊館也."

15　『承政院日記』英祖 4年 4月 6日.

16　문서번호 000000059967. 김이단 간찰. "頃仍花府風便, 得聞一麾之報, 而猶以未得其詳爲菀, 昨見令胤書, 如聞之奇. 數千里寒程, 行役雖甚可苦, 而卅年酸寒之餘, 始得專城之奉, 亦足爲親舊間慰賀也, 仍諗至寒, 閤中起居神毖, 尤庸忻慁萬萬."

17　문서번호 000000060227. 류후갑 간찰. "尊之復除, 實是意外, 況宰饒邑, 親舊之慰幸, 可勝言哉."

18　문서번호 000000060476. 권두경 간찰. "日昨相聚時, 兄娓娓道關西宦跡, 亟稱江西物力雖饒, 猶不及龍岡, 連日語必及之, 豈知伊時, 已作新使君耶. 作別之翌早, 聞兄有除命, 亟欲馳一書以賀, 而未詳行施去處未果."

19　문서번호 000000060476. 권두경 간찰. "應謝之行, 當在何間, 凶年好太守, 懇求猶難, 況不求而得之. 兄之宦福, 何其順也. 百口飽暖, 餘潤當遍及雁行, 健羨健羨. 龍朔相距幾何, 雖非龜城, 庶謀逢場, 第恐已屬沙吒利也."

20　문서번호 000000059957. 이종연 간찰.

21　문서번호 000000060360. 상채 간찰.

22　문서번호 000000060208. 서종섭 간찰.

23　문서번호 000000060479. 류경시 간찰.

24　문서번호 000000060290. 류경시 간찰.

25　문서번호 000000060354. 이광부 간찰.

26　류경시가 임기를 끝내고 돌아올 때에 류경시의 고을 백성들을 위한 행정에 감동한 양양의 노부老夫가 1장의 거문고를 바쳤는데, 다른 것은 모두 물리쳤으나 이 거문고만은 받아왔으니, 바로 양양금襄陽琴으로 집안에 대대로 전해왔다고 한다.

27　문서번호 000000060476. 권두경 간찰. "弟筮仕三十年, 年迫七旬, 得近塞一馬官, 起廢於十年之餘, 功名眞是鮎竿. 但平生夢想, 在楓岳萬瀑關東八景, 每自歎老將永負宿債, 每語兒曹, 爲陳高山, 雖老可强一行, 今可謂適願, 而畏途窮多, 且有痘戒之拘."

28　본관은 안동, 자는 천장天章, 호는 창설재蒼雪齋다. 봉화 닭실에 세거하였고 이현일李玄逸의 문인으로 이재李栽 등과 교유하였으며, 1717년(숙종 43) 영남에서 유생 1만여 인이 상소를 올릴 때 그 상소문을 기초하기도 하였다. 문집으로『창설재선생문집蒼雪齋先生文集』이 있다.

29　문서번호 000000060563. 류경시 간찰. "方行白日場, 旬後欲作楓岳遊賞之行, 而卜馬及下人不備, 姑未可必也."

30　문서번호 000000060438. 류경시 간찰. "入山已深, 阻音有日. 方切慕鬱, 官伻來傳十三日出書, 伏審體候康寧, 衙內俱穩, 喜慰不自勝. 舍弟發行, (一)二日(果)到高城. 十三日與亞使同

遊三日浦(四仙亭), 向夕始入金剛外山, 而兩嶺峭峻絶險, 肩輿難度, 徒步亦危, 寸寸前進, 十四日厪抵楡岾, 入夜始雨, 十五日自晝達夜, 不得已留宿兩夜. 今早踰內水岾, 已過眞珠潭萬瀑洞(寺), 抵宿表訓寺, 昨雨深處成雪, 舊雪亦多積, 雖使僧徒踏雪開逕. 而半步半輿, 屢經垂堂, 令人懍息. 然萬二千峰奇勝, 領畧過半, 飄然有御風之想. 此生不入此山, 眞負平生宿債也. 明日當登正陽寺天逸( )臺, (飫觀勝致), 仍宿長安寺. 再明欲復路耳, (還宿楡岾, 十九, 當到高城 回發不在念一, 則在念二矣. 日子漸退, 爲進封一款, 歸意殊忙耳.) 數三琴歌, 十二巫山, 有臥遊之樂, 視涉險累百里者, 反復勝耶. (兒輩之行, 似於念間得達, 頗切懸企. 餘不備. 伏惟下鑑答上書. 戊申三月十六日夜, 舍弟敬時上書.)" 괄호 안의 글자는 간찰에만 있는 내용이다.

31 류경시가 양양부사로 재임할 당시에 아들 류진현이 배종하여 함께 지내고 있었는데, 류경시가 금강산 유람을 떠날 즈음에는 류진현 또한 공교롭게도 다른 일로 관아를 비워서 손자 류홍원이 사태를 처리하는 책임을 맡게 된 것으로 추정된다.

32 『柳弘源行狀』, 『江浦文集』 卷3 附錄.

33 『遺事』, 『涵碧堂文集』 卷4 附錄.

34 문서번호 000000060213. 최규태 간찰. "湖西兵報, 數日未聞, 憂鬱方極. 卽承下示, 稍以慰豁, 尤感尤感. 大抵此賊, 見形已久, 急報尙寂, 勢將日就撲滅, 而今則人心之驚者稍定, 武備之疎穴者稍完. 久後逆順自分, 人心之去就自底剖判, 則賊豈能孤立而久支乎. 素沙結陣之說, 似是浪傳, 然旣已叢集淸州, 則兵使之死, 似非虛語, 而但朝家所送兵將之利否, 未得聞知, 殊以爲鬱. 伏法四賊, 極爲驚愧, 豈料此變之出於此等乎. 方送人於嶺西, 昨今待來而不來, 甚以爲鬱紆耳."

35 문서번호 000000060535. 류준 간찰. "親臨受俘, 宗社無疆之休, 臣民忭喜何如哉. 朝紙中所見, 無非可駭可驚之事, 世道至此, 痛惋痛惋. 落漏甚不悉, 眞所謂聞斷朝報, 可欠可欠."

36 문서번호 000000060008. 류경시 간찰. "弟罪戾山積, 殃禍孔棘, 春初遭替事長兄之喪, 纔經窀事, 情理痛毒, 而客中又猝聞女息夭殤之報, 慈刀割腸, 尤難寬抑."

37 문서번호 000000060008. 류경시 간찰. "職名已褫, 方欲遄歸, 而單騎不可以負且乘, 圖卜未易, 又淹數日, 悶鬱難狀, 江令納俟, 兩朔累經議坐, 而終不擧論, 殊可慨惋, 疏末略有所論, 批旨頗優, 而臺官以徑先營護, 反駁遭罷, 此則初已料得, 不必介懷, 而第以無益而徒激爲慮耳."

38 문서번호 000000060365. 류경시가 정미년(1727) 8월 27에 수신처를 '임영정각臨瀛政閣'이라 하여 김정에게 편지를 보냈다.

39 문서번호 000000059964. 내섬시 직장 김정이(1708년) 5월 19일에 고향에서 부모님을 위한 잔치를 열면서 고향에서 한가히 지내던 류경시를 잔치에 초대한 편지인데, 이번 잔치에 참여하지 않으면 앞으로 잠시도 볼 수 없을 것이라는 농담까지 건넨 것을 보면 매우 각별한 사이로 보인다.

40 『영조실록』 8년 3월 12일.

41 『涵碧堂文集』 卷2 「再疏」, 『承政院日記』 英祖 8年 4月 2日.

42 『영조실록』 8년 4월 20일.

43 문서번호 000000060107. 류후갑 간찰. "傳聞胤患非細, 尊入救退熱後出避, 聞來極庸驚慮, 久欲替書以問, 而不知尊出寓何所, 未果爲恨矣. 卽因金溪金生聞來寓鳳寺, 旅候平吉, 極爲慰賀. 胤患退熱已久, 想漸向佳境, 尤用奉賀, 而欲付紓, 而非但身有薪憂, 一馬長兒騎往金谷, 它無借乘處, 姑未果, 可勝歎恨. 宅內瘴氣, 更無繼臥者耶. 知尊久留鳳寺, 則與天丈聯鑣往訪, 望須因便示止如何."

44 문서번호 000000060356. 권주 간찰.

45 문서번호 000000059969. 장후상 간찰. "嶺中熱疫邦機, 庭下菁莪, 各爲傳痛者, 湖外之虞, 不

可形言. 時耗不可書傳, 而同舟遇風之示, 誠如來敎, 不欲聞不欲說也."

46 문서번호 000000059962. 이협 간찰. "洪水滔天, 見於禹貢, 而心想之, 於今親見之, 況無大禹之治水, 又無四嶽群牧之牧民, 雲何以上, 夢何以入, 民何以活. 然平生壯睹, 此日足矣."

47 문서번호 000000060479. 류경시 간찰. "南鄕水災, 前古未有, 而近邑西□被害徧甚云. 此關時運, 非一人之私憂, 而卽今漂蕩之餘, 亦有有收之望耶. 連歲災患, 一至於此, 天欲盡劉我南氓耶."

48 문서번호 000000060088. 박영보 간찰. "今年水變, 在古所罕, 耳目所到, 無不慘然, 仙庄亦何如, 無大家損傷事否."

49 「미워도 다시한번, 남북 수해지원 60년사」, 통일뉴스, 2016년 9월 26일 게재. https://www.tongilnews.com/news/articleView.html?idxno=118247.

156

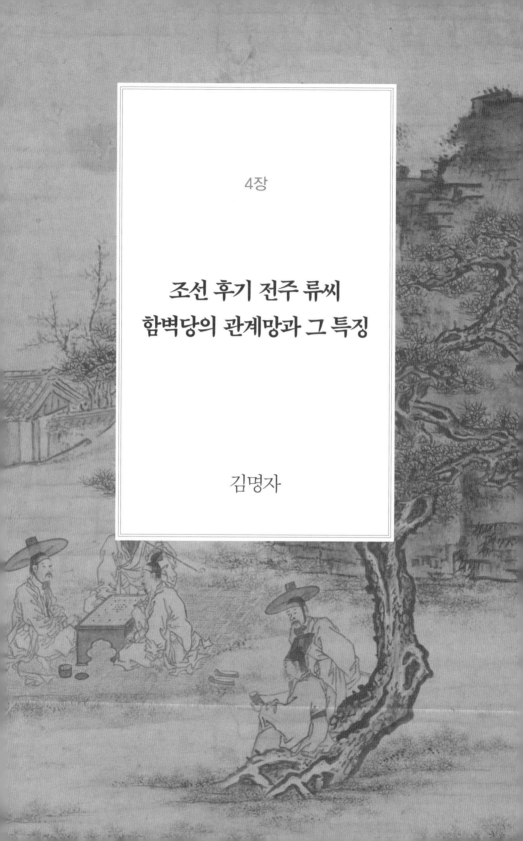

4장

조선 후기 전주 류씨 함벽당의 관계망과 그 특징

김명자

전주 류씨 함벽당, 관계망 속에서 만나다

인간은 관계망 속에 존재한다. 관계망은 정보와 여러 활동에 필요한 인적·물적 재원을 획득하는 사회적 자본이자, 생활과 생존에 필요한 정서적 자본이기도 하다. 관계망의 내용과 형식은 공간과 시간에 따라 양상을 달리하지만 관계망을 통해 개인 및 집단의 다양한 성격을 추적할 수 있다. 개인 혹은 집단을 둘러싼 관계망 연구가 필요한 이유다.

2000년대 이후 조선시대 연구에서도 관계망을 주제로 한 연구 성과가 나왔다. 관계망의 형성 배경, 사환을 통한 관계망 형성, 세대로 이어지는 관계망, 교유 장소별 관계망의 대상과 성격 등이 밝혀졌다. 향촌 사족의 관계망은 중앙정치와도 밀접하게 연관되어 있다는 사실도 확인하였다.[1] 선행 연구는 사회사·생활사 연구의 영역 확장에 기여하였다. 관계망 연구 방식의 구조화 및 연구 방법론은 여전히 과제로 남는다.

본고에서는 안동 전주 류씨 함벽당涵碧堂의 관계망을 살펴보고자 하다. 개인이 아닌 가계 혹은 문중의 관계망을 살펴보려는 것은 18세기 이후 향촌사회의 재편과 맥락을 같이한다. 갑술환국 이후 영남의 향촌 사회는 중앙정치에서의 배제, 경제적 성장의 한계, 사족 수의 확산, 부계적 가족 질서의 확대 등의 이유로 동성 마을을 배경으로 한 문중 중심으로 재편되었으며, 개인의 위상은 문중의 위상과 불가분의 관계에 있게 되었다.[2]

조선 후기 안동을 비롯한 영남 사족사회는 퇴계학파가 주도했는데, 퇴계학파는 크게 서애계西厓系(서애 류성룡 계열)와 학봉계鶴峰系(학봉 김 성일 계열)로 나누어졌다. 안동 전주 류씨의 경우 퇴계학파 내에서 의성 김씨와 더불어 학봉계를 대표하는 성씨로 언급된다. 전주 류씨 관계 망의 양상과 추이는 향촌사회의 일면과 특징을 파악하기에 충분하다. 전주 류씨의 대표적 거주공간은 안동부 동쪽에 위치한 임하현 수곡水谷(무실)·박곡朴谷(박실) 등이다. 함벽당의 경우, 11세 야계冶溪 류학柳㰒 (1607~1688)이 안동부의 서쪽인 가야곡촌佳野谷村으로 이주한 이후 수곡·박곡 등의 전주 류씨와는 관계망의 양상을 달리하는 측면이 있다. 거주공간의 변화가 관계망 형성에 어떠한 영향을 미치는지 시계열적 흐름 속에서 살펴볼 것이며, 그 의미도 함께 부여하겠다.

이를 위해 전주 류씨 함벽당에 전해오는 간찰을 비롯하여 『전주 류씨족보全州柳氏族譜』(1911), 필사본의『동문계안同門稧案』, 『선현유 찰先賢遺札』,『창설유고蒼雪遺稿』 등을 활용할 것이다. 함벽당에서는 2003년부터 2016년까지 고서와 고문서 등 377종 2,014점을 한국국학 진흥원에 기탁하였다. 간찰은 834점으로, 이 가운데 120점은 2020년 에『안동 전주 류씨 함벽당 종가 간찰』로 탈초·번역되었다.[3]『동문계안』은 류경시의 문인 및 그 후손들의 명단이고,『선현유찰』은 류경시가 관직을 역임할 당시 중앙의 인사와 주고받은 편지를 엮은 것이며,『창선유고』는 권두경과 류경시가 주고받은 편지를 필사한 것이다

가계 및 혼인을 통한 관계망의 형성

가계와 거주지

전주 류씨의 시조는 류습柳濕이다. 류습의 다섯 아들이 모두 과거에 급제함에 따라 전주 류씨는 본관인 전주를 떠나 한양으로 상경하여 묵사동墨寺洞에 거주하였다. 류습의 7세 류윤선柳潤善은 영천榮川(오늘날의 영주)군수를 역임하는 형 류윤덕柳潤德을 따라 영주와 인연을 맺게 되었다. 류윤선은 양천 허씨와 혼인했으나 부인이 사망하자, 영주에 거주하는 나주 박씨 박승장朴承張의 딸과 재혼하였다. 이후 처가인 영주로 거주지를 옮겼다.[4]

류윤선의 아들은 류성柳城(1533~1560)과 류단柳埴이다. 류성은 영주에서 안동부 임하현 수곡(무실)으로 이주하여 수곡파水谷派의 입향조가 되었다. 안동부 임하현 천전川前(내앞)에 터전을 마련하고 있던 의성 김씨 김진金璡의 딸과 혼인하였기 때문이다. 김진은 임하 일대에 강력한 경제적 기반을 구축하고 있었으며, 그 일부인 수곡의 토지를 사위에게 분급하여 세거의 기반을 마련해주었다.

류성이 28세에 사망하자, 외조부 김진이 류성의 아들 복기復岐와 복립復立 형제를 양육하였다. 이들은 심신의 아들이자 퇴계 이황의 뒤이

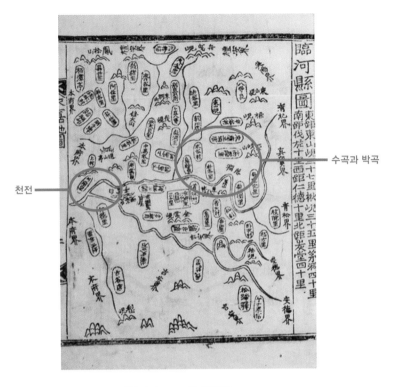

천전

수곡과 박곡

『영가지永嘉誌』, 「임하현도臨河縣圖」

난 제자 가운데 한 명인 학봉鶴峯 김성일金誠一(1538~1593)에게 수학하였다. 전주 류씨는 혼인과 학문으로 의성 김씨 및 학봉계와 연계되었으며, 이는 향후 지역사회에서 위상을 유지·강화하는 데 커다란 자산이 되었다.[5]

류복기는 김해金垓, 배용길裵龍吉 등과 함께 임진왜란 당시 의병에 참여했고, 관직으로는 예빈시정에 제수되었으며, 이조참판에 증직되었다. 그는 기양서당岐陽書堂을 설립하여 자제들의 강학 장소로 활용하였다. 류복기는 향촌 사족의 역할을 충실하게 수행했으며, 후손들이 학문적으로 성장할 수 있는 토대를 닦았다. 류복기는 우잠友潛, 득잠得潛, 지잠智潛, 수잠守潛, 이잠宜潛, 희잠希潛, 시잠時潛의 7형제를 두었는데, 이는 후손이 확대되고 거주지도 인근 지역으로 확대되는 발판이 되었다.

수곡과 더불어 전주 류씨의 거주지로 유명한 곳은 박곡이다. 이곳은 류우잠의 5세 관현觀鉉(1692~1764)이 분가하여 살면서 전주 류씨의 거주지가 되었다. 류지잠의 후손 류건휴柳健休(1768~1834) 역시 박곡에 이주하여 세거하였다. 원파遠坡는 수잠의 후손이 거주지로 개척한 곳이다. 임하현과 가까운 예안현 주진舟津의 삼산三山마을은 류우잠의 5세 류석구柳錫龜가 개척했으며, 그의 아들 류정원柳正源의 후손이 삼산 종가를 중심으로 가계를 계승하였다. 이처럼 전주 류씨의 거주지는 수곡에서 시작하여 박곡, 원파, 삼산 등지로 확대되었다. 대체로 안동부의 동쪽에서 예안에 걸쳐 있다.

한편 류우잠은 숙橚, 직稷, 욱穰, 학樺, 격格의 5형제를 두었다. 위에서 언급한 수곡, 박곡, 삼산으로 거주지를 확대한 것은 대체로 류숙의 후손이다. 17세기에 이르면 전주 류씨도 향촌에서 위상이 더욱 높아졌다. 류우잠의 둘째아들 류직(1602~1662)은 1650년(효종 1) 문묘 종사 추진 당시 소수疏首로 추대되었다. 그는 문과 급제하였고, 내외직을 두루 거쳤으며, 가문의 흥기에도 기여하였다. 류우잠의 넷째아들 류학은 처가의 경제적 기반이 있던 안동부 서쪽의 가야곡촌으로 이주하였으며, 후손은 그곳에서 세거하였다. 안동부의 동쪽을 기반으로 한 전주 류씨의 세거지가 안동부의 서쪽으로 확대된 계기가 되었다.[6]

혼인을 통한 관계망의 형성

16세기 이후 향촌을 주도하던 사족은 자신들의 지위를 더욱 공고히 하기 위하여 혼인을 중요시하였다. 붕당정치기에는 혼인할 때 학파와 당색도 고려하였다. 영남 지역에서는 퇴계학파에 속하는 가문끼리 혼인하는 경우가 많았다. 당색이 변하면 혼인 대상 가문이 바뀌기도 하였다. 혼인 성씨를 통해 정치적·학문적 성향, 사회적 위상, 경제적 위상까지 짐작할 수 있다.

전주 류씨 8세 류성이 임하현에 정착한 이후 11세까지 혼인한 성씨를 살펴보면 〈표 1〉과 같다.7

전주 류씨의 혼반 형성의 배경에는 안동 지역의 대표 가문 가운데 하나인 천전의 의성 김씨와의 혼인이 있다. 이후 전주 류씨는 안동의 토성인 안동 권씨와 안동 김씨를 비롯하여 안동 와룡의 광산 김씨, 봉화의 우계 이씨, 영양의 한양 조씨 등과 혼인하였다. 이 성씨는 17~18세기 지역의 명문이다.8

전주 류씨는 중첩 혼인을 통해 특정 집안과의 결합을 강화하기도 하였다. 류지잠의 사위 권뢰權賚는 안동 권씨로 권벌權橃(1478~1548)의 후손이다. 권벌은 경상도관찰사, 형조참판, 한성부 판윤 등을 역임하였다. 이들은 안동부 속현 유곡酉谷에 세거했으며, 안동 지역에서 상대적으로 일찍 발호한 가문이다. 권뢰의 아버지는 권승경權承慶이고, 아들은 권성구權聖矩다. 권성구는 문과에 급제하여 병조좌랑, 강진현감 등을 역임하였다. 권성구는 류직의 문인이기도 하다. 류학은 권승경의 딸을 아내로 맞이하였다. 전주 류씨는 권뢰의 아들 및 딸과 중첩 혼인을 하였다.

〈표1〉 전주 류씨 수곡파 8~11세의 혼인 성씨

항렬	성명	배위/사위 본관	외조	비고
8세	柳城	의성 김	여흥 민	
9세	柳復	영덕 정	무안 박	
10세 (복기 자녀)	柳復立 (出)			
	柳友潛	우계 이	인동 장	
	柳得潛	진성 이		
	柳智潛	연안 이	순흥 안	집안에서 향약을 행함.
	柳守潛	순흥 안		
	柳宜潛	단양 우	경주 안	
	柳希潛	안동 김	감천 전	조부 현감
	鄭榮邦	영일 정		정경세 문인
	李明遠	전의 이		
	金遠	의성 김		부 주부
	柳時潛	미상		
11세 (우잠 자녀)	柳櫄	한양 조	전주 최	부 직장, 외조부 좌랑
	柳櫻	안동 권	동래 정	
	柳檽	의성 김	안동 권	
	柳樽	안동 권, 안동 권	평산 신, 나주 박	외조부 호군
	柳格	광산 김	안동 권	증조부 김언기, 외조부 첨정
	金㙐	안동 김		
11세 (득잠 자녀)	柳木栽	단양 우		
	柳楝	영천 이	의령 남	외조부 의령 남(첨정)
	南悳	영양 남		
	權用中	안동 권		부 세마
	金尙璨	안동 김		
	李元甲	미상		
11세 (지잠 자녀)	柳橚	안동 권	의령 옥	부 훈도, 외조부 감역
	柳穏	광산 김		
	金希振	안동 김		
	李㷞	우계 이		
	權實	안동 권		
11세 (수잠 자녀)	柳木參	고성 이	신성 이	소부 심봉
	金鑒	선성 김		

항렬	성명	배위 / 사위 본관	외조	비고
11세 (수잠 자녀)	金光逸	광산 김		
	裵興度	흥해 배		
11세 (의잠 자녀)	柳木强	순천 김	광산 김	외조부 김언기
	柳樟	영해 신		
	柳橾	영천 이		
	柳枋	의성 김	영양 남	
	宋天相	미상		
11세 (희잠 자녀)	柳樟	한양 조	완산 최	외조부 좌랑
	柳槽	영양 남	안동 권	부 현령, 외조 참봉
	裵興祚	흥해 배		
李貫微	미상			
	權泰中	안동 권		

류격은 광산 김씨와 혼인하였는데, 증조부는 안동부의 동쪽 가구촌
佳丘村[9] 출신의 유일재惟一齋 김언기金彦璣(1520~1588)다. 류은은 김득연
金得研의 딸을 아내로 맞이하였는데, 김언기의 손녀다. 김언기는 퇴계
이황의 고제로, 문하에 남치리南致利, 정사성鄭士誠, 권위權暐, 박의장朴
毅長, 신지제申之悌, 권태일權泰一 등 훌륭한 인물이 배출되어 당시 안동
학문 진흥의 창도자로 알려졌다.[10]

류우잠의 아들 류숙과 류희잠의 아들 류위柳樟는 영양 주실에 정착
한 조전趙佺의 둘째 및 넷째 딸과 각각 혼인하였다. 조전의 아들은 조
정형이고, 증손자는 조덕린이다. 조전은 첫째딸을 영해의 재령 이씨와
혼인시켰다. 한양 조씨는 전주 류씨가 이현일을 비롯한 퇴계학파의 중
심적 인물과 교유하는 데 가교 역할을 한 셈이다.

전주 류씨 수곡파는 혼인 관계망과 학문 관계망을 잘 형성하기 위해

노력하는 가운데 사회적·학문적 기반이 확대되었다. 18~19세기에 이르면 류범휴柳範休(1744~1823), 류장원柳長源(1724~1796), 류치명柳致明(1777~1861)을 비롯한 역량 있는 학자를 많이 배출하였다. 그 밖에 한말까지 100여 명에 가까운 학자를 배출했고, 많은 저술을 남겼다. 정려 3명, 순절 2명, 불천위 5명, 문과 10명, 무과 3명, 음사 39명, 증직 21명, 생원 19명, 진사 14명 등이 나왔다.[11] 이러한 기반 위에서 전주 류씨는 19세기 퇴계학파를 주도하거나 안동을 위시한 영남의 대표적인 갈등으로 언급되는 병호시비屛虎是非에서 의성 김씨와 더불어 학봉계를 이끌어가는 중심적인 역할을 할 수 있었다.[12]

거주 공간의 이동과 함벽당 관계망의 변화

가야곡촌 정착과 혼인 관계망의 변화

17세기 전반에 전주 류씨 11세 야계 류학이 안동부 임하현에서 안동부 서쪽에 위치하는 가야곡촌으로 이거하면서 전주 류씨의 새로운 거주지가 형성되었다.[13] 가야곡촌은 여러 차례의 행정구역 및 명칭의 변화가 있었으며, 현재는 안동시 서후면 광평2리에 속한다. 류학은 야계공파冶溪公派 파조인 동시에 가야곡촌 입향조가 되었다. 류학 이후의 가계는 이후 류동휘柳東輝(1623~1683) → 류경시柳經時(1666~1737) → 류진현柳晉鉉(1687~1767) → 류사영柳思永(1709~1729) → 류성휴柳晟休(계系, 1735~1791) → 류의문柳懿文(계系, 1758~1807) → 류치중柳致中(1777~1827) → 류정진柳鼎鎭(1797~1815) → 류서락柳錫洛(계系, 1830~1899) → 류효식

〈표 2〉 조선 후기 전주 류씨 야계공파의 남성 구성원[14]

11세	檆									
12세	東輝									
13세	正時	緇時					啓時	春時		
14세	泰鉉	晉鉉					翊鉉	起鉉	師鉉	謙鉉
15세	思源	思永				弘源	文源	賢源	養源	盛源
16세	邦休	晟休				雨休	續休	良休	寅休	舒休
17세	堯文	懿文				斗文		徵文	周文	建文
18세	致青	致中				致敏		基萬	致夏	致英
19세	龜鎬	鼎鎬	漢鎬	斗鎬		堂鎬		祥鎬	麟鎬	晦鎬
20세	淵五	錫洛	淵潑	淵溥		淵默		逵永	璧洛	宗洛
21세	敎植	孝植	基植	慶植	璋植(出)	河植		東甲	殷植	大植
22세	南薫	泳熙	熙澈	達熙	昇熙	甲熙		哲熙	順熙	元熙

柳孝植(1856~1935) → 류영희柳泳熙(1890~1960)로 이어졌다.

류학의 입향 이후 조선 후기까지 이어진 야계공파의 남성 구성원은 〈표 2〉와 같다. 표에서 알 수 있듯이 조선 후기에 해당하는 11~22세 야계공파 남성 구성원은 72명이다. 이 가운데 16세 류성휴, 17세 류의문, 20세 류석락은 입후되었다. 가세가 번창한 편은 아니지만, 전주 류씨는 가야곡촌을 중심으로 가계의 위상을 강화하고 관계망을 확장하였다.

가야곡촌은 류학 처가의 경제적 기반이 있는 곳이기도 하다. 류학

수곡과 박곡

함벽당

함벽당 및 안동 서부권 주변 지역(『대동여지도』, 규장각 소장)

은 권제가權踶可의 딸과 혼인하였는데 부인이 사망하자, 권승경의 딸과 재혼하였다.[15] 권승경은 안동부 내성현 유곡촌에 강력한 재지적 기반을 가지고 있던 권벌의 5세손이다. 권벌의 아들 권동보權東輔(1517~1591) 남매의 「화회문기」에 따르면, 안동 권씨의 소유 토지는 안동부, 내성현, 개단부곡皆丹部曲, 봉화현奉化縣, 소천부곡小川部曲, 춘양현春陽縣, 풍산현豐山縣에 걸쳐 있다.[16] 이 가운데 봉화현을 제외하고는 안동부의 속현이다. 권벌 집안의 토지는 안동부의 서북쪽과 봉화현에 걸쳐 있다. 권벌의 후손 가운데 일부는 유곡 주변으로 거주지를 옮겼지만, 경제적 기반을 계승하기도 하였다. 류학 역시 안동부의 서쪽으로 이주함에 따라 처가의 경제적 기반을 물려받을 수 있었다.

가야곡촌에 거주하는 전주 류씨의 중심 공간은 함벽당이다. 함벽당은 당호로, 깨끗한 연못에 정자 주변의 자연경관을 담고 있다는 뜻이

함벽당의 현재 모습

다. 「함벽당기」와 「함벽당중수기」에 따르면, 함벽당 건물은 강희철康希哲이 세웠고, 강희철의 외손 권위權暐(1552~1630)가 이것을 물려받았으며, 류경시가 순천부사를 역임한 이후 고향으로 돌아와 권위에게서 구입했다고 한다. 강희철이 건물을 세울 당시에는 함경당涵鏡堂이라고 하였다. 1608년 편찬된 『영가지永嘉誌』의 권1 「각리各里」조 '가야곡 촌' 편에서 그 내력을 확인할 수 있다.

　　부의 서쪽 25리 옥산玉山의 남쪽에 있다. 마을이 그윽하고 깊으며 산골짝 흐르는 물이 맑다. 절충折衝 강희철이 터 잡아 살면서 연못 정자를 세웠다. 부사 권응정이 방문하여 술잔을 잡고 옛날을 얘기하고 인하여 편액에 이름 짓기를 청하니 암庵은 '서은棲隱'이라 하고 당堂은 '함경'이라 하였다.

퇴도 선생이 와서 구경하시고 남긴 시가 누정조에 보인다.[17]

권응정은 1561~1564년에 안동부사를 역임하였는데, 그때 강희철을 방문하여 '함경'이라는 당호를 지어주었다. 경관이 뛰어나 인근의 인사들이 방문을 즐겼다. 함경당을 방문한 이후 시를 남긴 인물 가운데 몇 편의 시가 『영가지』에 수록되어 있다. 권응정을 비롯하여 권응정의 서제庶弟 권응인權應仁, 예안의 퇴계 이황, 용궁현감을 역임한 주촌周村 출신의 김팔원金八元(1524~1589), 부의 서쪽 송파촌松坡村에 거주했던 송암松巖 권호문權好文(1532~1587) 등이 있다. 이러한 시에는 함벽당의 주인 및 경관이 언급되었다. 이황의 칠언율시도 마찬가지다.

맑고 밝은 시절에 꽃 핀 마을 보고파서	淸明時節欲花村
장군의 빼어난 정원에 모여서 감상하네	會賞將軍絶勝園
달 뜨는 정자 환한데 대나무는 물에 있고	月榭敞明臨水竹
구름 위 높은 집 속세 시끄러움 멀어졌다	雲關迢遞隔塵喧
그림자 창에 지고 물고기 연못에서 노니	窓間影動魚游沼
앉은자리 봄이 익고 술은 잔에 가득하다	座上春融酒滿樽
늙은 내 억지로 읊어 성대한 작품 좇으니	老我强吟追盛作
명자를 가지고서 미문에 곁하기 부끄럽다	愧將名字傍楣門
정자는 산기슭에 있어 그윽하고도 깊으니	亭在山阿窈復深
정자 앞 긴 대나무 곱게 수풀을 이루었다	亭前脩竹玉成林
맑은 연못의 작은 섬은 서로 얽힌 형세고	淸池小島相縈勢
어린 버든 예쁨 복숭아 절로 기늘 전했구나	嫩柳夭桃自搀陰

술잔이 사람을 향하니 깊은 뜻을 감당하고　樽酒向人堪荷意

노을이 눈에 들어오면 더욱 사랑스럽구나　烟霞入眼更關心

어느 해 또 다시 이름난 정원의 손님되어　何年重作名園客

남쪽 연못 열다섯 노래에 두루 화답할까　徧和南塘十五吟[18]

　위의 시를 보면 함벽당은 한적한 곳에 있었다. 주변에 맑은 시내가
흐르고 집 앞에는 잘 가꾼 연못이 있는데, 경관이 뛰어나고, 맑고 그윽
한 경치를 가지고 있었으며, 지역 인사들이 즐겨 방문하였음을 짐작할
수 있다.

　함벽당의 후손은 안동부 임하현에 거주하는 전주 류씨와는 관계망
에 여러 가지 변화를 보인다. 〈표 3〉은 야계공파 주손의 혼인 성씨다.
표에서 확인할 수 있듯이, 함벽당은 안동 권씨, 안동 김씨, 한양 조씨
등 임하의 전주 류씨 혼인망을 그대로 계승하는 가운데, 전의 이씨, 선
성 김씨, 창원 황씨 등 안동의 서부 지역과 가까운 곳에 거주하는 성씨
들과 새로운 혼인 관계망을 형성하였다.

　류학은 1남 5녀를 두었는데, 아들은 류동휘로 한양 조씨 조정형趙廷珩
(1597~1650)의 딸과 혼인하였다. 영양 출신의 조정형은 진사를 역임했
고, 조부는 직장을 역임하였다. 옥천玉川 조덕린趙德鄰(1658~1737)은 류
동휘의 고모부다. 전주 류씨 수곡파의 혼인 경향성을 그대로 보여준다.

　사위는 풍산현 상리上里(우롱골)의 선성 이씨 이유장李惟樟(1625~1701)
을 비롯하여 영해 신씨, 봉화 금씨, 고성 이씨 등이다. 풍산현의 이유장
을 사위로 맞이한 것은 전주 류씨의 혼인 관계망의 변화에 시사하는
바가 크다. 안동부의 서부권이자 학봉계와 대척점에 있는 서애계 및

〈표 3〉 함벽당 주손의 혼인 성씨

항렬	이름	혼인 성씨	비고
11	류학	안동 권씨, 계繼 안동 권씨	문집 남김.
12	류동휘	한양 조씨	
13	류경시	창원 황씨	이유장, 정시한 문인, 문과 급제, 관직 역임, 문집 남김.
14	류진현	안동 김씨	조덕린 문인
15	류사영	안동 권씨	문집 남김.
16	류성휴(系)	전의 이씨	
17	류의문(系)	벽진 이씨	
18	류치중	선성 김씨	
19	류정진	창원 황씨	
20	류석락(系)	순천 김씨, 계繼 창원 황씨	
21	류효식	영천 이씨	
22	류영희	박남 박씨, 계繼 인동 장씨	일기류 남김.

서애계와 가까운 가계와 본격적으로 혼인이 이루어졌기 때문이다.

　12세 류동휘의 아들로는 정시正時, 경시敬時, 계시啓時, 춘시春時, 종시從時가 있다. 이 가운데 류경시(1662~1737)는 순흥부 출신의 참봉 단구丱亡 황창술黃昌述(1628~1711)의 딸과 혼인하였다.[19] 함창술의 아버지는 상의원 별제를 역임한 황천일黃千一이다. 당대 '소단대원수驟壇大元帥'라는 별칭을 얻은 황창술은 애죽헌愛竹軒이라는 정자를 건립하여 후학 양성에 매진하였다.[20] 이로 미루어 황창술 당대에는 가야곡촌과 인접한 봉화 일대로 생활 혹은 경제적 기반을 확대했음을 알 수 있다.

류경시는 장인 황창술과 일상을 공유하였다. 류경시가 1714년(숙종 40) 7월 5일에 황창술에게 보낸 편지에는 5월 15일부터 편지를 쓸 당시까지 소식이 끊겨 매우 그립다고 하였으며, 7월 중으로 한 번 찾아뵙겠다는 내용이 언급되어 있다.[21] 5월 15일 이전에 주고받은 편지 가운데 날짜를 확인할 수 있는 것은 같은 해 2월 25일 류경시가 황창술에게 쓴 것이다. 이로 미루어볼 때 장인과 사위는 수시로 연락하며 지냈음을 알 수 있다. 황창술은 필요한 물건이 있을 경우에는 류경시에게 도움을 청하였다.

> 송자주松子酒를 빚어서 지치고 쇠약해진 어른께 드리고 싶은데, 반드시 네댓 말을 구한 뒤에라야 가능할 것일세. 자네가 구할 수 없다면, 안동부사에게 간청해서 구해보는 것이 어떻겠는가. 나머지는 만나서 다 말하기로 하고 삼가 살펴주기 바라며 편지를 보내네.[22]

> 지난번에 찾으신 돼지 염통은 이번 봄철 향사享祀에는 입재入齋할 수 없어서 2개를 빌려서 보내주신 인편을 통해 부치려고 하였으나 결국 썩어서 버렸고, 석창포石菖蒲는 면에서 거듭 구했지만 얻은 것이 이것뿐이라 이제 비로소 보내드립니다. 지난번에 꿩을 보내주신 것은 감사함과 기쁨을 어떻게 □ … □. 이제 막 이리저리 구하고 있으니 조만간에 (…)[23]

[추신] 이때 보리밥을 먹은 고통은 속으로 짐작하실 수 있을 것입니다. 쌀을 보내주시어 메말라가는 저의 창자를 일으켜 주시기 바랍니다.[24]

[추신] 지난번에 꿩을 보내주신 것은 감사함과 부끄러움이 (…)[25]

앞의 편지 가운데 첫 번째 것은 황창술이 류경시에게 송자주 빚을 곡식을 구해달라고 부탁하는 내용이다. 두 번째 편지는 류경시가 황창술에게 보낸 것이다. 황창술이 류경시에게 향사에 쓸 돼지 염통을 구해달라고 부탁하자, 류경시가 그것을 구하였지만 제때 보내지 못하여 썩어버렸다는 사실과 황창술이 부탁한 석창포를 마련하여 보낸다는 내용이 포함되어 있다. 황창술은 사위 류경시에게 필요한 물건을 스스럼없이 부탁하였다. 물론 류경시가 황창술에게 쌀을 보내달라고 요청하기도 했고, 황창술도 류경시에게 꿩을 보내주기도 하였다.

이처럼 사위 류경시와 장인 황창술의 경제적 관계는 긴밀하였다. 이는 혼인 관계망을 통해 선물 경제를 비롯해 경제생활을 공유했음을 알 수 있는 단면이다. 류경시는 처가와 경제생활을 공유하였을 뿐만 아니라 처가의 여러 가지 일상사에도 관여하였다.

지난번에 하상河上의 류지례柳知禮 어른을 만났더니, 그의 사위인 내성奈城 김상사金上舍 여당汝鐺 씨 집에서 현랑賢郎이 있는데, 형님댁에 구혼을 하였습니다. 이 집의 형편은 본디 남의 말을 기다릴 필요가 없고, 신랑감을 제가 직접 보았더니 사람됨이 준수하고 또 홍역도 겪었으며 문재文才가 있습니다. 이렇게 꼭 맞는 곳을 어찌 쉽게 얻겠습니까. 듣은 즉시 말씀드리려고 하였으나 농가에 사환使喚이 잇달아 병으로 눕는 바람에 혹시 그쪽의 사람이 한번 오려나 하고 기다렸으나 아직까지도 아무도 없어서 이제야 비로소 말씀드립니다. 망설이지 마시고 흔쾌히 승낙해주십시오. 그리하신다면 10일 뒤에 병산서원에 (…) 이런 뜻을 그 집에 통지하겠습니다.[26]

봉화 내성의 김씨가 류경시의 처형 집에 구혼하자, 류경시가 직접 처형의 사위 될 사람의 준수함을 확인하고, 장인어른에게 망설이지 말고 이를 허락해달라고 하였다.

류경시는 창원 황씨뿐만 아니라 다른 사돈 집안과도 스스럼없이 부탁을 하거나 부탁을 들어주기도 하였다. 권태두는 아이가 아파서 마을의 계契에서 가지고 있는 당약唐藥과 향약鄕藥의 환을 쓰고 싶지만 가격이 높아 쓸 수 없는 상황이 되자 사형查兄 류경시에게 당약재와 향약재를 저장해둔 것이 있으면 있는 대로 보내달라고 하였다.[27]

13세 류경시의 아들 녹균헌綠筠軒 류진현은 1726년(영조 2) 소과에 합격하였다. 부인은 의성현 사촌沙村의 안동 김씨 김이단金履端의 딸이자 문과 출신으로 부사를 역임한 송리松里 김성좌金聖佐의 손녀다. 의성현 사촌은 류성룡의 외가가 있는 곳으로, 하회의 풍산 류씨와 교류가 있었다.[28] 류경시의 사위는 5명이다. 첫째는 의성 김씨, 둘째는 고성 이씨, 셋째는 무안 박씨, 넷째는 영양 남씨, 다섯째는 의성 김씨다.

이 가운데 류경시의 넷째 사위는 남두정南斗精이고, 남두정의 아버지는 남천한南天漢(1607~1686)이다. 조부는 남융달南隆達(1565~1652)로 용궁현에 인접한 풍산현으로 거주지를 옮겼다. 이후 영양 남씨는 풍산현 및 인근의 사족과 교유를 넓혀 나갔다. 남천한은 1630년(인조 8) 소과에 합격하고, 1646년(인조 24) 문과에 급제했으며, 대사간, 호조참의 등을 역임하였다. 예론에 밝아 예송논쟁에 깊이 참여하여 남인의 입장을 대변하였다. 그는 숙종의 신임을 받았고, 송시열의 유배와 송준길의 관작 추탈을 주장하였다.[29]

함벽당의 편지에는 앞에서 언급한 창원 황씨 외에도 김이단, 무안 박씨 등 사돈 집안과 주고받은 편지가 전한다. 이 편지들은 황창술과 주고받은 편지와는 달리 매우 형식적으로 예의를 잘 갖추었다. 류경시와 류진현도 김이단과 편지를 통해 일상을 공유하고, 주변에서 벌어지는 소식을 전하였지만, 제수祭需를 마련하여 보내지 못하는 안타까운 마음을 전한 것을 제외하고는 경제생활을 공유하거나 필요한 물건을 부탁하는 것은 확인되지 않았다. 혼인을 통해 경제생활을 공유하는 사례도 있고, 그렇지 않은 경우도 확인되었다.

위에서 살펴본 바와 같이 전주 류씨 함벽당은 17세기 전반 안동부의 서쪽 지역으로 거주지를 옮긴 이후에도 안동부의 동쪽에 위치한 전주 류씨 수곡파의 혼인 관계망을 계승하였다. 아울러 안동부의 서쪽 및 안동부 속현 풍산현과 유곡현, 봉화현, 의성현 사촌, 용궁현, 순흥부에 세거하는 사족과의 혼인 관계망을 새롭게 형성하는 가운데 지역에서 위상을 강화해나갔으며, 사돈 집안과 경제생활을 공유하는 가운데 긴밀한 관계를 형성한 사례도 확인하였다.

학문 관계망과 향촌 활동

조선 후기 사족의 위상은 가계의 위상과 연관이 있고, 가계의 위상은 혼인, 학맥, 과거급제, 사환, 뛰어난 학자의 배출 등과 관련이 있다. 전주 류씨 수곡파의 학문적 성향과 위상에 일찍이 영향을 끼친 인물은 앞에서도 언급한 바 있는 김성일이다. 전주 류씨는 퇴계학의 기반 위에서 가학을 계승하였다.

가야곡촌 입향조 류학의 문인으로는 권성구權聖矩(1642~1708), 이유장 등이 언급된다. 류직이 권승경의 딸과 혼인했기 때문에, 권승경의 손자 권성구는 류직과 류학에게 나아가 학문을 익혔다. 혼인 관계망이 학문 관계망으로 연결된 경우다. 권성구는 1678년(숙종 4) 문과에 급제하여 승문원 정자, 병조정랑 등을 지냈다. 안동부 한서동寒捿洞에서 태어났으나 만년에 외가와 가까운 학가산 아래로 거주지를 옮겼다.[30]

이유장은 류학의 사위로, 와서 별제, 공조좌랑, 안음현감 등을 역임하였다. 그는 이휘일李徽逸(1619~1672)과 이현일(1627~1704) 형제, 류원지柳元之(1598~1678), 정시한丁時翰(1625~1707) 등과 교유하였다.[31] 이유장의 관계망은 류학의 손자인 류경시에게 이어졌다. 류경시는 이현일을 비롯하여 17세기 후반 영남의 대표적인 학자에게 수학했으며,[32] 이를 통해 학문적으로 성숙하게 되는 기회를 얻었다.

대체로 학문적 관계망은 세대를 이어 지속된다.

강과 산촌이 외져서 사람들과 만날 기회가 드물어 소식을 들을 길이 없었는데, 어디서 온 줄 모르는 정다운 편지가 문득 손에 떨어져 펼쳐본 나머지에 오래도록 서울 집에 체류하고 있었고 벼슬하는 안부가 평안한 줄 알았으니, 만만 위로됨이 직접 뵌 것 같습니다. 가뭄과 더위가 심한 이때 형의 안부가 늘 평안합니까? 저는 병든 어버이를 모시며 근심스럽게 지내며 겨우 몸을 보전하고 있으니 어찌하겠습니까.

고산孤山(이유장) 어른의 건강이 점점 예전 같지 않다고 하니 근심이 되지만 병과 일에 오래도록 얽매여 문하에 달려가지 못했으니 아쉽고 한탄스런 마음을 어찌 다 말하겠습니까. 그러나 휴가를 받아 오시는 행차가 보름 즈음에 있을 것인데 만약 수로水路로 왕래하는 인편이 있으면 혹 들러주시기를 바랍니다.[33]

위의 편지는 1701년(숙종 27)에 정시한의 손자 정사신이 류경시에게 보낸 것이다. 편지에서 언급한 '고산 어른'은 이유장으로, 그의 건강이 좋지 않은 것을 염려하며, 지나가는 길이 있으면 행차해달라고 하였다. 류경시는 이유장을 통해 정시한의 문하에 출입하였으며, 이를 계기로 정시한의 손자 정사신과도 교유하였다.

한편 류경시가 향촌 지역에서 교유한 인물로는 죽봉竹峯 김간金侃(1653~1735), 창설재蒼雪齋 권두경權斗經(1654~1725), 밀암密庵 이재李栽(1657~1730), 옥천 조덕린 등을 언급할 수 있다. 김간은 풍산 김씨다. 안동부 풍산현 오미동에 살았으며, 류성룡의 문인인 김경조金慶祖(1643~1705)의 증손이다. 전의 이씨를 아내로 맞이하여 이유장과 인척이 되었다. 그는 1710년(숙종 36) 문과에 급제하였다. 1701년(숙종 27) 영남에서 김장생의 문묘 배향을 반대하는 상소를 올릴 때 소수로 활동하여 광양으로 유배되었다. 황산찰방, 예조좌랑 등을 역임하였다. 김간은 도산서원과 병산서원 원장을 역임하는 등 향촌 활동을 활발하게 하였다.[34] 풍산현 회곡에 건립된 낙연서원洛淵書院에는 이유장을 주향으로 하고 류경시와 김간이 배향되었다.

권두경은 권벌의 5세손으로, 1710년에 문과에 급제하였다. 형조좌랑, 영산현감, 홍문관 부수찬 등을 역임하였다.[35] 권두경이 류경시에게 보낸 편지를『창설재집蒼雪齋集』에서 필사한『창설유고』가 함벽당에 전하는데, 류경시와 권두경의 교유를 확인할 수 있다. 권두경은 이현일의 문인으로, 이재와도 교유하였다. 1715년(숙종 41) 안동부사 이숙겸이 관아의 부속 건물인 도제당을 짓고 문회를 개최하였다. 그러한 사실을『도제당수창첩道齊堂酬唱帖』을 통해 확인할 수 있는데 류경시, 김간, 권두경 등이 함께하였다.[36]

한편『창설유고』뒷부분에는 이재가 류경시에게 보낸 편지도 있다. 류경시가 이재와도 교유했던 사실을 확인할 수 있다. 이재는 17세기 후반 퇴계학파를 주도했던 이현일의 아들이다. 그는 아버지를 따라 한양을 출입했으며, 남인의 실각과 함께 아버지의 유배지와 본가를 오가며 가학을 계승하였다. 이재 역시 영남의 학자들과 교유하는 가운데 학문적 위상을 높였다.

조덕린은 영양 출신으로, 1691년(숙종 17) 문과에 급제한 이후 설서, 교리, 홍문관 응교 등을 역임하였다. 1725년(영조 1) 당쟁의 폐해를 논하는 10여 조의 소를 올렸다가 종성에 유배되었다. 류경시와 조덕린은 4촌이기 때문에 조정에서 조덕린의 종성 유배 소식을 접하자마자, 류경시는 곧바로 형에게 사정을 알려주기도 하였다.

> 저는 예전대로 객지에서 지내고 있는데, 사행使行이 내일 정오에 이 고을에서 점심을 먹고 바로 안동으로 향한다고 합니다. 처음에는 접대한 후에 다시 집으로 돌아가 내행內行을 꾸려 보내려고 하였습니다. 그러나 곧바

蒼雪遺稿

答柳歆若敬時○壬辰四月十四日

向從院伻承惠書從審容居淸勝感慰萬石意外愚命非
直探分俵頃瘡戒未破末由前進拜章自勁顯蹶處分此中
寬憂知何可喻初開以筌前院謂遠攀承永晦前命駕當
與宅仁失逢場矣

採知宅仁兄行期邪似開悅卿兄以
此叔章泊泦撑屋之餘無計抽出亦將以
亦無與兄相期
晦前陳一到耳餘悶院伻曉去燈下胡草不宣還員念
包院旣設自戰山長不可無前期到院措置之事未知行當
在何日耶

與柳歆若

除多謙叔章家所捧册價出置院村所未運者四石方患忘
用而舍僮無暇不能輸去爲外有春陽裕羅之舉院村人牛

『창설유고』(위)와 권두경이 류경시에게 보낸 편지(아래)

로 조정의 소식을 접해보니, 조사간趙司諫 형님이 상소를 올린 일로 임금으로부터 삭직되었고, 대간이 극도의 변경에로의 유배를 요청한 한 가지 계啓로 곧바로 종성에 유배되었다고 합니다. 이 상소는 화복을 따져서 한 것이 아니나 한 집안의 정으로 보자면 놀라움을 이길 수 없습니다. 나장拿將이 일전에 내려왔다고 하는데 형세가 오래 끌기는 어려울 것이니, 생각건대 수일 안에 꾸려 출발할 것이므로 여기서 바로 주곡注谷으로 가서 송별할 생각입니다.[37]

위의 편지는 1725년에 류경시가 형 류정시에게 보낸 것이다. 조덕린에게 유배형이 내려지자 류경시는 본인의 일정을 바꾸어 조덕린의 고향 주곡으로 가려는 사실을 형에게 알렸다.

류경시가 교유했던 인물 가운데 조덕린은 선대부터 혼인을 통해 세의世誼가 이어졌다. 이재의 아버지 이현일은 이유장과 교유했던 인물이다. 류경시는 이유장의 학문적 관계망을 이어받아 이재와 교유하였다. 김간과 권두경은 류경시가 새롭게 교유한 인물이다. 이들과의 교유에는 지역적 인접성도 영향을 끼쳤다. 김간은 가야곡촌과 가까운 풍산현에 살았고, 권두경은 유곡에 거주하였다. 이들은 퇴계학에 속하였고 과거에 급제하여 관직으로 나아갔거나 학문적으로 위상이 높았으며 영남의 사족사회를 주도했던 인물들이다. 류경시가 이들과 교유할수 있었던 것은 혼인 관계망과 학문 관계망이 계승되기도 했고, 류경시 본인이 문과에 급제하고 중앙에서 관직을 역임하는 등 나름대로 위상을 가지고 있었기 때문이기도 하다.

전주 류씨 함벽당 인물이 향촌 활동 및 학문 활동을 하던 주요 배경이 되었던 공간은 함벽당과 오계서당이다. 전주 류씨는 함벽당의 정자와 연못을 비롯하여 그 주변을 잘 가꾸어 손님들이 찾아오도록 했다. 이 공간은 관계망 형성에 기여한 측면이 있다. 오계서당은 함벽당 주변에 위치하며, 집안 자제들이 학문을 익히고 인격을 연마하며 훌륭한 인재를 양성하기 위해 건립한 것이다.[38]

함벽당에서 훌륭한 학자와 급제자가 배출될 수 있는 지적 토대 가운데 하나는 함벽당 가장家藏도서라고 할 수 있다. 함벽당 출신 인물은 가장도서를 통해 지적인 성장을 이루었기 때문이다. 조선 후기 함벽당 가장도서의 종류와 수량을 알 수 없지만, 현전하는 함벽당의 도서를 통해 추정할 수 있다. 함벽당은 세전하던 도서를 한국국학진흥원에 기탁하였는데, 모두 341종 621책이다. 경부 33종 75책, 사부 22종 54책, 자부 6종 11책, 집부 280종 481책이다.[39] 17세기 후반 사상계를 대표하는 학자이자 도서의 입수 및 확보에 관심이 지대했던 박세당朴世堂의 경우, 1688~1689년까지 작성한 장서가 196종 685책이라고 한다.[40]

함벽당의 경우 가장도서가 적지 않고 그 가운데 문집의 비중도 높은 편이다. 이는 영남 가장도서의 특징이기도 하다. 영남에서는 스승 및 조상의 문자를 귀중하게 여겨 문인이나 후손이 문집을 간행하고, 이를 공유하는 문화적 성격이 강하였다. 함벽당에서도 류학의『야계유고冶溪遺稿』, 류경시의『함벽당문집』, 류진현의『녹균헌유고綠筠軒遺稿』, 류사현의『갈천와유고葛天窩遺稿』, 류홍원의『강포일고江浦逸稿』등의 문집이 있다. 문집의 공유를 통해 가문의 위상을 강화하고, 이를 통해 집단 지성이 형성되기도 하였다.[41]

함벽당 출신 가운데 학문적 관계망 확장에 가장 기여한 인물은 류경
시다. 그는 외지에서 관직을 역임하는 바쁜 와중에도 손자를 비롯한
자제들과 안동 인근의 인재들이 학문에 힘쓰도록 정신적·물질적 지
원을 아끼지 않았다.

　　네가 동문으로 나가며 작별 인사를 하는 것을 보고 마음이 매우 좋지 않았
　　는데, 어제 너의 편지를 보고 이러한 마음이 매우 위로되었다. 요사이 너
　　의 할머니의 건강이 어떠하냐? 너와 난아蘭娥는 잘 지내고 있느냐? 너는
　　나의 행차를 걱정하지만 나도 네가 염려스럽다. 촌집은 관가와 다르니 절
　　대로 가벼이 나가 아무 데나 다니지 마라. 이전에 두 어른께 배웠던 것을
　　날마다 복습해서 황군黃君에게 외워 보이는 것이 옳다. 그렇지 않으면 후
　　일 무슨 얼굴로 나를 보겠느냐. 힘쓰고 힘쓰거라. 눈비가 이와 같아 나의
　　행차를 일찍 그만두었으니 옷이 젖는 것을 면했으나 너의 아비의 빨리 달
　　려가는 행차가 더욱 절실히 염려된다.[42]

　　류경시는 양양부사 시절 함께 지내던 손자가 고향으로 돌아가서도
열심히 학업을 닦을 것을 누누이 강조하였다. 류경시의 손자로는 류사
영과 류홍원柳弘源(1716~1781)이 있다. 이 편지는 누구한테 보낸 것인
지 확인되지 않지만, 나이로 미루어 류사영에게 보낸 것으로 짐작된
다. 류경시가 1727년(영조3)에 양양부사로 부임하자, 손자는 다음해에
조부와 함께 양양에 머물렀다. 류경시는 외지에 떨어져 있었기 때문에
더욱 간절한 마음으로 손자의 학업을 독려하였다. 손자는 비록 과거에
합격하지는 않았지만, 조부의 관심 속에서 학문을 익혔으며, 조부와

아버지의 학문을 계승하였다.

> 올해 겨울도 다 지나가는데 무슨 책을 읽고 있는지 모르겠지만, 삼여三餘
> 의 시간은 헛되이 보내서는 안 되네. 지난번에 독서에 필요한 기름을 간절
> 하게 구한다는 소식을 들었는데, 이는 어려운 일이 아니지만 전후로 고향
> 에 가는 인편이 모두 저버렸네. 상중의 조카에게 보낼 제물祭物도 더 보낼
> 방법이 없어서 지금 제수 짐바리 편에 비로소 몇 되를 부쳤는데, 늦은 것
> 이 한스럽지만 정월과 2월 두 달은 짧은 밤이 아니니 낮을 이어서 독서할
> 수 있겠는가?[43]

류경시는 손자뿐만 아니라 집안의 자제들도 꼼꼼하게 챙겼다. 자제
들에게 시간을 허비하지 말라고 당부하면서 독서에 필요한 기름을 마
련하여 보내주었다. 류경시는 집안 자제의 학문적 성취를 위해 노력과
정성을 기울였다.

류경시는 안동 지역과 인근 고을의 젊은이들에게도 학문적인 가르
침을 주었다. 함벽당에는 류경시의 제자들이 계모임을 결성하고 만든
명부인 『동문계안』 1책이 전한다. 1724년(경종 4)에 처음으로 작성했으
며, 성명, 자, 생년 간지, 본관, 거주지를 기록하였다. 본 계원과 추가로
기록한 인물은 추입으로 표기되어 있다.

본 계원은 류태현柳泰鉉, 류진현, 권각權恪, 김태렴金泰濂, 정재전鄭在
田, 정재연鄭在淵, 이숙李琡 순이고, 추입으로는 김두렴金斗濂, 김징하金
澄河 등이 있다. 류경시의 문하에 출입했던 인물이라고 할 수 있다. 전
주 류씨, 안동 권씨, 의성 김씨, 청주 정씨, 사성 이씨나. 이숙이 순흥 출

「동문계안」

신이고, 나머지는 대부분 안동 출신이다.

　이후에는 문인의 후손들이 추입되어 『동문계안』에 등재된 인물은 179명이다. 안동 출신이 164명이고, 순흥부 출신이 13명, 예천군 출신이 2명이다. 안동 출신 비율이 높지만, 순흥, 예천을 비롯한 안동 인근의 인물도 포함되어 있다. 성씨로는 전주 류씨 39명, 의성 김씨 25명, 안동 권씨 30명, 광산 김씨 18명, 청주 정씨 26명, 고성 이씨 10명, 풍산 김씨 4명, 경주 이씨 4명 순이다. 그 밖에 진성 이씨, 영양 남씨, 청송 심씨, 가평 이씨, 고령 신씨 등이 있다. 처음에 5개 성씨에서 18개 성씨가 등재되어 있다. 세대가 내려오면서 교유의 범위가 확대된 결과로 볼 수 있다.

전주 류씨 함벽당은 전주 류씨의 수곡과 박곡 등 전주 류씨의 핵심 세거지에서 벗어났지만, 여전히 수곡파와 정치·사회·학문적 입장을 함께하였다. 함벽당의 자제들은 수곡·박곡 출신의 류장원·류범휴 등에게 나아가 학문을 익혔다. 함벽당 22세 류영희가 향촌에서 명망을 얻고 학문이 두드러지자 수곡·박곡의 문하에 나아가 학문을 익히기도 하였다.

한편, 함벽당은 임하현의 전주 류씨와는 달리 새로운 향촌 관계망을 형성해나갔다. 조선시대 사족은 유향소, 향교, 서원 등을 출입하는 가운데 향촌 활동을 전개하였다. 서원은 지역의 여론을 형성하고 지역의 현안을 논의하는 공간이기도 하다. 안동을 공간으로 나누어볼 때, 안동의 동부권과 동남권은 학봉계의 무대고, 서부권은 서애계의 무대다. 서애계의 중심 무대는 서애 류성룡을 제향하는 병산서원이다. 함벽당은 병산서원 원장을 역임하는 가운데 서애계와도 관계망을 형성하였다. 이를 잘 보여주는 것이 병산서원 『원임록院任錄』이다.

〈표 4〉 전주 류씨 수곡파의 병산서원 원장 역임 현황[44]

성명	역임연도	비고
류경시柳敬時	1714, 1731	함벽당 출신. 1721년, 1736년 도산서원 원장 역임
류진현柳晉鉉	1751, 1761	함벽당 출신. 류경시의 아들
류승현柳升鉉	1727, 1738	문과 급제. 1738년, 1743년 도산서원 원장 역임
류사현柳師鉉	1770	류경시의 조카
류범휴柳範休	1810	1797년 도산서원 원장 역임

18세기 병산서원은 풍산 류씨를 비롯한 서애계를 중심으로 운영되었지만, 이현일의 문인 가운데 원장을 역임한 인물이 여러 명이었다. 이 시기에는 서애계와 학봉계의 갈등이 표면적으로 드러나지 않았으며, 서로 교유하였다

전주 류씨로는 류경시, 류진현, 류승현,[45] 류사현, 류범휴가 있다.[46] 서원 원장은 지역의 명망이 있는 인물이 역임한 경우가 다수다. 따라서 이들은 향촌에서 위상이 높았던 인물이라고 할 수 있다. 이 가운데 류경시, 류경시의 아들 류진현과 조카 류사현은 함벽당 출신이다. 류경시는 문과 급제와 더불어 중앙의 관직을 역임했던 인물이고, 류진현은 소과에 합격했으며, 아버지의 관계망을 이어받아 향촌 사족을 주도하는 위치에 있었다.

전주 류씨 함벽당은 병산서원을 출입하였을 뿐만 아니라 풍산 류씨와도 교유하였다. 서애 류성룡의 5세손 류성화柳聖和(1668~1748)가 류경시에게 보낸 편지에서 이러한 사실을 알 수 있다.

드릴 말씀은, 호남에서 보낸 선조先祖의 변무에 관한 통문通文이 지난번에 병원屛院(병산서원)으로부터 향교에 전해졌는데, 본 향교에서는 가부可否를 정해 통고함이 없이 다만 저쪽의 글을 삼계서원에 보냈습니다. 내성奈城(봉화)의 여러 장로는 이를 돌려보내며 본 서원에 통고하였는데, 모임을 가져 의견을 모은 다음 여러 고을에 통지할 것이라고 합니다. 계원溪院(삼계서원)의 처지는 마땅하게 했다고 할 수 있지만, 향교의 일 처리는 실로 몽롱하였으니 도리에 당초에 경솔하게 보낸 것이 한스럽습니다. 지금 본 서원에서 수습해야 하는데 국우國憂가 아직 평상시로 돌아오지 않았으니 어

느 때야 선비들을 모아 의논하여 처리할 수 있을지 모르겠습니다. 답통答
通을 하는 한 가지 일을 혹 지연하게 되면 저쪽 사람이 응당 의아하게 생각
할 것이며 우리 집의 정리情理에 있어서도 일찍 처리하는 것만 못합니다.
서원의 행차는 다시 어느 날로 정해졌으며 언제야 한바탕 회포를 풀 수 있
겠습니까?[47]

1714년(숙종 40)에 류경시는 병산서원 원장을 역임하였다. 당시 류성
화는 향교에서 선조 변무에 관한 통문을 경솔하게 처리한 문제에 대하
여 병산서원 원장 류경시에게 잘 처리해주길 바란다고 하였다. 류경시
는 병산서원에서 백일장을 개최하기도 하고 지역 인사들의 모임을 병
산서원에서 주선하기도 하였다.[48]

18세기 전주 류씨 함벽당은 병산서원 운영에 깊숙이 관여하였으며,
안동의 서부 지역을 무대로 인근의 사족들과 교유하는 가운데 독자적
인 세력을 형성하였다. 그 중심에는 삼계서원三溪書院이 있었다. 삼계
서원은 충재 권벌의 학문과 덕행을 추모하기 위하여 1588년(선조 21)
에 안동부사를 역임하였던 김우옹金宇顒(1540~1603)이 건립하였으며,
1660년(현종 1)에 사액서원이 되었다. 위의 편지에도 삼계서원이 언급
되었다. 이는 삼계서원이 안동의 서부 지역을 비롯하여 봉화, 영주 등
지의 학봉계의 여론을 형성하는 중심기관이었고, 당시 류경시가 일정
한 역할을 수행하였기 때문이다.

19세기에도 삼계서원은 독자적인 역할을 수행하였다. 순조 대 초반
영남 남인은 정치적으로 매우 위축되었으며, 1805년(순조 5) 영남의 문
묘 공사 순동이 실패로 들어간 이후 서에게의 한번게는 현신 대응 방

식이 확연히 달랐다. 서애계는 중앙세력과의 연계를 통해 위상을 높이려고 하였고, 학봉계는 '퇴계학통의 적전화'와 세력의 결집을 통해 위상을 강화하고자 하였다.[49] 1810~1820년대 영남 남인의 최대 현안이었던 채제공蔡濟恭(1720~1799)의 신원운동과『번암집樊巖集』을 간행하는 문제에 대해 서애계와 학봉계의 이해관계가 달랐다. 그럼에도 불구하고 채제공의 신원을 회복하고 문집 간행을 완수할 수 있었던 것은 류이좌·류상좌 등 서애계의 정치력과 더불어 안동부 서부 지역 학봉계의 협조가 있었기 때문이다.

당시 삼계서원을 중심으로 주도적인 활동을 했던 인물은 봉화 해저의 의성 김씨 김희주金熙周(1760~1830)다. 그는 류이좌·류상좌 등과 함께『번암집』간행에 앞장섰다. 특히 간역 비용과 문집의 내용 문제로 학봉계와 갈등이 노출되었지만, 류이좌는 김희주의 협조를 이끌어내기 위하여 노력하였다. 김희주는 삼계서원에서 회합을 자주 가지는 가운데『번암집』간행에 끝까지 협조하였다.[50]

이처럼 전주 류씨 함벽당이 안동부 서쪽의 가야곡촌으로 이거한 이후 전주 류씨 함벽당, 안동부 속현 유곡의 안동 권씨, 봉화 해저의 의성 김씨를 비롯한 영주, 봉화 등지의 사족은 삼계서원을 중심으로 독자적인 세력권을 형성하여 향촌 활동에 영향을 끼쳤다.

사환을 통한 위상 강화와 관계망의 확장

영남 남인은 인조반정 이후 관직 진출이 제한되었으며, 1694년(숙종 20) 갑술환국 이후에는 관직으로 진출하기가 더욱 어려워졌다. 전주 류씨 함벽당이 서후면으로 이거한 시기는 17세기 중후반이다. 영남에

서 과거 합격자 및 관직 역임자가 배출되기 어려운 시기였다. 함벽당
에서는 류경시가 1694년(숙종 20) 문과에 급제하여 중앙의 관직을 역임
하였고, 아들 류진현이 1726년(영조 2)에 소과에 합격한 이후 과거 합
격자 및 관직 진출자가 배출되지 않았다.

류경시는 39세에 성균관 전적을 비롯하여 외직으로 황해도도사, 평
안도도사, 용강현령, 한산군수, 풍기군수, 양양도호부사 등을 역임하
는 등 60대 후반까지 관직이 이어졌다. 관직에 제수된 나이와 관직명
은 〈표 5〉와 같다.

류경시는 36세에 성균관 전적을 역임한 이후 한동안 관직이 뜸하였
다가 51세에 예조좌랑을 역임하였고, 56세에 용강현령을 역임한 이후
연이어 여러 고을의 지방관을 역임하였다. 지방관을 역임한 것은 과거
에 급제한 지 30여 년 만이다.

〈표 5〉 류경시의 관직 역임 현황

연도	나이	관직명
1701년(숙종 27)	36세	성균관 전적
1716년(숙종 42)	51세	예조좌랑, 황해도도사
1718년(숙종 44)	53세	평안도도사
1721년(경종 1)	56세	용강현령
1723년(경종 3)	58세	한산군수
1725년(영조 1)	60세	풍기군수
1727년(영조 3)	62세	양양부사
1732년(영조 8)	67세	사헌부 장령 제수, 순천부사 배수(不敍用)

지난번에 화부花府(안동부)의 인편을 통해 지방 수령으로 가셨다는 소식을 들었지만, 그래도 자세한 내막을 몰라 답답하였는데, 어제 아드님의 편지를 보고 비로소 정확한 소식을 들었습니다. 수천 리 추운 여정에 행역이 몹시 고생스러웠다고 해도 30년 동안 외롭게 가난하게 지내던 나머지에 비로소 한 고을을 맡아 부모님을 봉양하게 되었으니 이 또한 친구 사이에 위로가 되고 축하할 만합니다.[51]

일전에 서로 함께 모였을 때, 형이 끊임없이 관서關西(평안도) 지방의 치적을 말하면서 자주 강서 지역의 물산이 아무리 풍부하더라도 용강龍岡에는 미치지 못한다고 연일 언급하시더니, 그때 용강의 신임 수령이 될지 어떻게 알았겠습니까. 작별한 이튿날 아침에 형이 임명되었다는 것을 들었는데, 빨리 편지 한 통을 내어 축하하려고 했으나 행차가 가시는 곳을 몰라서 결행하지 못하였고, 끝내는 풍기군으로 향해 가셨으니 집으로 되돌아가시는 것은 쉽지 않을 듯했습니다.[52]

첫 번째 편지는 사돈 김이단이 쓴 것이고, 두 번째 편지는 권두경이 쓴 것이다. 두 사람은 류경시의 용강현령 제수 소식을 듣자마자 축하 편지를 보냈다. 김이단은 지방관 역임은 '부모의 봉양'에 실질적으로 도움을 줄 수 있는 위치라고 하였고, 권두경은 용강의 물산이 풍부하다는 사실을 언급하였다. 두 사람의 편지를 통해 지방관 역임이 집안의 경제에 도움을 줄 수 있다는 사실을 알 수 있다. 실제로 류경시는 지방관을 역임하면서 함벽당 종가를 비롯하여 친지들의 경제생활에 도움을 주었다.

쌀보리 한 섬을 벽마僻馬에 실어 보냈으니, 이것은 집안의 소용을 위하여 보낸 것인데, 각 집이 모두 그러하니 이것에서 각 2두斗를 빌려 쓰고 추후에 각각 그 빚을 갚도록 하는 것이 옳다.

[추신] 백미 3두를 또한 보내니, 큰집大宅과 신양집新陽宅에 각 1두씩 나누고, 1두는 여종들을 위한 것이니 그곳으로 싸서 보내라.[53]

단오절 제수祭需 짐바리는 24일에 꾸려서 보내려고 했으나 뜻밖에 이런 일을 당하였고 내외 일가가 이 짐바리를 믿고 있겠지만, 제사에 참석할 수 없을 것 같으니 섭섭하고 한탄스럽습니다.[54]

너는 형편상 움직이기 어렵고 두 아우는 기근에 빠져 있어 이곳에 와 함께 즐거움을 누릴 수 없는데, 혼자서만 관官의 지공支供을 받아먹고 있으니, 어찌 잘 지낸다고 할 수 있겠느냐? 곡식에 대한 걱정은 말할 필요도 없겠거니와, 아침저녁으로 어렵고 궁핍하게 지내는 상황을 생각할 때마다 걱정을 떨치기 어렵다. 그러나 양양은 가난한 고을이고 구제해야 할 지친至親은 거의 10여 집에 이르니, (…)[55]

위의 편지는 류경시가 집안에 필요한 곡식을 구하여 보내거나 제수를 보태는 내용이다. 첫 번째 편지에는 류경시가 마련한 곡식을 큰집과 신양집 및 여종들에게 적절하게 안배하는 내용을 담고 있다. 세 번째 편지에서는 류경시가 10여 집의 경제를 책임지는 상황을 보여준다. 첫 번째와 세 번째 편지를 보면, 류경시는 단순히 외직을 이용하여 가족과 친지들의 경제에 보탬을 주는 차원을 넘어 집안의 경제를 관리하고 책임지는 위치에 있었던 것으로 판단된다. 류경시가 관직을 역임하였기 때문에 관에서 나오는 물품을 가정경영에 보탤 수 있었다.

류경시는 사환으로 외지를 떠돌아 다녔지만 형 류정시와 아우 류춘시를 비롯한 형제 및 아들 류진현과 편지를 교환하는 가운데 집안의 대소사 및 가정의 경제를 꼼꼼하게 관리하였다.

곡식을 사는 일은 값이 3냥 반으로 17두斗를 주기로 약속했고, 그 나머지는 시장에서 사서 취할 것인데 모두 8석이 되겠느냐? 북고답北皐畓의 논값은 행상行喪이 급했으므로 돈이 오기를 고대했는데, 빈손을 면하지 못하여 남에게 신의를 잃게 되었으니 낭패되었다. 그런데 일전에 수촌秀村의 계중契中에서 사고자 한다고 하므로 이미 허락하였다. 이 일은 난처해지는 일이 없기를 바란다. 그런데 이곳의 전답은 모두 9월과 10월에 매매할 것인데 우리 집에서 받을 돈은 동짓달 그믐께에 있다. 그전에 편하고 가까운 곳이 있지만 손에 넣을 길이 없다. 정鄭은 이미 거절할 수 없다면 반드시 빨리 값을 준비해야 하는데, 이달 그믐이나 다음 달 초에 거둔 값을 보내오면, 사는 것이 그곳에 생산되어 나오는 것보다 나으니, 범범하게 처리해서는 안 된다. 종(丁奴)이 오더라도 우선 그곳에 머물게 하면서 부리다가 28일 내행內行을 기다리는 것이 옳다. 벽노碧奴는 돌려보냈다. 내행의 반정半程 일행을 예전대로 노퇴리老退里로 보냈으니 그곳을 교체할 곳으로 할 것이며, 고개로 올라 바로 골짜기로 가는 길은 위험하니 편히 가는 것이 좋은 것만 못하다. 그러나 말이 이와 같았으므로 마땅히 이대로 꾸려 보냈으며 산山을 꼭 데리고 와야 한다. 지금 손 선달이 천정天庭에 가려고 이번 24일에 양양으로 행차를 할 것인데 어제 비로소 알았다. 강릉에서

의당 편지가 있을 것이고 여러 곳에서 의당 문안하는 편지가 있을 것이다.
태선太仙에 1냥의 값을 얻어 씨를 빼고 보내려고 하나 지금 이미 급박하여
형세상 미칠 수 없을 것 같은데 어찌하겠느냐. (…)

[추신] 태질泰姪에게 편지를 쓰지 못했는데, 우손禹孫은 의혼처가 없느냐?
근래 들었는데 올해가 가기 전에 치르는 것이 옳다.[56]

류경시는 아들에게 곡식을 사는 일, 내행을 보내는 일, 조카의 혼사
등 집안의 여러 가지 상황에 대처하고 처리하는 방식을 알려주었다.
이 밖에도 기와를 운반하는 일의 계획을 알리고, 전염병이 유행할 때
제수를 간략히 마련하여 지내라고 언급하는 등 집안에 거주하는 것처
럼 모든 상황을 알고 관리하였다.[57]

[추신] 아우 집안의 화석花席 값 1냥 5관의 돈을 이 인편에 부치기 바란다.
대개 이 집이 병을 구제하고 찬을 사는 데 돈을 쓰는 것이 급하기 때문이
다. 대영[玳瑁纓子]은 밭을 팔지 못하면 또한 살 일이 없다. 송계松契의 돈
5냥을 요청해서 받는 것도 좋다.

돈[錢文]에 관해 유념하여 기억할 것.
상방上房의 궤짝 속에 2냥 3돈 3푼이 남아 있다.
또 2냥은 돌만乭萬이 빌려간 것으로 13일의 장날에 돌려주기로 약속하였다.
또 1냥 4돈은 태봉가太奉家에 남아 있다.
또 2냥 9돈은 고깃값으로 수령의 차지次知에게 받아라.
또 5돈은 백아등白也洞 댁에서 논을 전당한 빚이다.

합이 9냥 1돈 3푼이다. 거두어서 반인泮人에게 주고, 1돈은 이 종에게 들여 보낼 것이니, 말과 철鐵에 대한 값을 갚아라.[58]

위의 편지는 1727년(영조3)에 류경시가 아들 류진현에게 보낸 것으로, 18세기 향촌사회에서 화폐의 사용이 빈번하였음을 확인할 수 있다. 류경시는 가정경제에 사용되는 돈의 거래 및 구입할 물건에 대해 아들에게 소상하게 알려주었다. 류경시는 집안 경제활동의 중심에 있었다.

반면, 류경시가 류정시와 류춘시 등 형제와 주고받은 편지는 집안의 대소사에 관한 소식 및 주변에서 일어나는 사건에 대한 내용이 주를 이루었다. 류경시는 형제, 아들, 집안의 자제들과 주고받는 편지의 내용이 달랐다. 형제와는 교유와 관련된 내용이, 아들과는 가정경영에 관한 내용이, 자제와는 가문의 학문적 위상 강화와 관련된 내용이 많은 부분을 차지하였다.

양반의 지위와 위상을 유지하는 데 과거 합격과 사환의 비중이 높은 만큼 과거시험에 대한 정보는 매우 중요하였다.

우리 안동부에서 초아흐렛날에 크게 시사試事를 하는 데 참석하지 않는 선비는 반드시 견책한다는 소식을 들었다. 네가 만일 개인적으로 접接에 가지 않는다면 모름지기 6~7일 시사에 나오는 것이 좋다. 그곳은 농사일이 바빠서 종이 없을 것이니 이곳의 종을 데리고 갈 수 있고 말은 이곳에서 바로 돌려보낼 것이니 무슨 어려움이 있겠느냐. 내 말을 보내고 싶지만 여러 날 길 위에 있다가 오늘도 송파松坡에 들어갔기 때문에 들여보내지 못하여 한탄스러웠는데, 이 종이 마침 왔기 때문에 바쁘게 들여보낸다. 그러므로 사돈께는 편지를 쓰지 못하여 애석하니 이런 내 마음을 아뢰는 것이 좋겠다.[59]

시험 장소는 일설에 영해로 옮겨 정해졌다고도 하는데, 어떤 사람이 잘못 전달한 것이 아니겠습니까. 지금 형(류경시)의 편지를 보건대 제가 있는 여천呂泉(예천)과 의성義城 두 고을이 서로 언급된다고 하니, 과연 그렇다면 두 곳 모두 거리낌이 없지 않습니다. 저 같은 사람이 어찌 감히 생각을 내겠습니까. 지난봄에 청읍淸邑(청도)에 갔을 때 이미 유식한 사람들의 꾸지람을 면하지 못했으니, 만약 다시 경계를 넘어간다면 장차 저를 어떤 사람으로 보겠습니까. 저의 아이는 당신이 말을 보내시길 기다리지는 않지만, 당신을 문후하도록 보내겠다고 하고서 수십 일을 보냈습니다. 배우지 못한 바에 대한 학업의 차례를 얻으려 해도 날이 뜨거울 뿐만 아니라 마구간에 말도 없어 지금까지 보내지 못해 늘 한탄하고 있습니다.[60]

첫 번째 편지는 류경시가 아들에게 안동부의 시사 정보를 알려주면서 시험에 응시하길 권유하는 내용이다. 두 번째 편지는 류성중이 류경시에게 보낸 것으로, 류경시를 통해 과거시험 장소가 영해가 아닌 의성이나 예천으로 언급된다는 성보를 얻었다. 이처럼 류경시는 관직을 역임하면서 얻은 과거시험 정보를 가족을 비롯하여 주변 사람과 공유하였다.

류경시는 관직 생활을 하는 가운데 이광좌李光佐(1674~1740), 김덕명金德明, 심단沈檀(1645~1730), 조태억趙泰億(1675~1728), 조석명趙錫命

(1674~1753), 권이진權以鎭(1668~1734), 윤조尹肇 등 중앙의 고위 인사들과 교유하였다. 이러한 사실을 확인할 수 있는 것은 함벽당에 전해오는『선현유찰先賢遺札』로 후손이 엮은 것이다.[61]

이광좌는 이항복의 후손으로 우의정, 영의정 등을 역임하였다. 심단은 병조참판, 대사간, 대사헌 등을 지냈다. 조태억은 병조판서, 우의정, 좌의정 등을 역임하였고, 조석명은 형조판서, 판돈녕부사 등을 지냈다. 권이진은 호조판서, 평안도관찰사 등을 역임하였다. 모두 당상관을 역임하였다. 류경시는 이들과의 교유를 통해 정치적 안목을 키우고 활동 폭을 넓혔을 것으로 보인다.

류경시는 관직 생활을 통해 교유한 사람들의 청탁을 들어주거나 이들의 일상에 도움을 주기도 하였다.

용천에 부임한 새 수령은 어찌 형께서 옛날에 알던 사람이 아니겠습니까. 관서에서 벼슬살이하는 중에 만나게 되었으니 그 반가움을 상상할 만합니다. 모든 일에 서로 믿고 의지하실 것은 제 말이 필요 없을 것입니다. 그런데 저희 집의 종과 말이 지금 수령을 수행하여 갔으니, 마시고 먹을 음식을 내주어 제 낯을 내어주시기 바랍니다. 또 갔다가 돌아오는 길에 급한 사정을 아뢰거든 약간의 양태糧太를 주시어 곤궁하고 굶주리는 것을 면하게 해주시길 바랍니다. 어떻습니까.[62]

새로 차임된 용천부사는 저의 척숙인데, 일찍이 안동 토포사討捕使를 지낸 적이 있어 형과도 교분이 있을 것이니, 저희가 번거롭게 말씀드리지 않아도 형께서 반드시 염두에 두고 계시지요. 그렇지만 저희를 위하여 별도

로 정성스러운 뜻을 보내주시기 바랍니다. 게다가 소실少室을 새로 얻어
서 갔으니 거기에도 음식을 넉넉히 베풀어 저의 낯을 내어주시기 바랍니
다만, 어떻습니까. 이어서 송구스럽지만 함종현咸從縣의 읍저邑底에 소질
지小叱之라는 여종이 있는데, 그의 장남 김노랑쇠[金老郎金]란 자가 작년과
올해에 해당하는 연공年貢을 이유 없이 바치지 않으니 이미 몹시 가증스
럽습니다. 게다가 올해 지독한 돌림병 때문에 부리던 종들이 거의 다 죽어
버려 장남 김가란 놈을 잡아와서 부리고 싶은 마음이 간절합니다만 관아
의 위엄이 없으면 오게 할 수 없습니다. 이에 배자牌子를 써서 보내니, 순시
하시다가 함종현에 도착하시거든 배자를 전해주고 두 해 치 연공으로 명
주 2필과 참깨 2말을 즉시 갖추어 들이게 해주시기 바랍니다. 또 짤막한
문서를 만들어 기한을 정하여 장남 김金으로 하여금 지고 와서 납부하게
한 뒤에 답장을 받아서 내도록 각별히 엄칙하는 것이 어떻겠습니까?[63]

위의 편지 가운데 첫 번째 편지는 1718년(숙종 44) 9월 1일에 목천광
睦天光이 평안도도사로 부임한 류경시에게 쓴 편지다. 용천현령과 믿
고 의지하고 지내며, 잘 대접하여 자신의 낯을 내도록 해달라고 부탁
하였다. 두 번째 편지는 같은 해 9월 3일에 목천현睦天顯·목천임睦天任
형제가 류경시에게 외노의 신공을 받아달라고 부탁하기 위해 작성한
것이다. 류경시가 평안도도사로 부임하자마자 형제들이 연이어 여러
가지 부탁을 하였다.

목천현의 조부 목내선은 남인의 영수였던 허목의 문인으로 기사환
국 당시 서인을 축출하는 데 앞장섰다. 그런데 갑술환국 이후 조부와
아버지 목임일睦林 이 절도絶島에 안치되자 가세가 기울어져 어려운

을 겪었다. 유배형에서 풀려난 목천현은 1707년(숙종 33) 휘릉 참봉에 임명되었다. 이후 관직이 이어졌으며, 류경시와도 교유했던 것으로 짐작된다.

류경시가 외직에 있을 때, 그를 찾아오던 사람들을 접대하거나 지인에게 도움을 주기도 하였다.

> 손님과 찾는 사람이 줄을 잇습니다만 관아의 창고가 텅 비어 마음의 병이 크게 났으나,[64]

> 척인戚人 박동룡朴東龍 군이 조만간에 죽관竹館에 도착할 것인데 정성스럽게 대접해주시는 것이 어떻겠습니까?[65]

위의 편지는 작성연도로 볼 때 류경시가 풍기군수와 양양군수를 역임할 때 쓴 것이다. 류경시가 지방관을 역임할 때 접대 및 필요할 물건을 구해달라는 요청에 따른 고충을 알 수 있다. 류경시는 청탁을 받을 때 어려움이 따르기도 했지만, 성의껏 응대하였다. 이는 류경시 개인뿐만 아니라 함벽당을 위한 일이기도 하였다.

18세기 전주 류씨 함벽당은 중앙의 관직 역임자를 배출하면서 인적 관계망이 중앙으로까지 확대되었지만, 이후 중앙 정계에 진출한 인물이 배출되지 않자 류경시 대에 형성된 관계망이 세대를 걸쳐 이어지지는 않았다. 이는 영남 남인의 일반적인 경향이기도 하였다. 류경시 이후 함벽당은 퇴계학을 가학으로 계승하는 가운데 안동 지역을 중심으로 영남을 공간적 범주로 하여 관계망을 지속하였다.

전주 류씨 함벽당, 관계망에서 나오다

이상 조선 후기 전주 류씨 함벽당의 관계망과 그 특징을 살펴보았다. 관계망의 요소는 다양하지만 향촌사회에서 사회적 의미를 갖는 것으로는 혼인 관계망, 학문 관계망, 교유 관계망, 사환 관계망 등이다. 네 가지의 요소가 시기별로 비중과 성격을 달리하는 가운데 관계망은 형성·확대·축소의 과정을 거쳤다. 이를 요약하는 것으로 결론을 대신하고자 한다.

전주 류씨는 16세기 안동부 동쪽에 위치한 천전의 의성 김씨와 혼인한 이후 처가의 경제 기반이 있는 임하현 수곡에 정착하였다. 후손은 박곡, 원파, 예안현 주진 등으로 거주지를 확대하였다. 안동부의 동쪽에서 예안에 걸쳐 있다. 전주 류씨는 퇴계학파 내에서 학봉 김성일의 학통을 계승하였으며, 향촌 활동에서도 학봉계의 입장을 대변하였다. 혼인 및 사환과 학문을 통해 지역사회에서 위상을 강화해 나갔다.

전주 류씨 11세 류학이 17세기 전반에 처가의 경제적 기반이 있는 안동부 서쪽의 가야곡촌으로 이주하면서 전주 류씨의 세거지가 서쪽으로 확대되었다. 이는 전주 류씨의 관계망에 변화를 가져왔다. 첫째는 혼인 관계망의 변화다. 이를테면 안동의 서부 지역을 중심 무대로 하는 서애계와도 혼인이 이루어졌으며, 순흥부, 봉화현, 예천군 등 안동의 서남부 지역에 인접한 고을의 성씨와의 혼인 비율이 높아졌다. 둘째는 학문 및 교유 관계망의 변화다. 조덕린, 이재 등 임하현의 전주 류씨 관계망을 계승하는 동시에 이유장, 김간, 권두경 등 안동의 서부 지역 인사들과는 새로운 관계망을 형성하였다. 이는 후손들에게로 게승되었는데, 류경시의 문인과 그 후손들의 명단인『동문계안』에 등재된 179명 가운데 안동부 서쪽, 순흥부, 예천군 출신 인사가 이를 반증한다. 향촌 활동을 살펴보면, 함벽당에서는 서애계를 대표하는 병산서원 원장도 배출되었다. 이들은 공간적으로는 서애계에 속하였지만 학문적으로는 학봉계에 속하였다. 이것이 전주 류씨 함벽당 관계망의 특징이다. 19세기 향촌사회가 서애계와 학봉계로 나뉘어 분열과 대립이 격화되었을 때 안동부 서쪽을 중심으로 한 학봉계가 이를 완화·조정하는 데 일정한 역할을 수행하였다.

조선 후기 가계의 위상은 과거와 사환을 통해서도 확장되는데, 함벽당의 경우 류경시가 문과 급제하고 중앙의 관직을 역임함에 따라 향촌에서의 위상도 높아졌고 중앙의 인사와도 교유하였다. 18세기 함벽당의 관계망은 중앙까지 확대되었지만, 이후 함벽당에서 중앙관직을 역임하는 인물이 배출되지 않아 류경시가 형성한 관계망이 계승되지는 않았다. 18세기 후반 이후 함벽당 관계망의 범위는 영남을 벗어나지 않았는데, 이는 영남 남인의 일반적인 경향이기도 하다.

조선 후기 관계망 형성에는 혼인, 학문, 교유, 사환이 상호작용하였지만, 전주 류씨 함벽당의 관계망에는 혼인이 중요한 요인이었다. 안동 권씨와 혼인한 이후 안동의 서부권을 중심으로 새로운 관계망을 형성할 수 있었다. 사환을 통한 관계망은 후대에 관직 진출자가 배출될 때 더욱 의미 있는 요인이 된다는 사실을 함벽당의 사례를 통해 확인하였다. 향후 더욱 다양한 사례 연구로 관계망이 조선 후기 지역사회의 구조와 변동에 어떠한 역할을 했는지, 관계망 연구가 갖는 의미가 무엇인지에 대해 좀 더 분명하게 밝혀질 것으로 기대한다.

참고문헌

李玄逸, 『葛庵全集(下)』.

權聖矩, 『鳩巢集』.

黃昌述, 『丹丘逸稿』.

南隆達 外, 『新安世稿』.

柳升鉉, 『慵窩集』.

『同門稧案』, 필사본 1책, 한국국학진흥원 소장.

『道齊堂酬唱帖』 필사본 1책, 한국국학진흥원 소장.

『蒼雪遺稿』 필사본 1책, 한국국학진흥원 소장.

『豊山柳氏世譜』, 1985.

『全州柳氏族譜』 9책, 1911.

李樹健 編, 『慶北地方古文書集成』 영남대학교 출판부, 1984.

한국학중앙연구원 편, 『고문서집성 44-안동 전주 류씨편(水谷宗宅)』 1999.

권기, 『국역 영가지』 안동문화원, 2001.

한국국학진흥원, 『국역간역시일기』, 2015.

한국국학진흥원, 『국학자료목록집 전주 류씨 함벽당 종택』, 2016.

한국국학진흥원, 『안동 전주 류씨 함벽당 종가 간찰』, 2020.

전주 류씨 함벽당 종가 간찰류(한국국학진흥원 제공))

고영진, 「양반관료 류희춘의 관계망」, 『사회적 네트워크와 공간』, 태학사, 2009.

권오영, 『조선 후기 유림의 사상과 활동』, 돌베개, 2003, 304~312쪽

김명자,『조선 후기 안동 河回의 豊山柳氏 門中 연구』, 경북대학교 박사학위 논문, 2009.

김명자,「조선 후기 屛山書院 院長 구성의 시기별 양상」,『한국서원학보』6, 2018.

류영수,「전주 류씨 수곡파 가학의 형성과 전개」, 경북대학교 대학원, 2009.

설석규,「惟一齋 金彦璣의 學風과 學脈」,『韓國의 哲學』30, 2001.

손계영,「朴世堂의 장서목록『家藏書籍』연구」,『장서각』26, 한국학중앙연구원 장서각, 2011.

안동대학교 안동문화연구소,『안동무실마을』, 예문서원, 2008.

우인수 외,『조선서원을 움직인 사람들』, 글항아리, 2013.

우인수,『朝鮮後期 嶺南 南人 硏究』, 경인문화사, 2015.

정진영,『조선시대 향촌사회사』, 한길사, 1998.

주

1 고영진, 「양반관료 류희춘의 관계망」, 『사회적 네트워크와 공간』, 태학사, 2009; 김선경, 「16
   세기 성주 지역 사족의 교유 공간과 감성」, 『역사연구』 24, 2013; 전경목, 「『미암일기』를 통
   해 본 16세기 양반관료의 사회관계망 연구 - 해배 직후 시기를 중심으로 -」, 『조선시대사학
   보』 73, 2015; 김명자, 「순조 재위기(1800~1834) 하회 풍산 류씨의 현실 대응과 관계망의 변
   화」, 『국학연구』 29, 2016; 김명자, 「『曆中日記』를 통해 본 18세기 대구 사족 최흥원의 관계
   망」, 『국학연구』 38, 2019 등.
2 김명자, 『조선 후기 안동 河回의 豊山柳氏 門中 연구』, 경북대학교 박사학위 논문, 2009.
3 본 논문 작성에는 『안동 전주 류씨 함벽당 종가 간찰』(한국국학진흥원, 2020)의 번역본을
   참고하였다.
4 『全州柳氏族譜』, 1911.
5 『全州柳氏族譜』, 1911; 정진영, 「전주 유씨와 무실마을, 그리고 수류 사람들」, 『안동무실마
   을』, 안동대학교 안동문화연구소, 2008, 27쪽. 이하 가계 관련 내용은 족보를 참고하였으며,
   따로 주석을 달지 않았다.
6 『全州柳氏族譜』, 1911.
7 11세 류시잠의 경우 사위만 6명 있고, 본관이 표기되어 있지 않아 생략하였다.
8 정진영, 『조선시대 향촌사회사』, 한길사, 1998, 71쪽.
9 『국역 영가지』, 안동문화원, 2001, 50쪽.
10 설석규, 「惟一齋 金彦璣의 學風과 學脈」, 『韓國의 哲學』 30, 2001.
11 안동대학교 안동문화연구소, 『안동무실마을』, 예문서원, 2008.
12 권오영, 『조선 후기 유림의 사상과 활동』, 돌베개, 2003, 304~312쪽.
13 '가야곡촌' 명칭은 『영가지』에 의거하였다.
14 김주부金周富의 「전주 류씨 함벽당 종가의 가계와 기탁 자료의 가치」, 한국국학진흥원, 『전
   주 류씨 함벽당 종가』, 2016, 〈표 1〉 인용.
15 무덤은 경제적 기반과 관련이 있는데, 초취 부인의 무덤은 임당林塘 나곡羅谷에 있고, 재취
   부인과 류학의 무덤은 천등산 태장에 있다(『全州柳氏族譜』, 1911).
16 李樹健 編, 『慶北地方古文書集成』, 영남대학교 출판부, 1984, 298~305쪽.
17 『국역 영가지』, 안동문화원, 2001, 58쪽.
18 『국역 영가지』, 안동문화원, 2001, 217~218쪽에 실려 있으며, 번역은 『전주 류씨 함벽당 종
   가』, 한국국학진흥원 소장 국학자료목록집 29, 한국국학진흥원, 2016, 9쪽 인용.
19 『任仕案』(吳世昌 外, 『嶺南鄕約資料集成』, 嶺南大學校 出版部, 1986) 1685년부터 1727년까
   지 순흥향교 원임안에 황창술이 등재되어 있다.
20 『丹丘逸稿』 附錄 「行狀」, 「墓誌銘」
21 갑오년(1714) 류경시가 황창술에게 보낸 편지(전주 류씨 함벽당 종가 간찰 00194).
22 정해년(1707) 11월 23일 丹丘에서 류경시에게 보낸 편지(전주 류씨 함벽당 종가 간찰
   0361).

23 갑오년(1714) 2월 25일 류경시가 황창술에게 보낸 편지(전주 류씨 함벽당 종가 간찰 0485).

24 갑오년(1714) 류경시가 황창술에게 보낸 편지(전주 류씨 함벽당 종가 간찰 00194).

25 갑오년(1714) 2월 25일 류경시가 황창술에게 보낸 편지(전주 류씨 함벽당 종가 간찰 0485).

26 갑오년(1714) 류경시가 황창술에게 보낸 편지(전주 류씨 함벽당 종가 간찰 00194).

27 갑인년(1734) 권태두가 류경시에게 보낸 편지(전주 류씨 함벽당 종가 간찰 00513).

28 『豊山柳氏世譜』, 1985.

29 『新安世稿』卷7 附錄 「行狀」. 『신안세고』는 남융달, 남급, 남천한의 문집을 한데 묶어 간행한 것이다. 이들은 풍산현에 있는 봉암서원鳳巖書院에 제향되었는데, 영양 남씨가 향촌에서 위상을 강화한 결과로 볼 수 있다.

30 『鳩巢集』卷4 「行狀」.

31 『孤山集』附錄 卷1, 卷2 「行狀」, 「後識」, 「輓詩」.

32 이현일의 문인록인 「금양급문록」에 류경시가 등재되어 있다(『葛庵全集(下)』, 驪江出版社, 1986).

33 신사년(1701)에 정사신이 류경시에게 보낸 편지(전주 류씨 함벽당 종가 간찰 00570).

34 1710년과 1715년에는 병산서원 원장을 역임했고, 1717년 도산서원 원장을 역임하였다(김명자, 「조선 후기 屛山書院 院長 구성의 시기별 양상」, 『한국서원학보』 6, 2018; 우인수, 「도산서원을 움직인 사람들」, 『조선서원을 움직인 사람들』, 글항아리, 2013).

35 류학과 사돈인 권승경은 권벌의 방계 후손이고, 권두경은 직계 후손으로 안동부 속현 유곡에 거주하였다.

36 『道齊堂酬唱帖』 필사본 1책, 한국국학진흥원 소장.

37 을사년(1725) 10월 9일 류경시가 형 류정시에게 보낸 편지(전주 류씨 함벽당 종가 간찰 0647).

38 상량기문은 류정시와 이명하李明夏가 작성하였다.

39 누리미디어 편, 『전주 류씨 함벽당 종택』, 한국국학진흥원, 2006, 212쪽.

40 손계영, 「朴世堂의 장서목록 『家藏書籍』 연구」, 『장서각』 26, 한국학중앙연구원 장서각, 2011.

41 함벽당은 류영회 대에 와서 다시 학문적으로 발흥한다. 그는 저술과 학행으로 세상에 이름이 났지만, 20세기 초 인물이어서 여기에서는 논외로 하였다(김주부, 「전주 류씨 함벽당 종가의 가계와 기탁 자료의 가치」, 『국학자료목록집 전주 류씨 함벽당 종가』, 한국국학진흥원, 2016, 217쪽). 현전하는 함벽당 소장 문집에는 선조의 문집을 비롯하여 20세기 이후에 간행된 것도 상당수 있을 것으로 판단된다.

42 기유년(1729) 류경시가 손자에게 보낸 편지(전주 류씨 함벽당 종가 간찰 0539).

43 정미년(1727) 12월 11일 류경시가 친척에게 보낸 편지(전주 류씨 함벽당 종가 간찰 0371).

44 김명자, 「조선 후기 屛山書院 院長 구성의 시기별 양상」, 『한국서원학보』 6, 2018.

45 류승현은 이인좌의 난 당시 3월 29일 안동향교에서 김이상, 권덕수, 김민행, 김몽령, 배행건, 김계탁, 김천환, 김달룡 등 7인으로부터 의병장으로 추대받기도 하였다(『慵窩集』卷3 雜著 「檄本府士林文」).

46 김명자, 앞의 논문, 2018, 17쪽.

47 갑오년(1714) 류성화가 류경시에게 보낸 편지(전주 류씨 함벽당 종가 간찰 00503).

48 갑오년(1714) 류경시가 황창술에게 보낸 편지(전주 류씨 함벽당 종가 간찰 00194).

49 권오영, 앞의 책, 298~342쪽.

50 『刊所日記』(成冊 130·20·21), 한국국학진흥원, 『국역간역시일기』, 2015.

51 신축년(1721) 김이단이 류경시에 보낸 편지(전주 류씨 함벽당 종가 간찰 0050).

52 신축년(1721) 권두경이 류경시에게 보낸 편지(전주 류씨 함벽당 종가 간찰 0559).

53 을사년(1725) 7월 24일 류경시가 아들 류진현에게 보낸 편지(전주 류씨 함벽당 종가 간찰 0526).

54 갑진년(1724) 윤4월 21일 류경시가 친형 류정시에게 보낸 편지(전주 류씨 함벽당 종가 간찰 0303).

55 무신년(1728) 류경시가 류진현에게 보낸 편지(전주 류씨 함벽당 종가 간찰 0468).

56 연도 미상, 류경시가 류진현에게 보낸 편지(전주 류씨 함벽당 종가 간찰 0602).

57 연도 미상, 류경시가 류진현에게 보낸 편지(전주 류씨 함벽당 종가 간찰 0515).

58 정미년(1727) 류경시가 류진현에게 보낸 편지(전주 류씨 함벽당 종가 간찰 0639).

59 연도 미상, 류경시가 아들에게 보낸 편지(전주 류씨 함벽당 종가 간찰 00484).

60 경인년(1710) 류성중이 류경시에게 보낸 편지(전주 류씨 함벽당 종가 간찰 00499).

61 1751년(영조 27) 후손들은 류경시가 이들과 주고받은 편지를 『선현유찰先賢遺札』로 엮었다. 현재 한국국학진흥원에 기탁 보관 중이다.

62 무술년(1718) 목천광이 류경시에게 보낸 편지(전주 류씨 함벽당 종가 간찰 0036).

63 무술년(1718) 9월 3일 목천현·목천임 형제가 류경시에게 보낸 편지(전주 류씨 함벽당 종가 간찰 0035).

64 을사년(1725) 9월 17일 류경시가 류정시에게 보낸 편지(전주 류씨 함벽당 종가 간찰 0300).

65 병신년(1716) 12월 21일 돈敦이 미상인에게 보낸 편지(전주 류씨 함벽당 종가 간찰 0606).

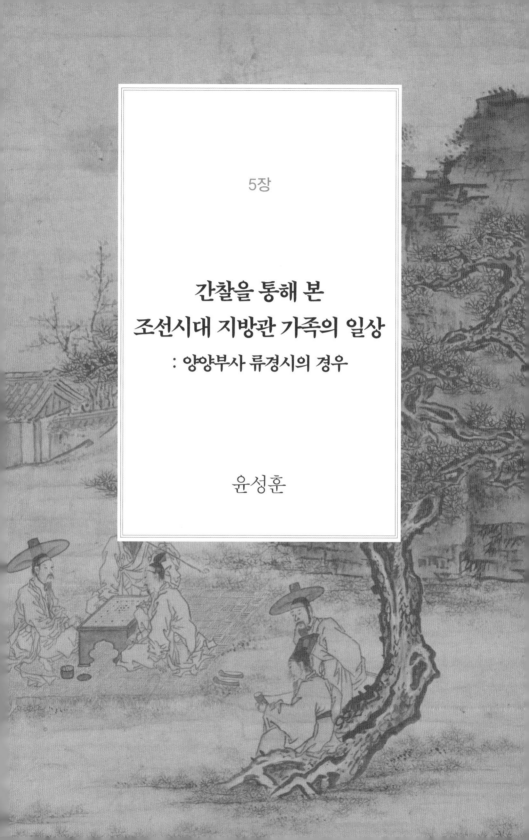

5장

간찰을 통해 본
조선시대 지방관 가족의 일상
: 양양부사 류경시의 경우

윤성훈

왜 간찰인가

1910년 한국 현대사의 비극이 시작되기 전까지 조선 왕조는 500년 넘는 세월 동안 존속하였다. 조선의 사상과 제도는 여전히 현대 한국인의 정신과 관습에 짙은 그림자를 드리우고 있다. 따라서 조선의 문물 하나하나는 현재를 살아가는 우리 내면의 풍경, 그 원형의 구석구석을 들여다볼 수 있는 좋은 매개체다. 풍경이라고 하면 장대한 풍광이나 랜드마크도 있고 근린공원 놀이터나 길가의 작은 풀꽃도 있듯이, 문물에도 화려한 궁전이나 아름다운 도자기·그림·조각 등 당대 문화의 정화精華에 해당하는 예술작품도 있고, 투박한 목가구나 집기 혹은 자질구레한 각종 문서 등 일상의 일면을 드러내는 생활소품도 있다. 여기에서 다루고자 하는 편지는 소박·소탈하고 일상생활에 맞닿아 있는 것이어서, 가장 '작은' 문물에 해당한다. 즉, 어렵게 표현하면 미시사·일상사의 사료가 된다. 디구니 같은 집안 식구 및 친한 친구 사이에 주고받은 편지는, 화려한 예술품이나 문학작품 혹은 공식 문서에서는 결코 찾아볼 수 없는, 내밀한 개인의 속내와 사생활을 가득 담고 있는 최적의 미시사 사료다. 손 가는 대로 써서 알아보기도 쉽지 않은 초서로 쓰인 조선시대 편지는 좀먹거나 해져 너덜너덜한 상태로 어두운 집안 구석에 처박혀 있기 일쑤다. 그것은 일반적으로 관심 밖의 대상이며, 화려한 조명을 받는 완상玩賞의 대상이 아니다. 너무나 일상적인 것이기 때문이다. 그러나 조금만 관심을 갖고 들여다보면 그 어떤 아름다운 예술품보다도 중요한 조선시대의 문물임을 알 수 있다. 편지를 통해 우리는 당대의 가장 깊숙하고 생생한 일상의 풍경 한가운데로 곧장 걸어 들어갈 수 있다.

'편지'는 예전에는 주로 '간찰簡札'이라 칭했다. 서찰書札, 서간(書柬 혹은 書簡), 간독簡牘, 척독尺牘이라고도 했다. '서書'는 '글'을 가리키며 '글쓰다'라는 행위를 말하기도 한다. '간簡', '찰札', '독牘'은 모두 글씨를 쓰는 바탕이 되는 미디어, 즉 서사 재료의 명칭이다. '간'은 좁고 길게 다듬은 대나무 조각(목간木簡도 있었음), '찰'이나 '독'은 나뭇조각을 가리킨다. '척독'은 주로 짧은 편지를 가리키는데, 이때의 '척尺'은 길이의 단위다. 위와 같은 명칭을 통해 알 수 있는 사실은, 한자 문화권의 편지, 즉 간찰이 종이가 주 서사 재료가 되기 이전에 기원을 둔, 매우 오래된 글쓰기 양식이라는 것이다. 고대에 글쓰기는 대단한 특권이었다. 그것은 지배와 행정의 주요한 도구였다. 춘추전국 및 진한秦漢 시대까지 대나무나 나뭇조각, 즉 죽간竹簡 혹은 목간木簡은 국가 공식 행정문서의 주요 서사 재료였다. 간찰의 출발은 행정기관 혹은 관료 간에 주고받던 공문서로, 초기의 간찰 양식은 공문서에 많은 부분 빚지고 있었다. 여기에 점차 개인의 안부나 생각도 담아 전하게 되었으며, 위진남북조시대를 거치면서 '서書'(여기에서는 '편지'를 가리킴)가 문학의 한 장르로 자리 잡고, 간찰 또한 개인 간 의사소통 수단으로 지위를 굳히게 된다. 위진과 당唐을 거치며 종이가 주 서사 재료가 되고 개인 간 주고받는 편지가 더 이상 (실제 물건인) '간찰'에 쓰일 일이 없어지지만, 이름만은 살아남아 그 기원의 유서 깊음을 증거하고 있다. 그리고 사대부가 주축을 이룬 송대宋代를 거치며 그 양식이 지닌 가능성을 폭발시켜 동양 한자문화권의 정보 전달 매체의 총아가 되었다.

조선 사회의 주역은 사대부士大夫다. 사士는, 서인庶人 즉 서민과 구분되어, 일정 정도의 경제력 및 지식과 교양을 갖춘 관료 예비군이다. 이들이 과거를 통해 관직에 진출하여 정치에 참여하면 대부大夫가 되고, 그중 지위가 높은 이들은 경卿이 된다. 즉, 피지배층인 서민과 대비하여, 사족士族과 경대부卿大夫를 통칭하여 '사대부'라 하는 것이다. 어느 사회나 사회구조를 구성케 한 이상理想이 있다. 조선시대 사대부 중심 사회의 이상은, 중국 송나라의 주자朱子(주희朱熹)로 대표되는 신유학(성리학)을 바탕으로 한 사회였다. 성리학은 우주의 법칙이자 지선至善의 도덕적 원리인 '이理(이치)'와 원래 그것 자체로 이理인 인간의 본성性을 연구·추구하는 학문이다. '사'는 끊임없는 독서와 수양을 통해 그 이상적 상태를 체득하여 그것을 바탕으로 백성을 다스려 올바른 정치를 구현하고자 했다. 성리학이 추구한 이상적 인간의 모델이 곧 옛 성인聖人, 즉 공자와 그에 버금가는 성인(아성亞聖), 즉 맹자다. 맹자는 이렇게 말했다. "마음을 수고롭게 하는 자는 남을 다스리고, 힘을 수고롭게 쓰는 자는 남에게 다스림을 받는다[勞心者治人 勞力者治於人]."

유교사회의 분업의 이상은 '마음을 수고롭게 하는 자'에게 지배의 권한을 준다. 이 마음을 수고롭게 하는 자가 곧 사대부다. 때문에 사대부는 성인의 말씀이 담긴 경전, 즉 글[書]을 읽고 끊임없이 공부하여 덕을 함양하려 애쓴다. 그러나 이상의 이면에는 현실이 있다. 이상만으로 먹고 살 수는 없다. 조선 사회는 성리학의 이상을 실현하려 노력했던 만큼 현실정치와 일상생활 운용의 중심에도 글[文]이 있었다. 이것이 곧 사대부의 문치文治라 부르는 것이다. 정치의 문치는 공문서로 운영되고, 일상의 문치는 사문서로 영위된다. 다시 정리하면, 성리학의 이상은 책에 담겨 있고, 사대부 지배의 현실은 공문서에서 볼 수 있으며, 그 일상은 사문서에 녹아 있다. 이 세 가지 문文이 담긴 문물, 즉 책(전적), 공문서, 사문서는 조선 사회를 이해하는 세 가지 핵심이다. 사문서 중 가장 많은 분량을 차지하는 것이 편지다. 편지에는 다른 정통 자료, 즉 『조선왕조실록』이나 『승정원일기』 혹은 각종 문집이 결코 보여주지 않는 내밀한 개인의 일상과 정서, 사대부의 적나라한 현실이 담겨 있다. 편지가 중요한 이유는 무엇보다 그것이 정보전달의 주요 미디어(매체)였기 때문이다. 사대부는 글과 붓을 손에서 놓지 않는 사람이다. 즉, 그 존재의 전제조건 중 가장 중요한 것이 문해력literacy(읽고 쓰는 능력)이었다. 글은 그것을 읽지 못하는 사람은 접근할 수 없는 정보를 담고 있다. 정보 없이는 경대부 권력의 작동과 사족 일상생활의 영위가 불가능하다. 따라서 문치를 기반으로 한 조선 사회의 실상은 사족 간 정보 교류망, 즉 네트워크의 이해 없이는 이해할 수 없다. 이것이 곧 개인의 자질구레한 사연이 담긴 남루한 편지 한 조각을 읽어야 하는 이유다. 편지는 조선 사회를 이해하기 위한 가장 작지만 가장 중요한 유물이다.

편지 한 장에는 일상의 모든 것이 담겨 있다. 경사와 기쁨, 질병과 죽음과 고통, 간절한 부탁과 호의, 안타까운 속사정, 직접 본 광경, 전해 들은 소식, 각종 정보 등등. 조선시대 편지 한 장에는 조선 사족사회 일상의 모든 것이 담겨 있다. 과거 소식, 급제의 기쁨과 낙방의 안타까움, 천연두 등 각종 전염병의 유행, 질병으로 인한 고통과 약재 및 의학 정보의 교류, 관직 인사이동 정보, 여행의 어려움, 농사의 풍흉, 방어·은어·송어와 같은 어물과 쌀·보리·버섯·밤 따위 각종 식료품, 여러 가지 생활용품, 갖가지 풍문과 정보 등등. 또한 멀리 떨어진 이를 향한 그리움, 지인의 죽음으로 인한 처참한 슬픔, 노년의 질병으로 인한 회한과 서글픔, 잘 커가는 자식을 대하는 뿌듯함, 희소식을 들은 기쁨 등 쓰는 사람과 읽는 사람 간에 주고받은 감정의 교류 역시 손에 잡힐 듯 선하다. 편집과 정리를 거치지 않은 날것 그대로의 생생함이 낡은 종이 위의 자연스런 글씨를 통해 현대의 독자에게 그 어떤 유물보다 직접적으로 전달된다. 작은 편지 한 장은 조선의 일상을 들여다볼 수 있는 가장 큰 확대경이다. 따라서 조선 사회를 깊이 이해하고자 한다면 무엇보다도 편지를 잘 살펴보아야 한다.

조선시대 지방관과 간찰

다산茶山 정약용丁若鏞은 『목민심서牧民心書』에서 지방 수령의 부임부터 해관解官 시까지 '목민관牧民官'이 지켜야 할 바른 행동양식을 한

목별로 세세하게 규정하고, 또한 이전吏典, 호전戶典, 예전禮典, 병전兵典, 형전刑典, 공전工典으로 나누어 지방행정의 세칙을 상세히 해설하였다. 『목민심서』는 당대 수령행정의 병폐를 통렬하게 비판하고 있지만, 단순한 비판에 머물지 않고 역사적 선례와 법령 조칙의 분석을 통한 대안을 체계적으로 제시함으로써, 전적에 바탕을 두고 모든 논지를 전개하는 일급의 고증학자면서도 동시에 생동하는 당대 현실 또한 무시하지 않았던 대가다운 면모를 유감없이 보여주는 저서이기도 하다.

목민관의 모든 활동과 직무를 포괄하는 더할 나위 없이 상세한 체제를 갖춘 『목민심서』를 읽어나가다 보면, 조선시대 지방 수령이 얼마나 방대한 범위의 업무를 처리했고, 그에 따라 얼마나 막강한 권한을 가지고 있었는지를 자연스레 알 수 있다. 조선시대의 지방관은 국왕의 대리인으로서 해당 지역에서 거의 절대적인 권한을 가지고 있었다. 행정과 경제는 물론, 교육과 교화, 재해구호 및 각종 공사, 제례 및 문화행정 그리고 군사에 이르기까지, 만기친람의 군주와 마찬가지로 그가 책임지지 않는 일이 거의 없었다. 이러한 막대한 책임과 권한에 비해 수령의 '개인적' 이득은 '공식적으로는' 보잘 것 없었기에, 그는 자신의 이익을 '알아서' 챙길 수밖에 없었다. 수령 이하 향리의 경우는 더했다. 외지인이자 대개 문과 급제자였던 수령은 현지 사정 및 구체적 행정 절차에 어둡기 십상이었기에 지역 출신 아전에게 많은 일을 위임하게 마련이었다. 아전의 폐해는 고질적인 것이어서 『목민심서』에서도 심각하게 다루고 있다. 과거에 의한 관리 선발 및 문서에 기반을 둔 중앙집권적 행정체제라는, 서양에 비해 훨씬 오랜 그리고 발달된 메리토크라시meritocracy(능력주의) 및 뷰로크라시bureaucracy(관료제) 체계를 갖추었던 중국 및 한국이, 청나라와 조선 후기에 공히 관료사회의 부패에 따른 체제 붕괴의 역사를 겪은 것은 우연이 아니다. 예의禮義 및 고전적 법치에 바탕을 둔 치민治民체계라는 이상과 관리 본인이 처해 있는 현실의 괴리가 너무 커서, 시간이 흐를수록 그 누구도 감당할 수 없을 정도의 병폐가 자라났기 때문이다. 체계적 체제와 상세한 진단 및 처방을 갖춘 『목민심서』라는 훌륭한 저서를 읽으면 읽을수록, 실제 진행되었던 역사를 아는 후대의 우리는 현실과 이상 사이의 메우기 힘든 거대한 골짜기에 착잡함을 느낄 수밖에 없다. 그리고 그러한 착잡함과 함께 자연스레 이런 의문을 품게 된다. 우리는 조선시대 지방 수령의 실상에 대해 얼마나 알고 있는가?

사회적 동물인 인간은 공적 영역과 사적 영역을 아우르며 삶을 영위해간다. 공직자로서 조선시대 지방관이 어떤 공적인 삶을 살았는가를 확인하는 것은 비교적 어렵지 않다. 『경국대전』등 법령 자료를 통해 그 시스템의 원칙을 알아보고, 『조선왕조실록』이나 『승정원일기』등의 관찬官撰 사료를 통해 그 활동의 실례를 확인할 수 있기 때문이다. 『목민심서』도 훌륭한 사례집으로 활용할 수 있고, 무엇보다 『이재난고頤齋亂藁』등 그 행정 활동의 실상을 확인할 수 있는 자료도 적지 않다. 각 관청의 서식, 공문서집이나 지방관의 사환仕宦 일기의 예도 많다. 그러나 조선시대 사족 출신 지방관의 공적 영역의 실제를 촘촘하게 복원하면 할수록, 마치 잎과 뿌리도 없이 꽃만 큰 라플레시아처럼 그의 전체상은 기이한 모습으로 자라날 수밖에 없다. 촘촘한 실증과 정연한 체계를 갖춘 『목민심서』와 같은 위대한 저작조차 당대 현실과 이상의 괴리는 끝내 극복하지 못했다.

유교사회였던 조선시대의 공사公私 관념의 전체상을 현대의 우리가 파악하기는 지극히 힘들다. 유학, 특히 성리학은 하늘이 명한 '성性'인 인의예지仁義禮智의 이론적 구조를 논구하기보다 사람의 실제 마음의 네 상태인 '사단四端'을 확장 내지 연역[推]으로서 파악하고자 하는 방식을 선호했다. 실천 없는 순수한 이론, 이상뿐인 세계는 존재하지 않았으며, 반대로 하늘이 부여한 도덕에서 완전히 벗어난—현대인에겐 익숙한—개인의 독립적 감정의 영역 또한 존재할 수 없었다. 현대인의 관점에서는 개인적 차원의 윤리에 불과한 효孝도 국가 및 사회 운영의 중추원리로 자연스레 작용하곤 했다. 즉, 조선이라는 나라에 살았던 사람들은 이상-현실, 이론-실천, 도덕-감정, 국가-가정, 전체-개인이 현대의 그것들의 개념 쌍보다는 훨씬 결합의 정도가 강한 세계관, 국가 및 사회 체제, 사상 및 문화를 지닌 채 그 속에서 일상생활을 영위했던 것이다. 따라서 조선시대의 사족의 개인적 일상에 대한 연구는 단순히 일상사의 세부를 복원하는 차원을 넘어 조선시대 사람들의 전체상을 파악하는 데 핵심적 중요성을 갖는다. 지방관은 공적으로는 국왕으로 대표되는 행정부 전체의 말단으로서 백성들에게 인정仁政을 베풀 책무를 진 사람이었지만, 사적으로는 집안을 꾸려나가며 여러 친지에게 도움을 주어야 할 책임이 있는 한 집안의 가장이기도 했다. 사족 출신 지방관은 유학자이자 행정가였던 조선시대 사대부의 삶을 복합적으로 보여주므로 의의가 더 크다고 할 수 있다.

그러나 조선시대 지방관이 재임 기간 동안 어떤 양태의 사적 삶을 영위했는지를 파악하는 것은 결코 쉬운 작업이 아니다. 우선 이에 대한 자료, 즉 지방관 개인이 자신의 사적 생활을 증언한 기록을 찾기가 쉽지 않다. 그런데 함벽당涵碧堂 류경시柳敬時(1662~1737) 가문이 소장한 방대한 자료 중에서 류경시가 가족과 주고받은 간찰을 상당수 찾아볼 수 있으며, 이중에는 지방관으로 재직하고 있을 당시의 것도 포함되어 있다. 여기에서는 이것 중에서도 일부인 류경시의 양양부사 재직시 편지들을 집중적으로 살펴봄으로써, 조선 후기 경북 안동 지역의 유력 사족 중 한 명이었던 류경시와 그 가족의 일상을, 그 일반一斑이나마 엿보고자 한다.

류경시의 일생을 파악할 수 있는 기초 자료 중 류도원柳道源(1721~1791)이 지은 류경시의 행장이 있는데, 여기에서는 양양부사 시절의 행적도 비교적 소상하게 기술하고 있다. 이에 따르면 류경시는 기지와 아량을 발휘하여 강릉과 양양 일대 산악지대에서 발호하던 도적을 토벌하고 병서兵書를 참조하여 진법陣法을 익히게 하는 등 지방 수령으로 당연히 갖추어야 하나 일반 문사文士 출신 지방관은 좀체 보이지 못했던 무관武官으로서 능력을 보이고, 봉진封進의 수량만 채우고 해달 사냥을 그만두는 인정仁政을 베풀기도 하는 등, 양양부사 재임 시절 목민관으로서 여러 치적을 쌓았다.[1] 즉 다시 말해 양양부사 시절은 류경시의 공적 생애 중 가장 빛나는 이력에 해당한다고 해도 지나침이 없을 것이다. 그러나 후인後人이 지은 '행장'은 어느 정도 숭모의 정서를 띨 수밖에 없다. 행장의 기록은 모두 사실이겠으나, 이는 어디까지나 공인으로서 양양부사의 행적을 기록한 것에 불과하며, 그것의 다른 반쪽, 즉 당시 류경시 및 그 가족의 삶의 실상은 여전히 어둠에 싸인 채로 있다. 영성零星하나마 아래의 몇 통의 간찰이 그 그늘에 가린 면모를 밝히는 데 일조할 것으로 기대된다.

양양부사 재임 기간 동안 류경시가 가족과 주고받은 편지를 분석하다

　함벽당 종가에는 8백여 통이 훌쩍 넘는 방대한 양의 간찰이 전해지고 있으며, 한국국학진흥원에 기탁되어 관리·연구되고 있다. 필자는 한국국학진흥원에서 정리하여 촬영한 함벽당 간찰 이미지 중 류경시 본인이 왕래에 간여한 150여 통의 것을 추리고, 여기서 다시 양양부사 시절만으로 고찰의 범위를 좁혔다. 그리고 다시 가족 간의 내밀한 내용이 담긴 자료라 판단되는 것을 추려 석문釋文 및 해석을 진행하였다. 류경시가 양양부사로 재임하던 시절 쓰인 류경시 본인 및 가족의 편지 중, 1727년 9월부터 1729년 말까지 쓰인 13통의 편지를 엄선하여 분석하였다.[2] 함벽당에는 집안 식구 사이에 주고받은 내밀한 편지가 많이 전해지고 있으며, 이중에는 류경시와 그 아들인 류진현 그리고 류경시의 형제 및 조카 사이에 주고받은 것도 다수 포함되어 있다. 이는 모두 조선시대 사족의 가정생활을 엿볼 수 있게 하는 생생한 자료다. 류경시는 사헌부장령 등 중앙 요직을 지냈으며, 양양부사 이외에도 용강현령龍岡縣令, 한산군수韓山郡守, 풍기군수豐基郡守, 순천부사順天府使 등 지방관도 다수 역임했다. 여기에서는 이중에서도 양양부사 재임 시 가족과 주고받은 간찰을 집중적으로 분석하기로 한다. 본격적 분석에 들어가기에 앞서 자료에 대해 다음과 같은 점이 고려되어야 한다.

　첫째, 이 13건은 양양부사 재임 당시 류경시와 가족이 주고받은 편지 중 극히 일부다. 여기에서는 작성 날짜를 명확히 기재한 간찰만을 고찰 대상으로 삼았다. 추후 함벽당 간찰 자료의 전체적 분석이 완료

된다면 내용 대조 및 분석을 통해 더 많은 간찰을 찾아내어, 고찰의 내용을 더욱 충실하게 할 수 있을 것으로 기대된다.

둘째, 여기에서는 가까운 가족 간에 주고받은 편지만을 분석 대상으로 삼았다. 그러나 이 시기 간찰 중에는 지친至親 이외의 사람, 즉 타 지방관 및 관리, 지구知舊, 기타 명사名士와 주고받은 것도 많다. 지방관의 직위에 있으면 청탁이 적잖이 들어오게 마련이며, 또한 지방관이 친구 및 여러 인사에게 선물을 보내며 편지를 함께 동봉하는 사례도 적지 않기 때문이다. 조선시대에 쓰인 이런 편지는 현재도 흔하게 발견된다. 이 글은 비교적 드문 가족 간 편지에 집중하였으나, 기실 이런 자료에 보인 내용도 중요한 것이 적지 않다. 따라서 향후 이런 편지에 대한 추가 연구를 통해 아래 내용이 보족補足될 필요 또한 크다.

간찰은 크게 인사말의 서두 부분, 용건을 말하고 소식을 전하는 본문 부분, 편지를 끝맺는 맺음말 부분, 맺음말 이후 추신 부분의 4부분으로 구성된다. 분석표에서는 이를 준용하여 각 부분을 구성하였는데, 안부 및 본문, 추신 부분은 다시 내용에 따라 일련번호를 붙여 세분했다. 이는 편지 연구의 기초로서 조선시대 여타 편지에서도 공통되는 부분이겠지만, 본 간찰 군群 분석의 세부는 다음과 같은 특징 및 의의가 있다. 첫째, 편지 맨 앞에서 수신자의 안부를 물은 다음 자신의 현황을 서술하는 것은 모든 간찰에 공통되는 투식이라 할 수 있다. 따라서 일반적인 조선시대 편지에서는 이 부분에 대한 연구 및 분석의 필요가 적다. 그러나 다음 13건에서는 상당한 의의를 지니는데, 바로 이 부분의 분석을 통해 발신자와 수신자가 편지를 주고받을 당시의 위치를 비정할 수 있기 때문이다. 편지 내용을 보면 알겠지만, 양양부사로 재임하고 있던 류경시 이외에 다른 가족들은 양양과 고향집 사이를 오가며 위치를 자주 바꾸고 있다. 특히 가장인 류경시 부재시 그 대리역에 해당했던 아들 류진현의 위치 이동이 빈번하다. 편지 수신자와 발신자의 위치는 편지의 기본 정보에 해당하기에, 그 비정은 본격적 분석 및 고찰에 들어가기에 앞서 기본적으로 선행되어야 할 단계다. 따라서 범범한 상투적 인사말을 주고받는 청탁 및 증여 관련 편지들에 비해 가족 간 편지에서는 안부 교환의 앞부분도 매우 중요한 가치를 지닌다.

둘째, 편지 발신자와 수신자의 친소親疏는 편지 본문의 서술 방식 및 문장 성격에도 큰 영향을 끼친다. 당연한 이야기지만 수신자와 발신자가 친하지 않을수록 전체 내용이 더 정연해지게 마련이다. 가족 간 주고받은 편지, 특히 가장 내밀한 사이인 아버지와 아들 간에 주고받은 것, 더구나 아버지가 아들에게 준 편지는 서술의 형식에 신경을 쓰지 않아 두서없이 사연을 늘어놓는 경우도 많다. 편지를 일단 끝맺은 후 덧붙인 추신에서 정작 중요한 이야기를 꺼내는 사례도 흔하다. 따라서 13건의 편지 본문은 물론 추신의 경우도 각 사연을 상세히 나누어 모든 사연을 빠짐없이 살펴보았다. 이를 통해 편지를 주고받을 당시 이들이 어떤 문제를 중시하고 있었는지를 잘 파악할 수 있는데, 이런 내용은 간찰 자료 이외에서는 거의 드러나지 않는 성질의 것이다. 여기에 조선시대 가족 간 편지 연구의 주요 의의가 있다 할 수 있다. 위와 같은 점들을 염두에 두면서, 각 편지들을 세세히 분석해보려 한다.

편지 1
'편지 1'[3]의 대략적 내용을 〈표 1〉로 정리해보았다.[4]

<표 1> '편지 1'의 구조 및 내용

발신자	류경시
수신자	류진현(류경시의 아들)
발신일	1727년 9월 9일
안부 1 (수신자 관련)	(수신자인 아들 류진현이 있는 곳으로 갔던) 관편官便이 돌아오지 않고 있어 의아하고 울적함.
안부 2 (발신자 관련)	나는 어제 부마夫馬, 즉 마부와 말(내행內行을 데려오기 위한 것)을 꾸려 보내고 나서 약간 한가함.
본문 1	교군轎軍 1명이 출발하려 하는데 병이 나서 뒤에 처져서, 다시 신칙하여 그를 대신할 사람을 보냄.
본문 2	내행에 대한 대비. 내행의 경로 및 강릉부사에게 부탁하여 내행을 맞을 교군을 보내는 문제에 대해 자세히 서술함.
본문 3	서모庶母의 행차에 대해 논의함.
본문 4	자신(류경시)의 계획에 대한 언급. 백일장을 행한 후에 금강산으로 유람을 가려고 했으나, 짐말과 하인이 갖춰지지 않아, 실행을 장담할 수 없음을 언급함.
맺음말 및 발신일	

『승정원일기』에 따르면, 류경시는 1727년 7월 11일에 양양부사에 제수되었고, 동년 8월 20일에 양양으로 떠났다. 따라서 임지인 양양에 도착한 것은 대략 8월 말로 추정된다. 이에 따라 첫 번째 편지인 '편지 1'은 류경시가 양양부사로 부임한 지 얼마 되지 않은 시점에 쓰인 것임을 알 수 있다. 편지의 수신자는 아들 류진현으로, 그는 당시 고향 집에 머물고 있었는데, 이때는 류경시가 함벽당을 마련하기 이전이어서 가야住野 부근이었을 것으로 추정된다.

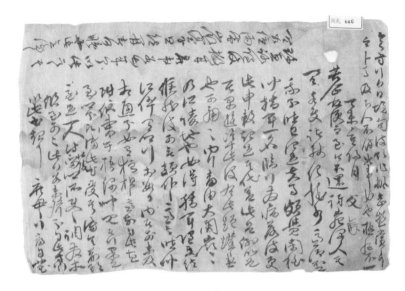

편지 1

이 편지를 주고받는 두 사람의 관심은 주로 '내행內行(부녀자의 행차)'에 맞춰져 있다. 자신의 안부를 서술하는 앞부분에서 류경시는 '부마夫馬', 즉 마부와 말을 보내고 나서 약간 한가함을 느끼고 있다고 했는데, 이는 집으로 보내어 '내행,' 즉 가족 중 부녀자들이 오는 행차를 데려오기 위한 것이었다. 본문에서는 크게 4개의 사연을 서술하고 있는데, 그중 앞 2개가 주요한 것으로, 내행을 맞이하는 '교군轎軍'을 보내는 문제에 대해 이야기하고 있다. 교군은 부녀자들이 탈 '교轎'를 수행하는 인원이다. 이 '교'는 가마인데,『목민심서』에 따르면 당시 수령의 부녀자들의 내행에는 '쌍마교雙馬轎'를 선호했음을 알 수 있다.[5] 그러나 대관령 등 험준한 길이 많았던 안동-양양 간 행로에서 '쌍마교'를 썼을 것으로 보기는 힘들고, 그저 보통의 가마를 썼을 가능성이 크다.

'본문 1'에는 흥미로운 사실이 등장한다.

> 들으니, 교군 1명이 막 출발하려 하는데 병이 나 뒤에 처져서, 다시 이렇게
> 신칙하여 그를 대신할 사람을 보냈다고 한다. 이 고을은 으레 읍에 거주하
> 는 한유閑遊(한가하게 노는 사람. 역役에서 빠져 있음을 말함)에게 이 역役을 하도
> 록 하는데, 이렇게 뜻대로 되지 않는 폐단이 있으니, 매우 통탄스럽구나.

이를 통해 당시 양양부에서 이러한 교군의 '역'에 주로 어떤 사람들
을 동원했는지 알 수 있다. 수령 가족 행차의 교군과 같은 경우는 정식
규례가 존재할 수 없으므로, 이런 서술은 이에 대한 당대의 현황을 알
려주는 훌륭한 사료가 된다.

'본문 2'에서는 강릉 지역의 교군을 어떻게 마련할지의 문제에 대해
이야기하고 있다.

> 내행은 대관령을 거쳐야 하는데, 대관령은 강릉 땅이다. 교군을 얻어, 가
> 는 곳곳마다 기다리게 한 다음에야 행차에 차질이 생길 우려를 없게 할 수
> 있다. 그런데 어제 들으니 강릉부사가 며칠 내로 고향으로 간다고 한다.
> 그 전에 이 소식을 알리지 않으면 반드시 일을 그르칠 염려가 있다. 그래
> 서 여기에서 오록梧泉(오록梧泉)로 직접 편지를 부쳐서, 그의 행차가 고향에 도
> 달했는지 알아내어 이 편지를 즉시 전달해 전령傳令(강릉으로 전하는 부사의
> 명령)을 받아 우리 내행 기일에 앞서 급히 한 사람을 보내어 강릉 유향소留
> 鄕所로 전하여서 유향소에서 사람을 조달하여 내행이 가는 곳곳에서 기다
> 리도록 하게 해야만 될 것이다.

이를 읽어보면 알 수 있듯이, 안동에서 양양으로 가는 내행은 반드시 대관령을 통과해야만 했는데, 대관령을 거칠 때의 교군들을 마련하는 것이 만만치 않은 문제였다. 대관령 부근은 강릉부 영역이었기 때문이다. 다행히 당시 강릉부사는 류경시와 친교가 있어 이런 종류의 부탁도 쉽게 할 수 있는 사이였던 것으로 보인다. (함벽당 자료에는 내행에 관한 부탁 편지는 아니지만, 양양부사 시절 류경시가 당시 강릉부사에게 보냈던 간찰이 1점 남아 있다.)⁶ 그런데 이때 강릉부사가 자리를 비우고 잠시 고향으로 가 있어 문제가 조금 복잡해졌다. 여기에서는 류경시가 이 문제를 어떻게 해결했는지가 자세히 서술되어 있다. 다음 '편지 2'에서 알 수 있듯이 아들인 류진현은 이 내행을 직접 수행해올 가능성이 컸다. 혹 다른 사람('황군' 등 믿을 만한 사람)을 시키더라도 류진현은 집에서 내행 행차를 잘 준비하여 보낼 책임이 있었다. 따라서 내행 경로 및 그 경로를 따라 여행하는 과정을 미리 상세히 알고 있어야만 긴 여행을 충실하게 대비할 수 있었다. 이 편지를 통해 수령 부임 초기 수령 개인에게 자신의 가족, 특히 여성 가족을 임지로 데려오는 내행이 얼마나 큰 관심사였고, 또 그 추진에 어느 정도 수고를 들였는지를 잘 알 수 있다.

'본문 4'는 짧지만 중요한 언급을 하고 있다. 곧 자신이 '금강산 유람'을 떠나고자 하지만 그 여행에 필요한 짐말 및 하인을 준비하지 못해 유람 여행을 장담할 수 없음을 이야기한 것이다. 양양은 금강산과의 거리가 멀지 않았고, 금강산 유람은 조선 후기 사람들의 평생소원 중 하나였다. 양양부사가 된 류경시는 다른 이들과 마찬가지로 재임 중 금강산 유람을 위해 노력했다. 나중에 이것이 실현되게 된 정황은 '편지 5'에 잘 나타나 있다.

편지 2

'편지 2'[7]는 매우 긴 편지인데, '편지 1'로부터 불과 사흘 뒤에 쓰인 것이다. 좀 길긴 하지만 류경시 가족의 내밀한 사정을 잘 담고 있는 좋은 자료므로 사진과 함께 전문을 소개한다.

[안부 1-1] 관편官便[8]이 어제 저녁에야 비로소 돌아와 각 집안이 잘 지낸다는 편지를 받아볼 수 있었다. 울적했던 마음에 매우 위로가 된다.

[안부 1-2] 그러나 익동翼洞의 낭자娘子가 전에 났던 병이 재발했다고 하니, 매우 놀랍고 걱정된다. 그동안 여러 사람 안부가 계속 편안하였느냐? 걱정을 늦출 수가 없구나.

[안부 2-1] 나는 벼슬살이 잘 지내고 있지만, 부마(마부와 말)를 꾸려서 보내는 일을 혼자 처리하고 있고 중요한 곳들에는 편지도 쓰지 않을 수 없어서, 이것도 하나의 바쁜 일거리가 되고 있다. 8일 아침 일찍 출발하여 보내어서, 오랜만에 약간 평온해졌다.

[안부 2-2] 그리고 월성月城 유생儒生 권집權潗이 갑산甲山의 귀양지로부터 돌아오며 그제 들러 방문하여, 조趙 종형이 소명을 받아 서울로 들어갔다는 소식을 비로소 들을 수 있었다. 이미 사은숙배하고 남쪽으로 돌아갔으리라 생각한다. 3년 동안이나 만나지 못하여 그 모습을 뵙지 못했으니, 정말로 슬프고 울적하다.

[본문 1] 집 공사는, 집안 형편을 생각하여 간단하게 노奴들이 거처하는 방을 먼저 지으려고 했으나, 다시 생각해보니 올해 하지 않으면 길한 좌향을 얻기가 쉽지 않을 것이니, 날짜를 골라 기둥 몇 개를 더 세워야 할 것이나. 지금 들으니, 새 목새로 민지 침실을 세우려 한다고 하는데, 공력은 많

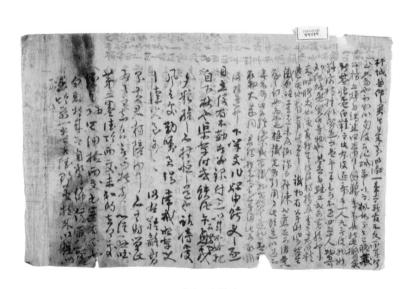

편지 2의 앞면

편지 2의 뒷면

이 쓰기가 어렵겠지만 모든 일은 일을 일으킴이 반이니 도리어 다행이다. 동촌東村의 옥재屋材를 나르기 어렵고, 기와는 아직 나르지 않았다고 한다. 기인基人(풍기 사람들로 추정됨)이 과연 힘을 합쳐 날라올 수 있겠느냐? 새 서까래는 사서 쓰는 것이 좋겠지만, 집에 돈이 없으니 어떻게 하겠느냐?

[본문 2] 부마는 13일쯤 반드시 도착할 것이다. 내행의 출발 날짜는 원래 17일로 정했지만, 집 공사가 아직 멀었으니 다시 날짜를 잡도록 해라. 그러나 날씨가 점차 추워지고, 중손仲孫이 죽은 날이 다음 달 초인데 집에서는 제사를 지낼 수가 없어서 여기에 들어온 후에야 작은 제상이나마 차릴 테니, 이를 감안하여 하도록 해라. 관인官人이 많아서 거의 30명이 넘는데, 제물 담당 및 한두 명을 수곡水谷과 주곡住谷에 보내어 제물을 전하게 하고, 나머지 사람들은 모두 집을 짓는 데 동원하면 5, 6일 내에 거의 수백 명에 이르게 될 테니, 긴급한 일을 먼저 하도록 하지 않겠느냐? 20일 저녁에 나가서 자고 출발하면 좋을 것 같다. 황군이 자기 집 농사를 제쳐놓고 날마다 공사를 단속하니, 다섯 가架짜리 새 집이 모두 그의 힘이다. 무척 고맙구나. 속히 공사를 감독하여 내행을 모시고 오는 것이 좋을 것 같다. (내행이) 타고 올 말도 마련한 16마리 짐말 가운데에 포함되어 있다. 나머지 일가는, 혹 새로 얻는 말이 있을 수도 있고, 여기서 이미 보냈던 13마리에서 3마리만 남기고, 오록梧彔 김金 애衰(상중에 있는 사람)가 이미 허락했던 소주곡小主谷에서 얻은 말을 합하면 될 테니, 부쳐주기 어려울 것 같다. 그들은 내년 봄에 행차를 하도록 말하면 될 것이다.

[본문 3] 내년 봄 한식에 꼭 휴가를 얻어 집으로 돌아갈 것이니, 이번에 함께 오면 더욱 좋을 것이다.

[본문 4] 기羅 령令(영감)은, 내가 서운에 있을 때 이미 체직되어 규직에 부

처졌다.

[본문 5] 두 번에 걸친 공채公債 및 사채私債가 작지 않아 반드시 모두 응해야 하는데, 네가 집에서 나가면 맡아서 처리할 수 있는 사람이 없으니, 인仁 제弟[9]가 (여기로) 오면 네가 일단 그대로 머무르면서 곡식을 거두는 일 등을 하고 백수伯嫂의 상사祥事를 지내고 나서 즉시 동쪽(양양)으로 오면 편할 것이다. 그러나 험한 길로 오는 내행이니, 네가 뒤에 남아도 좋고, 형편에 따라서는 함께 왔다가 다음 달 보름까지 남쪽(집)으로 돌아가도 곡식을 받아들이는 기일에 맞출 수 있을 것이다. 다만 네가 왕래하는 것이 괴로울까 걱정일 뿐이다. 이번 인편은 내행 기일을 늦추는 것을 통보하기 위한 인편이니, 반드시 먼저 온 후에야 교군을 고개(대관령) 아래로 보낼 수 있을 것이다. 나도 길 중간에 가서 맞이할 것이기 때문이다.

[맺음말 및 발신일] 나머지는 바빠서 이만 줄인다. 1727년 9월 12일 (수결).

[추신 1] 풍기군수에게 편지를 써서 우리 우사寓舍(죽계竹溪 우사를 지칭하는 것으로 추정)를 잘 돌봐달라고 부탁했는데, 과연 편지에 쓴 대로 해주었느냐?

[추신 2] 신기新基[10]로 정한 지가 이미 오래되었으니 달리 구할 필요가 없겠지만, 큰길을 옮긴 이후에야 길옆에 위치하는 불편을 면할 수 있을 것이다. 관찰사의 가을 순력巡歷이 이미 지났으니, 전에 올렸던 소지所志를 가지고 향청鄕廳에서 이에 대해 조사하도록 부탁한 후 겸관兼官에게 말하여 옮기도록 하는 것이 마땅할 듯하다. 만약 겸관이 난색을 표한다면, 내년 봄에 내가 휴가를 받아 돌아가 신임 수령에게 부탁하는 것도 괜찮겠다. 그런데 신임 수령이 지금껏 고쳐 임명되고 있지 않으니, 매우 이상하다.[11]

[추신 3] 간성杆城군수를 겸임하라는 관문이 오늘 내려와서 일이 하나 더 추가될 것 같다. 오래지 않아 새 군수가 내려올 터이니, 어찌 길게 담당하겠느냐? 원래 10일 후에 금강산으로 유람 행차를 하려 했는데, 단풍도 이제는 철이 늦었고 최근에 공무도 많아졌으며, 내행을 위해 꾸려보낸 뒤라 따라다닐 하인도 부족하다. 이런 까닭으로 일단 행차를 취소하려고 한다.

[추신 4] 신기의 낭자가 백혜白鞋(흰 신)를 요청했는데, 여기는 솜씨 없는 갖바치 한 명이 있을 뿐이고 원래 가죽도 없어서 손쓰기가 어렵다. 사서 보내려고 해도 시장에 모이는 사람이라곤 40, 50명에 불과하니, 고을의 경제력을 알 만하다. 어찌 이런 물건을 살 수 있겠느냐? 풍기에 갖바치가 많으니, 사서 줄 수 있겠느냐?

[추신 5] 올 때 교장膠丈[12]을 꼭 넉넉히 가지고 오너라. 그래야 독교獨轎[13] 와 향정香亭[14]을 짜임새 있게 만들 수 있을 것이다. 여기는 조금밖에 없다.

[추신 6] 철물鐵物은 예납例納[15]할 것이 약간 있긴 하지만, 모두 생철生鐵 (무쇠)이다. 대장장이가 멀리 있어서 미처 단련할 수가 없고, 단련한다 해도 급족急足[16]이 전할 수 있는 것도 아니다. 옛집의 못은 반드시 많이 부족할 것이다. 추철樞鐵(문의 돌쩌귀를 만들 쇠)은 먼저 끌어다 쓰도록 하고, 여기에서 고쳐 만들어 보내는 것도 안 될 것 없다. 만일 이것이 어렵다면 혹 철물을 빌릴 수 있는 데가 있느냐? 우리 □의 석물石物은, 대大○이 군서君瑞와 함께 가지고 갔는데 아직 와서 전하지 않았다. 이것을 취해서 쓴 후 나중에 다시 고치겠느냐?

[추신 7] 아랫사람들에게 패를 이루도록 신칙申飭하여 달마다 공사 일을 하게 시켜라. 열심히 일하지 않는 놈이 있거든 따로 잘못을 기록해오고, 귀집 강杖을 메기기는 말시켜. 그놈들에게 때때로 술은 주고, 점심은 주지

말며, 간혹 저녁 양식을 지급하는 것도 무휼撫恤(달래고 도움을 줌)하는 방법이다. 길옆 바람을 받는 곳은 군서君瑞에게 단단히 부탁하여 비婢들에게 항상 불을 조심하도록 경계하도록 하는 것이 지극히 옳겠다.

[추신 8] 네가 집을 떠나기 어려운 상황이라면, 황군이 혼자 내행을 수행해도 무방하니, 이를 잘 헤아려 하도록 해라. 그러나 그렇게 되면 숙식을 함께할 수 없으니, 어찌 하느냐?

[추신 9] 『심경心經 현토懸吐』 제2권이 가야佳野와 죽계竹溪 두 곳 중 어느 쪽에 있는지 잘 모르겠다. 손자를 시켜 두 곳의 책 상자를 잘 찾아보도록 하고, 있으면 잊지 말고 꼭 가지고 오너라. 『자경편自警編』을 빌려 베낀 것 두 권이 죽계 우사寓舍에 있고 한 권은 가야에 있으니, 함께 가지고 와서 장황粧繢하는 것이 좋을 듯하다.[17]

위의 내용을 한눈에 파악하며 또 편지 전체를 구조적으로 살펴볼 수 있도록 각 단락의 요점을 〈표 2〉로 정리했다.

여기에서도 '내행' 문제가 주요한 주제로 다루어지고 있는데, '편지 1'이 내행 행차 과정 중의 문제에 집중하고 있다면, '편지 2'는 내행이 출발하기 전 현지 사정이 소상하게 논의되고 있다. 또한 집안의 각종 문제도 다루어지고 있다. 이에 대해 하나하나 자세히 살펴본다.

첫 번째 사연인 '본문 1'은 집 짓는 공사, 즉 '옥역'에 대해 이야기하고 있다. 이때의 집은 정황상 가야 본가가 아닌 풍기 죽계에 마련하는 우사, 즉 '죽우竹寓'인 것으로 보인다. 그리고 '본문 2'에서도 볼 수 있듯이 현지의 유력 사족이자 전임 풍기군수이기도 했던 류경시의 집 공사에는 풍기의 '역'이 활용되었던 것으로 보인다. 이 '옥역'은 그 공사

〈표 2〉 '편지 2'의 구조 및 내용

발신자	류경시
수신자	류진현
발신일	1727년 9월 12일
안부 1 (수신자 관련)	1-1. 어제 저녁 관편이 돌아와 잘 지낸다는 편지를 받음. 1-2 익동 낭자가 전에 앓았던 병이 재발했다는 소식을 들음.
안부 2 (발신자 관련)	2-1. 부마를 보내고 요처에 편지를 쓰느라 바빴음. 8일 아침에 부마가 출발하여 조금 평온해짐. 2-2. 월성 유생 권집이 갑산 귀양지에서 그제 방문하여 조 종형의 소식을 들음.
본문 1	옥역屋役에 대한 지시
본문 2	내행의 출발 및 수신자(아들인 류진현)의 출발에 대한 논의. 옥역 및 중손의 제사 등 여러 사정을 고려하여 진행할 것을 지시함.
본문 3	자신(류경시)이 내년 한식 때 휴가를 얻어 집으로 갈 것이니, 편지 수신자(류진현)가 이번에 함께 오면 더 좋을 것이라고 말함.
본문 4	나 령의 소식
본문 5	류진현이 집안에서 할 일과 양양 왕래에 대한 논의 등
맺음말 및 발신일	
추신 1	풍기군수에게 편지를 써서 우리 우사를 돌봐달라고 부탁함.
추신 2	신기가 대로 옆에 있는 문제를 해결하는 방책에 대한 언급
추신 3	간성군수를 겸임하게 되었음. 원래 10일 후에 금강산 유람을 가려고 했으나, 공무도 많아지고 내행 쪽으로 보내느라 따라갈 하인도 부족하여 그만두었음.

추신 4	신기 낭자가 백혜를 구하나 여기에서는 만들 수도 없고 시장에서 구할 수도 없음.
추신 5	올 때 교장을 넉넉히 가지고 올 것을 지시함.
추신 6	철물 수급에 대한 논의
추신 7	하배下輩들을 신칙하여 부지런히 역역役役을 하게 할 것. 그러나 직접 장杖을 때리지는 말고, 술을 주거나 밥을 주어 무휼하도록 하라고 말함.
추신 8	네(류진현)가 떠나기 어렵다면, 황군이 홀로 내행을 따라와도 무방함.
추신 9	『심경현토』 제2권이 가야와 죽계 중 어느쪽에 있는지 모르겠으니 손자를 시켜 잘 찾아 잊지 않고 가지고 오게 할 것. 『자경편』을 빌려 베낀 것은 2권이 죽계에 있고 1권이 가야에 있으니, 모두 가지고 와서 장황하면 좋을 것임.

자체도 쉽지 않았지만, 이 해에 마쳐야 했기 때문에 더 큰 문제였다. 이를 주관할 아들 류진현이 이를 마치고 아버지의 임소인 양양부로 와야 했기 때문이다. 내행도 서둘러 진행해야 했기 때문에 일정을 조정하는 것이 간단치 않았다. '본문 1'에 곧바로 이어지는 '본문 2'가 이를 잘 보여준다. '본문 1'과 '본문 2'의 내용을 통해 아버지가 부재한 상황에서 아들인 류진현이 아버지의 대리자로서 얼마나 큰 역할을 하고 있는지 알 수 있다.

당시 집안의 당면한 가장 큰 과제는 무엇보다 '내행'이었다. 그러나 '옥역屋役(집 공사)' 또한 그 못지않게 시급한 과제였다. 위의 '본문 2'에서 류경시는 옥역을 서둘러 마치고 내행을 수행하여 출발할 것을 아들에게 당부했다. 그러나 고려해야 할 사항은 '옥역'뿐만이 아니었다. 따라서 '본문 5'에서는 '본문 2'의 지시와 다른 제안을 하고 있다.

'옥역' 이외에 가정경제의 근간인 '수곡收穀'도 매우 중요한 사안이었다. 곡식을 거두어 급히 갚아야 할 빚을 해결하는 일이 시급했는데, 이는 남에게 맡길 수 없는 일이었다. 따라서 수곡 시에는 류진현이 반드시 있어야 했다. 이를 위해 류경시는 두 가지 상반된 제안을 하고 있다. 즉, 일단 집에 남아 수곡 문제를 해결하고, 또 남은 김에 큰 형수의 상사祥事를 치르고 그 후에 양양으로 오든가, 혹은 내행을 수행해왔다가 다시 급하게 집으로 돌아가서 수곡을 행하는 방안을 제시하고 있다. 이에 대해서는 류경시도 확실히 마음을 정하지 못한 듯하다. '추신 8'에서는 이번 내행을 류진현이 직접 수행하지 말고 믿을 만한 다른 사람인 '황군'에게 맡겨도 좋다는 이야기를 하고 있기 때문이다. 이렇게 한 편지 내에서 중요한 여러 사항을 한꺼번에 이야기하면서 손 가는 대로 여러 번 다른 식으로 이야기하고 있는 것은, 역시 상대가 가장 편한 아들이었기 때문일 것이다. 이 또한 가족 간 편지의 특징 중 하나다.

이 편지는 추신 사연도 무척 많다. 총 9개의 사연으로 나눠볼 수 있는데, 그중 '추신 7'과 '추신 9'가 재미있다. '추신 7'에서는 아들에게 '하배', 즉 아랫사람을 다스려서 일을 추진하는 방도를 일러주고 있는데, 연장자로서 그리고 아버지로서 자신의 뒤를 이을 아들에게 집안을 다스리고 남을 대처하는 삶의 지혜를 알려주는 모습이 잘 드러나 있다. 또한 '추신 9'에서는 서책을 찾아보낼 것을 지시하고 있다. 그런데 지시의 내용이 매우 구체적이고 상세해서 먼 양양 땅에서 마치 집안 살림살이를 손바닥 들여다보듯 하고 있음을 알 수 있다. 류경시가 당시 집안 문제를 대사大事는 물론 소소한 물건에 이르기까지 소상히 파악하고 있음을 방증하는 대목이다.

편지 3

'편지 3'[18]은 비교적 짧다. 우선 번역을 소개한다.

[안부 1-1] 인사말은 생략한다.·[19] 요사이 소식을 주고받지 못한 지 오래되었는데, 섣달에 어른 모시며 거상居喪하면서 어떻게 지내느냐? 궁금하고 걱정스러운 마음 간절하다.

[안부 2] 나는 관아에서 그럭저럭 지내고 있으나, 여기는 매우 쇠잔하고 가난한데도 응해야 할 사람이나 일이 번다하여 거의 견디기 어려울 지경이다. 어떻게 하겠느냐?

[안부 1-2] 올해 겨울도 다 가고 있는데 무슨 책을 읽고 있는지 모르겠지만, 삼여三餘[20]의 시간은 헛되이 보내서는 안 된다.

[본문 1] 전에 듣기로, 서유書油(책 읽을 때 밝힐 등에 쓸 기름)를 간절하게 구한다더구나. 이것은 얻기 어려운 것은 아니지만, 전후로 고향에 가는 인편이 모두 애질哀姪(상중의 조카) 집안에 보낼 제물祭物 짐을 졌기 때문에 더하여 보낼 수가 없었다. 그래서 지금 제수祭需 보내는 짐말 편에 비로소 몇 되를 부쳤으니, 늦어져서 안타깝구나. 그러나 정월과 2월 두 달은 밤이 짧지 않으니 밤새워 불 밝혀 공부하면 되지 않겠느냐?

[본문 2] 봄이 되면 잠시 휴가를 얻어 성묘를 가려고 하지만, 매달 초하루마다 진봉進封해야 하니 아마도 몸을 빼내기가 어려울 것 같아서 매우 걱정이다.

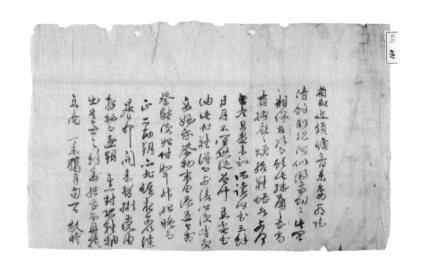

편지 3

[맺음말 및 발신일] 나머지 사연은 많지만 너무 바빠 이만 줄이니 살펴보
아라. 1727년 12월 11일. 경시敬時.[21]

　'편지 3'은 비교적 짧은 편지로 수신자를 구체적으로 알 수는 없으
나, 정황상 집안[22]의 젊은 사람에게 보낸 것으로 추정된다. 편지 수신
자가 이전에 '서유', 즉 밤에 책을 읽을 때 밝힐 등에 쓸 기름을 보내달
라고 부탁한 것으로 보이는데, 이를 구해 보내면서 아울러 책을 읽고
열심히 공부할 것을 당부하고 있다.

　지방관으로 나갔을 경우 집안에서 필요한 각종 물품을 마련해 보내
는 것도 큰일이었다. 이는 비단 경제적 면에서 중요했을 뿐 아니라, 위
와 같이 사족으로서 꼭 필요한 일상을 유지하기 위해 필요한 물품을

조달하여 그 지위를 유지하도록 하는 일이기도 했다. 따라서 당시에는 고가의 물품이었던 지필묵을 마련해 보내는 편지는 많이 찾아볼 수 있는데, 책을 읽을 때 필요한 조명을 위한 연료인 '기름'에 대한 언급이 있는 것은 드물기에, 이 편지는 자료적 가치가 적지 않다 할 것이다.

편지 4

'편지 4'[23]를 정리하면 〈표 3〉과 같다.

'편지 1'과 '편지 2'의 '내행' 관련 사연에서도 알 수 있듯이 상당히 먼 거리였던 양양과 안동(혹은 풍기)을 오가는 일은 당시의 교통 상황을 감안하면 결코 쉬운 일이 아니었다. 그런데 류경시의 가족들은 어째서 이를 무릅쓰고 굳이 류경시의 임지로 가려고 애썼을까? 다음 구절을 보면 그 이유를 짐작해볼 수 있다.

> 여기는 (…) 옆에 젊은 사람이 없지만 그럭저럭 지낼 수는 있다. 그러나 너는 형편상 움직이기 어렵고 두 아우는 기근에 빠져 있어 이곳에 와 함께 즐거움을 누릴 수 없는데, 혼자서만 관官의 지공支供을 받아먹고 있으니, 어찌 잘 지낸다고 할 수 있겠느냐? 곡식에 대한 걱정은 말할 필요도 없겠거니와, 아침저녁으로 어렵고 궁핍하게 지내는 상황을 생각할 때마다 걱정을 떨치기 어렵다. 그러나 양양은 가난한 고을이고 구제해야 할 지친至親은 거의 10여 집에 이르니, 곡식으로는 혹 도울 수 있겠지만, 돈이 없는 관아라서 돈을 찾아 나눠 돕기가 어려우니, 어찌 만의 하나라도 보탬을 줄 수 있는 형편이겠느냐?[24]

〈표 3〉 '편지 4'의 구조 및 내용

발신자	류경시
수신자	류태현(류정시의 아들)
발신일	1728년 2월 23일
안부 1 (수신자 관련)	1-1. 관편官便이 죽동竹東에서 돌아와 병이 덜해진 것을 알았음. 1-2. 종손이 잔마孱馬에 무거운 짐을 싣고 험한 길을 타고 갔는데, 무사히 도착했는지를 물음.
안부 2 (발신자 관련)	2-1. 간성杆城 무시武試에서 돌아왔음. 2-2. 형님(류정시)은 강녕하심. 실환室患(자신의 아내의 병)이 더해짐.
안부 3 (수신자 및 집안 관련 언급)	이곳으로 와 함께할 수 없는 아쉬움과 양양이 돈이 없는 고을이라 친척들을 제대로 도울 수 없는 안타까움을 말함.
본문 1	고천高川과 신천新川의 혼사 상황에 대한 물음.
본문 2	태수台叟의 상喪에 대한 소식을 듣고 놀라움을 표함.
본문 3	일가 중 과거에 합격한 사람이 있는가를 물음.
본문 4	가상佳上이 당한 일이 어떻게 되었는지 물음.
본문 5	암행어사에게 체포된 사람이 무사히 풀려났는지 물음.
본문 6	종손從孫(류태현의 아들들) 교육 걱정
맺음말 및 발신일	
추신 1	편지를 쓴 후 편지를 받고 계속 잘 지냄을 알게 됨.
추신 2	여기서 보낼 제물祭物 및 산소의 산신제에 대한 언급

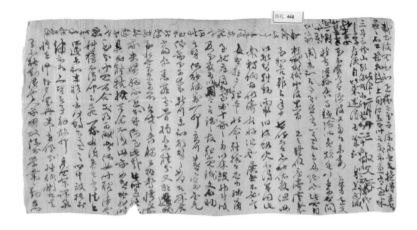

편지 4

앞부분의 자신 및 자신이 있는 곳의 안부를 서술하는 부분에 이어서
편지 수신자인 조카 류태현이 여기에 함께 오지 못한 아쉬움을 이야기
한 대목이다. 안부를 말한 부분에서 '형님은 강녕하다'라고 한 것으로
보아 류태현의 아버지인 류경시의 큰형 류정시는 당시 양양 관아에 와
있었던 것으로 보인다. 여기에서 주목할 지점은 다음 세 가지다.

첫째, "옆에 젊은 사람이 없지만 그럭저럭 지낼 수는 있다"라고 한
부분이다. 여기에서, 가족 중 자신의 아들 등 젊은이를 임지로 데리고
오려 한 주된 이유가, 현지에서 수령이 가정생활을 영위할 때 원래 집
에서라면 자신이 이를 주관해야 하나 임지에서는 공무로 바쁘기 때문
에 자신을 보조하여 현지의 가정사를 주관할 사람이 필요했기 때문임
을 짐작할 수 있다.

둘째, "(류태현 및 두 아우가 오지 못하고 가야 본가에서 기근으로 고생하고 있음을
말한 후) 나 혼자서만 관의 지공을 받아먹고 있으니, 어찌 잘 지낸다고

할 수 있겠느냐(즉 이는 아름다운 상황은 결코 아니다)"라고 말하고 있는 부분이다. 이를 통해 수령 가족이 험로, 원로를 무릅쓰고라도 굳이 수령 외 임지로 가려 했던 이유가 관청의 물품을 이용하여 임기 동안이나마 비교적 걱정 없는 생활을 영위할 수 있었기 때문임을 알 수 있다.

셋째, "양양은 가난한 고을이고 구제해야 할 지친至親들을 제대로 도울 수 없다"라며 안타까워하는 부분이다. 이를 통해 대외적으로는 국왕의 대리인으로서 목민의 임무를 수행했던 지방관, 대내적으로는 한 가정 및 집안의 대표자로서 집안을 꾸려나가는 데 중요한 역할을 해야 하는 존재였음을 알 수 있다. 그런데 이런 '대내적' 상황은 사족이라면 누구나 공통된 것이었지만, 대외적으로 공공연하게 드러낼 수 있는 성질의 것은 아니었다. 따라서 가족 간 주고받은 간찰이 아니라면 이런 발언을 보기가 쉽지 않다.

위에서 볼 수 있듯이 류경시는 외지에 나가 있으면서도 항상 집안의 대소사를 챙기고 있으며, 나아가 집안이 나아가야 할 방향 및 미래에 대해서도 끊임없이 걱정했다. 이는 수령 또한 사족이 속한 가장 기본적 공동체였던 '한 집안'의 일원에서 벗어나는 존재가 아니었음을 잘 보여주며, 이는 이 편지의 '본문 6'의 다음 구절에서 잘 볼 수 있다.

우아禹兒(류태현의 아들)들의 공부는 오직 네가 조석으로 책을 읽으면서 그 아이들을 옆에 있도록 함에 달려 있으니, 그렇게 하면 굼뜨고 게으른 사람이라도 어찌 그 마음을 움직일 수 없을 리가 있겠느냐? 집안의 일어남과 어그러짐이 학업의 부지런함과 게으름에 달려 있다. 항상 이 일이 걱정되어 편안히 잠든 적이 없다. 너희들이 스스로 노력하지 않는다면, 어찌 아들들을 노력하게 할 수 있겠느냐?[25]

여기에서 이야기하고 있는 바와 같이 아이들 교육이야말로 사족 집안의 흥망이 걸린 중차대한 사안이었다. 따라서 집안의 어른으로서 멀리서도 끊임없이 이에 대해 마음을 쓸 수밖에 없었을 것이다.

편지 5

'편지 5'[26]는 1728년 3월 16일 밤에 금강산 표훈사로 유람차 나온 류경시가 당시 양양 관아에 와 있던 형 류정시에게 보낸 것이다. 지방관이 누릴 수 있는 이점 중 하나가, 평소라면 큰 비용을 들여 일부러 멀리 찾아가야 할 해당 지역의 명승을 관력官力을 이용하여 비교적 편하게 유람하며 완상할 수 있었다는 것이다. 양양은 지역사회를 넘어 조선을 대표하는 명승지였던 금강산을 가까이에 둔 곳이다. 따라서 양양부사에 부임한 사람이라면 '풍악행楓嶽行'은 놓칠 수 없는 기회였다. 이 편지에서 류경시는 양양에서 금강산으로 온 경로 및 금강산 경내의 여정을 소상하게 설명한 후, 산의 경치 및 유산遊山의 흥취를 자세히 서술하였다. 금강산 유산기는 하나의 장르를 이룰 정도로 조선 후기에 많이 생산되었던 종류의 글이어서 현전하는 것만 해도 수백 종을 헤아린다. 이 편지는 조선 후기 사족의 중요한 문화적 행위였던 '금강산 유산'의 구체적 실정을 파악할 수 있는 또 하나의 자료다.

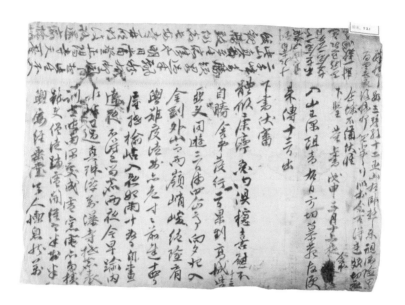

편지 5

편지 6[27]

[안부 1-1] 전에 보낸 인편이 돌아오자마자 제수祭需를 실은 짐말의 인편
이어 다다라, 5월 더위에 행정 업무를 보며 잘 지내며, 관아의 여러 사람도
모두 평안하다는 것을 알았으니, 기쁘고 위로되는 마음을 이루 형언할 수
없네.

[안부 1-2] 다만 듣기로, 질부姪婦[28]의 손바닥에 난 종기 증세가 가볍지
않다고 하는데, 그곳에는 보통 의원과 약이 없으니 이것이 걱정스럽네.

[안부 2] 나는 여전히 그럭저럭 지내고 있으나, 말을 타고 먼 길을 온 뒤 여
독이 아직 풀리지 않아 아직도 끙끙 앓고 있네. 그리고 거처가 그쪽에 있
을 때보나 못하고, 집에 노삭아사마사 우선偶擇[29]이 병으로 누워 고동스

러워하고 있어서, 근심과 걱정으로 날을 보내고 있네. 지금 한 달쯤 지났는데, 왼쪽과 오른쪽 다리에 병이 유행流行하며 병세가 오락가락 일정치 않아서, 병을 얻은 후 문밖 출입을 못하고 있네. 여독으로 몸이 매우 심하게 상하여 연이어 약을 쓰고 있지만 뚜렷한 효험을 보지 못하고 있으며, 눕고 일어나는 데에도 남의 손을 빌려야 한다네. 보고 있자니 지극히 가엽고 걱정되네.

[본문 1] 휘신諱辰(부모의 기일)이 머지않았는데, 내가 갈 수가 없는 것은 어쩔 수 없지만, 두 아우가 각기 다른 곳에 있고 또 여러 일에 얽혀 떠나기가 어려운 형편이라고 하는데도, 지금 거취가 어떻게 될지 듣지 못하고 있으니, 슬픈 감회만 더할 뿐이네. 지금 하루하루를 지탱하기 힘든 것은 보통의 해라고 해도 면할 수 없는데 더구나 흉년을 만났으니 어떻겠는가?

[본문 2] 올해 모맥牟麥(보리)은 괜찮은 해라고 할 만하니, 10일이나 보름쯤 지나면 거의 익을 것이네. 그렇지만 현재 삼세三稅(세 가지 기본 조세)와 대동미大同米를 일시에 내라고 독촉하니, 벌거벗고 서 있는 듯한 백성들이 감당할 길이 없네.

[본문 3] 새로 부임한 안동부사는 술을 꽤 좋아하고 장형杖刑을 살피지 않아서, 장을 맞아 죽은 백성이 꽤 되니, 사는 일이 참으로 몹시 두렵고 걱정스럽네.

[맺음말 및 발신일] 나머지 사연은 많으나 멀리 보내는 편지로는 다 쓸 수 없어 이만 줄이네. 우선 살펴주기를 바라며 답장 쓰네.

1728년 5월 3일. 사형(舍兄) 답장 씀.

[추신 1] 신기新基의 질녀가 여기 온 지 이미 오래되었는데, 지난번에 상사祥事[30]를 지내고 다음 날 바로 돌아왔네. 이는 누에치는 일을 해보게 했는

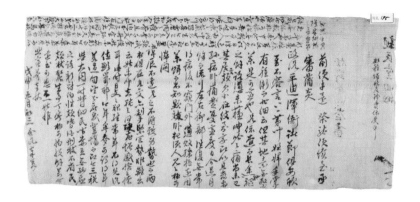

편지 6

데 아직 섶新에 올리지는 않았네. 올해 뽕나무 잎이 귀하지 않으니 배우는
일을 마칠 수 있을 것이네.

[추신 2] 양양 관아에 달리 일을 주간할 사람이 없어 걱정이네. 들으니, 황
생黃生이 지금은 들어갔다고 하니 다행이네.

[추신 3] 그러나 문단文丹 종손宗孫의 상이 또 전염병 때문에 났다고 하는
데, 지금부터는 그 집안이 더욱 의지할 곳이 없어지게 되었으니, 지극히
참혹하고 슬픈 일이네.

[추신 4] 내가 올 때 탔던 말은, 살이 말랐고 또 삼세와 대동미를 납부하라
는 다그침을 당하여 22관貫의 값을 받고 팔았네. 말이 훈련이 안 되어 다루
기 어렵기 짝이 없는데, 그런 셈치곤 싼 값은 아닌 듯하네. 이 또한 어찌하
겠는가?

[추신 5] 어제 고천高川의 편지를 받았는데, 이번 인편에 간절히 들어가고
싶었시만, 앙문에 굉기가 생거시 수신 며칠을 기디려보고 대단히기 않으

면 6일에 출발할 것이라고 하네. 나머지는 눈이 흐려 간신히 대충 쓰며 이만 줄이니 우선 살펴주기를 바라네.

[추신6] 몇 가지 반찬거리와 돈은 잘 받았네.[31]

위의 내용을 다시 정리하면 〈표 4〉와 같다.

'편지 6'[32]은 양양의 동생 임지에 갔다가 한 달 여 전에 안동 가야의 집으로 돌아와 있던 큰형 류정시가 양양 관아의 류경시에게 보낸 것이다. 많은 사연이 적힌 긴 편지인데, 사연 모두 중요하겠지만 특히 발신자 관련 안부 서술 부분인 '안부 2'에서 의미심장한 구절을 발견할 수 있다. "(여기의) 거처가 그쪽(양양)에 있을 때보다 못하다[其居處頗欠於在彼]"라는 구절이 그것이다. '집보다 좋은 곳은 없다'라는 서양 속담이나 '집 나서면 고생'이라는 우리 상투어에서도 알 수 있듯 보통 살고 있는 집을 가장 편안하게 여기는 것이 인지상정이다. 그럼에도 불구하고 류정시는 이렇게 이야기했다. 여러 어려운 사정을 무릅쓰고 굳이 수령의 식구들이 지방관의 관아로 찾아가 지냈던 이유를 여기에서도 엿볼 수 있다. 일반적인 간찰에서 앞의 '안부' 서술 부분은 극히 상투적이며 대개의 경우 중요한 내용이 담기지 않는다. 그러나 '편지 6'을 통해 가족 간 주고받은 편지에서는 이 부분도 세심히 독해한다면 중요한 정보를 얻을 수 있음을 알 수 있다.

이 밖에도 이 편지에는 삼세나 대동미 납부의 어려움이나 '자신이 타고 왔던 말을 얼마간 돈을 받고 판 일' 등 당대 경북 안동 지역 사족의 일상을 잘 보여주는 소소한 사연이 많이 쓰여 있다.

발신자	류정시 (위치: 가야(椰野))
수신자	류경시 (위치: 양양)
발신일	1728년 5월 3일
안부 1 (수신자 관련)	1-1. 전에 보냈던 인편과 제수를 실은 짐말 편이 연이어 와서, 잘 지내고 있음을 알게 됨. 1-2. 질부(류진현의 아내)의 손바닥에 난 종기에 대한 걱정을 말함.
안부 2 (발신자 관련)	자신(류정시)은 긴 여행 끝에 아직도 여독을 풀지 못하고 있음. 우손이 늪고 일어나는 데 남의 도움을 받을 정도로 아파 매우 걱정임.
본문 1	휘신이 머지않은데 (제사에) 참석할 수 없어 슬픔.
본문 2	흉년의 어려움을 토로. 삼세와 대동미 납부를 독촉받고 있음을 말함.
본문 3	새로 부임한 안동부사가 술을 좋아하고 장형을 남발함을 말함.
맺음말 및 발신일	
추신 1	신기 질녀가 여기에 와서 머무르며 상사를 치르고 다음 날 곧바로 돌아갔는데, (여기 있는 동안) 잠역蠶役(누에치기)을 마칠 수 있었음.
추신 2	양양 관아에 (집안)일을 주관할 사람이 없어 걱정인데, 황생이 들어갔다니 다행임.
추신 3	문단 종손의 상喪에 대한 언급
추신 4	자신(류정시)이 올 때 타고 왔던 말을 22관의 돈을 받고 팔았음.
추신 5	어제 고천의 편지를 받음. 항문의 종기로 며칠 기다렸다가 대단치 않으면 6일에 출발할 것이라고 함.
추신 6	옷시끼 돈은 잔 받았음.

247

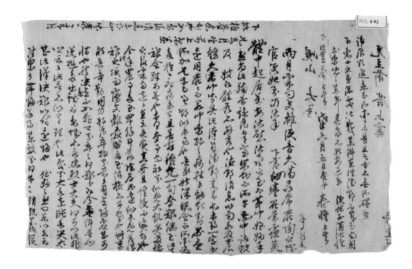

편지 7

편지 7

'편지 7'[33]을 정리하면 〈표 5〉와 같다.

'편지 7'은 류경시의 동생인 류춘시가 보낸 것이다. 이 편지 앞부분 안부 교환 부분에 '질부' 및 '수씨'에 대해 언급하는 대목이 나온다. 이를 통해 질부, 즉 류경시의 아들 류진현의 아내와 수씨, 즉 류경시의 아내가 당시 편지를 수신하는 류경시가 머물고 있는 양양 관아에 함께 머물고 있었음을 파악할 수 있다. 발신자인 류춘시의 상황은 두 달째 연이어 내리는 장맛비와 황충 등 자연재해 때문에 보리, 밀, 벼 등 농사가 흉작이었음을 알 수 있다. 또한 죽계 우사 등 집안 대소사의 서술도 소상하다.

〈표 5〉 '편지 7'의 구조 및 내용

발신자	류춘시(류경시의 아우)
수신자	류경시
발신일	1728년 6월 5일
안부 1 (수신자 관련)	관편官便을 통해 두 달 동안 계속된 장마에도 잘 지내고 있음을 알아 기뻤음. 질부姪婦(류진현의 아내)의 손에 난 병이 걱정됨. 수씨嫂氏(류경시의 아내)의 안부도 물음.
안부 2 (발신자 관련)	2-1. 가야佳野(큰형 류정시)의 소식은 잘 듣지 못하고 있음. 들으니, 우손의 병이 더해지지는 않았다고 하여 다행이지만, 병이 쉽게 나을 것 같지는 않음. 2-2. 자신(류춘시)은 춘궁기를 어렵게 보내고 있음. 2-3. 금년 보리농사는 연이은 비로 결실이 없고, 진맥眞麥(밀)도 황충蝗蟲의 피해를 입음. 금년 농사(벼농사) 40여 두락 김매기를 제대로 못하고 있음.
본문 1	죽우竹寓(죽계竹溪 우사寓舍)를 간신히 힘을 썼으나 장차 버려지게 되어 아까움.
본문 2	여기에 홍수가 나서 차한此漢이 제때 돌아가지 못했는데, 질부의 병에 쓸 약의 처방을 가지고 가 약효를 보았다니 다행임.
본문 3	조趙 집의執義 종형이 임금의 부름으로 상경했는데, 상경 후 소식을 듣지 못하여 답답함.
본문 4	다음 달 휘신(부모의 기일)에 참석하고 싶으나 데리고 갈 구종을 갖추지 못하고 있음.
본문 5	작은 문어를 잘 받음. 약료藥料는 곧바로 가야로 갔음.
본문 6	영천靈泉의 안부는 그럭저럭 평안함.

편지 8[34]

[안부 0] 1년 동안 헤어져 있던 끝에 단란히 모였다가 미처 충분히 정을 나누기도 전에 곧바로 헤어졌으니, 헤어질 당시의 섭섭한 마음 형언할 수 없습니다. 고향집에 돌아와 누워 있자니 대관령과 동해바다가 아스라하여 다시 뵙기를 기약하기가 또 쉽지 않을 것이라 더욱 슬프고 안타깝습니다.

[안부 1] 가을 기운 맑은데 행정 업무 보시며 어떻게 지내고 계신지 모르겠습니다. 관아의 식구들은 모두 평안히 지내고 있습니까? 울적한 심사 다시 간절히 형언키 힘듭니다.

[안부 2] 저는 겨우겨우 집으로 돌아왔더니 일직一直의 딸 부부가 와서 머무르고 있었는데, 모두 독한 감기를 앓으며 대엿새 동안 녹초가 되어 있다가 어제부터 약간 나아졌고, 나머지 어린 아이들도 연이어 병을 앓았습니다. 사아師兒(류춘시의 장남인 류사현)도 사나흘 크게 앓다가, 10일에 복시覆試가 26일에 열린다는 소식을 비로소 듣고서, 바빠서 양식을 준비하지 못하다가 간신히 돈을 빌려 밀양密陽으로 말을 달려갔는데, 11일에 출발했지만 기일에 맞게 갈 수 있었는지 확신하기 어렵습니다. 16일부터 사나흘 동안 비가 내렸는데, 어제나 오늘은 집으로 돌아오리라 생각했지만 여태 소식이 없으니 울적함과 걱정을 이길 수 없습니다.

[본문 1] 풍기군수가 그사이 또 바뀌어 박준朴埈이 16일에 새로 부임해왔는데, 형벌을 너무 엄하게 하여 아랫사람들이 마음 편해하지 못한다고 합니다. 들으니, 이 군수는 예전 간성干城, 杆城군수의 종친宗親(같은 집안 친척) 가문의 외예外裔(딸의 자손)며 또한 촌수 내의 동색同色(당색이 같음)이라고 합니다. 친분이 예사롭지 않을 것이라 생각됩니다. 그러니 제가 (풍기군 내에) 새로 우거할 곳으로 찾아와 저를 살펴봐 달라고 부탁하는 편지를 써서

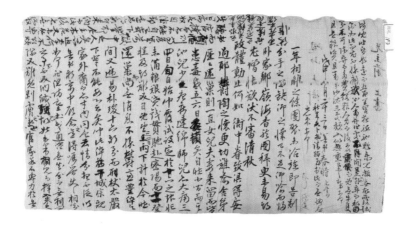

편지 8

서로 알고 지내도록 해주시기 바랍니다. 풍기의 지역민이 통자通刺[35]함을
막았을 뿐 아니라, 친분이 없어서 서로 문안할 일이 없다면 편지를 보내
억지로 만날 필요가 없어서 일단은 서로 만나지 않고 있었습니다만, (이런
상태라면) 환곡을 바칠 때 관의 핍박을 받을 우려를 면하기 어려울 터입니
다. 관에서 저에게 오로지 힘을 써서 돌보아 구휼해주지 않는다면 세전歲
前에는 감옥에 갇힌 죄수가 될 것이 뻔합니다. 이 절박한 근심을 어찌합니
까? 행정 업무로 바쁘신 데 귀찮게 하고 싶지 않았습니다만 어쩔 수가 없
었습니다. 헤아려 주시겠습니까?

[본문 2] 올해 목화는 또 전혀 수확을 하지 못하게 될 것입니다. 일전에 막
莫 노奴가 가야佳野에서 돌아왔는데, 겨우 몇 근을 가지고 와서 바쳤을 뿐
입니다. 그리고 이후로도 수확은 없을 것이라고 합니다. 얼어 죽은 귀신이
됨을 면할 수 없을 깃입니다.

[(맺음말 및) 발신일] 1728년 8월 23일 사제舍弟 춘시春時 올림.

[추신 1] 사아가 어제 저녁에야 비로소 돌아왔습니다. 500리 길을 밤을 무릅쓰고 말을 몰고 달려갔으나, 합격에서 까닭 없이 제외되었습니다. 복시覆試는 으레 이와 같으니, 더욱 통탄스러움을 이길 수 없습니다.

[추신 2] 다른 사람의 논을 병작幷作하는 곳은 일굴 수가 없어 포기해야겠지만, 제 논은 묵혀 버려둘 수 없습니다. 그러나 인력과 그들이 먹을 식량을 많이 소비한 후에야 다시 농사를 지을 수 있을 것입니다. 그런데 소도 없고 양식도 없으며, 게다가 논 세 군데가 무너져 모래가 들어와 있습니다. 다시 일굴 수 없을 것 같습니다. 어찌 합니까?

[추신 3] 가을 이래로 문복文卜이 (돈을 갚을 것을) 요구하며 여기에 왔습니다만, 대응할 방도가 없습니다. 어찌 합니까?[36]

'편지 8'[37]을 정리하면 〈표 6〉과 같다.

'편지 8' 역시 류춘시가 쓴 것으로서 앞의 '편지 7'보다 약 2달 후의 것이다. 맨 앞부분 서술을 통해 중요한 정보를 파악할 수 있는데, 여기에서 이 두 달 사이에 류춘시가 양양으로 가 류경시를 만나고 왔음이 드러난다. "1년 동안 헤어져 있던 끝"에 만났다고 한 것으로 보아, 이 둘은 류경시가 양양에 부임한 1727년 8월 이후 처음 만났다는 것을 알 수 있다. 위의 다른 편지들에서 류경시의 아내는 물론 그 아들인 류진현 부부, 큰형 류경시는 이미 양양을 다녀갔거나 현재 그곳에 머물고 있음을 알 수 있었다. 이에 비하면 류경시의 동생인 류춘시는 뒤늦게 양양을 다녀간 것이다. 가족 간에도 친소親疏 및 각자의 사정에 따라 임지 방문 시기에 차이가 있었음을 알 수 있다.

〈표 6〉'편지 8'의 구조 및 내용

발신자	류춘시
수신자	뮤껑시
발신일	1728년 8월 23일
안부 0 (서두의 정회)	1년 동안 헤어져 있던 끝에 단란하게 만났다가 곧바로 헤어져 돌아와 슬픔.
안부 1 (수신자 관련)	수신자 및 양양 가족들의 안부를 물음.
안부 2 (발신자 관련)	일직의 딸 부부 및 사아의 병에 대해 말함.
본문 1 (청탁)	신임 풍기군수 박준이 간성 종친의 외예이므로 자신을 돌봐달라고 부탁하는 편지를 써달라고 부탁함.
본문 2	올해 목화가 흉작이라 겨울 추위가 걱정됨을 말함.
맺음말 및 발신일	
추신 1	사아가 500리 길을 달려 복시를 보고 어제 저녁 돌아옴.
추신 2	논을 버려둘 수 없으나 소도 없고 인력에 쓸 식량도 없어 다시 개간할 수 없는 사정을 말함.
추신 3	가을걷이 후 청구서의 답지踏至에 수응酬應할 수 없는 사정을 말함.

편지 9

'편지 9'를 정리하면 〈표 7〉과 같다.

'편지 9'[38]는 1729년 2월에 쓰인 것인데, 발신자와 수신자의 위치가 흥미롭다. 여기에서 양양부사인 양양 관내를 돌아보며 업무를 보기 위해 양양부 관아를 떠나 있고, 그 아들인 편지 수신자 류진현이 관아에

〈표 7〉 '편지 9'의 구조 및 내용

발신자	류경시(위치: 동산洞山 등 양양 관내 이곳저곳)
수신자	류진현(위치: 양양 읍치 소재 관아 내)
발신일	1729년 2월 27일
안부 1 (수신자 관련)	밤사이 관아의 안부를 물음.
안부 2 (발신자 관련)	나(양양부사 류경시)는 어제 양양부 경계에 도착했는데, 관찰사의 행차가 28일에 도착한다는 탐장探狀을 받고, 중도에 급히 돌아와 오늘 아침에 동창洞倉(洞山의 倉)의 환곡을 내주는 것을 점검하고, 29일 아침에 환관還官(양양부 관아로 돌아감)할 것임을 알림.
본문 1	단리丹吏의 인마人馬에 대한 통탄스러움.
본문 2	사촌 김金, 우友 두 사람이 지금 관아로 향하고 있음을 알림.
본문 3	내행内行이 3일에 출발할 것인데 행장을 뜻대로 꾸리지 못할까 걱정됨. 훈조燻造(메주)를 가지고 가야 함. 너(류진현)와 황군이 행자行資를 감안하여 미리 가서 기다리고 있어야 함. 향편郷便(고향으로부터 오는 인편)이 아직 돌아오지 않고 있어 울적함.
맺음말 및 발신일	
추신 1	권함權咸(권씨 성의 조카)이 노奴에 관련된 송사로 옥에 갇혔다는 걱정을 말함.

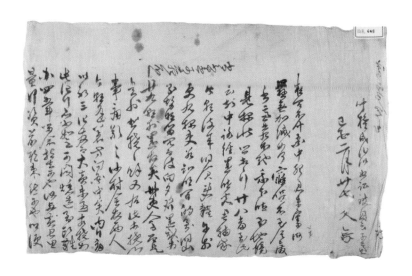

편지 9

머물고 있다. 류경시는 순상巡相, 즉 관찰사를 맞이하고 속현屬縣이었 던 동산의 창고에서 환곡을 내주는 것을 감독하기 위해 양양부 관내를 떠나 관할 지역을 순행하고 있었던 것으로 보인다. 그는 이 편지에서 이때의 사정을 소상하게 적어 아들에게 알려주고 있다. 조선시대 수령 은 임지로 부임하며 자신의 업무를 도와줄 '책객冊客'을 데려가는 일 이 흔했다. 아들 류진현은 현지에서 아버지 가족을 보살피는 한편 일 종의 업무 보좌 역할도 수행했던 것으로 추정할 수 있다.

편지 10

'편지 10'을 정리하면 〈표 8〉과 같다.

'편지 10'[39]이 쓰였을 당시는 류경시의 양양부사 임기도 어느덧 중

〈표 8〉 '편지 10'의 구조 및 내용

발신자	류정시 (위치: 가야(伽野)
수신자	류경시 (위치: 양양부 관아)
발신일	1729년 5월 2일
안부 1 (수신자 관련)	제수祭需를 실어온 짐말 편으로 편지를 받음. 제수씨의 묵은 병에 대한 걱정과 진질晉姪(류진현)이 무사히 도착한 다행스러움을 말함.
안부 2 (발신자 관련)	자신(류정시)은 봄과 여름 이래로 입맛이 예전 같지 않음. 가탄佳灘 서제庶弟의 발에 창종瘡腫이 낫지 않고 있음.
본문 1	이달 14일의 휘신諱辰에 고천高川 제弟가 (양양부로) 들어가려고 함.
본문 2 (소식)	올해 이곳은 풍년이지만 평소 빈한한 집안은 날마다 버티기가 어려운 것이 흉년과 다를 바 없음. 삼세三稅는 납부했으나, 대동미는 독촉이 심함.
본문 3	우손禹孫이 의촌醫村에 머무르며 침을 맞고 있음.
본문 4	가뭄 피해 상황
본문 5	대귀大歸(류경시가 양양부사를 그만두고 고향으로 돌아옴을 지칭)는 제대로 된다면 다행이겠으나, 더위도 심해지고 내행內行도 병중 행차를 해야 하겠기에 걱정이 없을 수 없음.
맺음말 및 발신일	
추신	보내준 음식은 잘 받았음.

료가 보이던 시점이었다. '본문 5' 부분에서 큰형 류정시는 이에 대해 벌써 언급하고 있다. 수령에서 체직되어 고향에 내려오면 당연히 '내행'도 함께 와야 하는데, 류경시의 아내의 숙환 때문에 걱정된다고 말했다. 이 편지에서 또 주목되는 점은 '휘신', 즉 돌아가신 부모 제사를

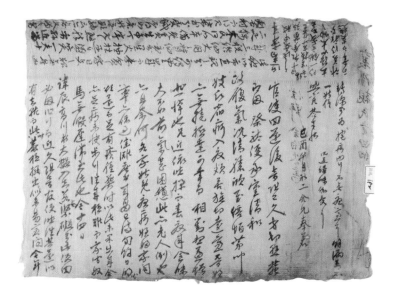

편지 10

언급한 부분이다. '고천 제'가 휘신 때 그곳으로 가려고 한다고 알린 것이다. '휘신' 관련 언급은 앞서 다른 편지들에도 자주 나왔다. 양양 임지에서 부모 제사를 지내고 있음을 알 수 있다.

편지 11

'편지 11'[40]을 정리하면 〈표 9〉와 같다.

여기에서도 앞부분의 언급을 통해 류태현이 최근까지 양양에 있었음을 알 수 있다. '본문 5'에서는 기와 굽는 일에 대해 류경시에게 상의했다. 전후 맥락으로 보아 기와 굽는 일꾼들에게 줄 식량을 류경시에게 청한 것으로 보인다. 기타 집안 대소사에 대한 언급도 많다.

⟨표 9⟩ '편지 11'의 구조 및 내용

발신자	류태현柳泰鉉(류정시의 아들)
수신자	류경시
발신일	1729년 6월 6일
안부 1 (수신자 관련)	인사하고 돌아온 지 열흘이 지났는데, 관아에서 업무를 보면서 잘 지내고 있는지 안부를 물음.
안부 2 (발신자 관련)	자신은 2일에 무사히 돌아왔고 부모님도 평안하심을 알림.
본문 1 (소식)	종성種城 종형이 종부정宗簿正이 되어 출발했다가 종성 수령에 임명되어 다시 며칠 내로 상경한다고 했는데, 그 이후의 소식을 듣지 못했음.
본문 2 (소식)	종가宗家 정貞 종從이 숙환으로 사망했음.
본문 3 (소식)	남쪽 지방의 가뭄이 혹심한데, 여기 천등산天燈山 자락은 근근이 이앙했지만, 안동부 동서東西이하는 천리千里가 붉은 땅임.
본문 4 (소식)	우아禹兒의 병의 상황에 대해 설명함.
본문 5 (소식)	기와 굽는 일은 7월에 시작하려고 하나 흉년이라 (일꾼들) 식량을 미리 마련할 수가 없으니, 벽노碧奴가 나올 때 이에 대해 말씀 주시기 바람.
본문 6 (용건)	관편官便이 여러 곳 답장을 받아 6일에 돌아가는 길을 출발하니 10일 후에는 도착할 것임.
본문 7 (소식)	종수從嫂의 병에 대한 언급
맺음말 및 발신일	
추신 1	정鄭 상사上舍 원겸元兼의 사망 소식 등

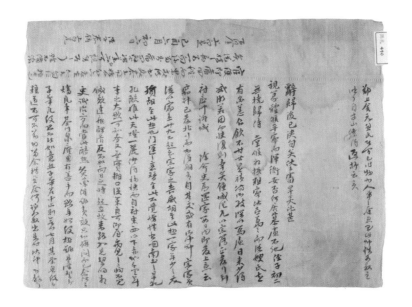

편지 11

편지 12

'편지 12'를 정리하면 〈표 10〉과 같다.

'편지 12'[41] 역시 앞의 '편지 9'와 같이 양양부 읍치邑治를 떠나 있던 양양부사 류경시가 관아에 머무르고 있던 아들 류진현에게 보낸 것이다. 이는 '편지 13'도 마찬가지다. '편지 1'과 '편지 2'가 양양부사로 막 부임한 직후 '내행'이 안동에서 양양으로 가는 사정을 이야기한 반면에, '편지 12'와 '편지 13'은 임기가 끝나가는 시점에 '내행'이 고향으로 돌아가는 사정을 말해주고 있다. '본문 1' 부분을 보자.

나는 19일 아침 일찍 봉산洞山을 출발하여 30리를 갔는데, 비글 빈나 일행

〈표 10〉'편지 12'의 구조 및 내용

발신자	류경시
수신자	류진현
발신일	1729년 윤7월 21일
안부1 (수신자 관련)	비에 물이 불어 소식을 주고받는 길이 막혀 그간 병환이 어떤지 듣지 못해 울적함.
본문1	고향으로 돌아가는 내행을 인솔하여 강릉 대관령 아래까지 온 여정 및 여행 사정을 이야기함.
본문2	박朴, 우友가 염방鹽魴(소금에 절인 방어)을 구하고 있으니, 소금에 절여 말린 것 중 조금 큰 것 한 마리를 인편을 통해 보낼 것을 지시함.
본문3	달達의 폐학廢學을 걱정함.
본문4	조군曺君이 비에 막혀 머무르고 있으니 잘 대우해줄 것을 지시
본문5	비가 그치면 송어松魚를 잡을 수 있으나, 비가 또 내리면 진봉進封을 하지 못하게 될 것이라 걱정임.

이 다 젖었다. 연곡延谷의 주인主人 집에서 말을 먹였는데, 비가 그치지 않아 즉시 다시 재촉하여 연천延川을 건넜으나, 건넌 후에도 큰비가 연이어 퍼부어 겨우 사돈집에 도착했다. 황과 노비를 남겨 내행 행장을 꾸리게 시키고, 나는 (강릉) 향청鄕廳에 머물렀다. 그날 밤 비바람이 심상치 않아 앞내가 크게 불어 출발하기가 어려워 그대로 이틀을 유숙했다. 오늘 아침에 비로소 쾌청하게 개었지만 강물은 줄어들지 않았다. 구산丘山은 피해갈 수 있지만, 구산 이후로는 한 번 물을 건너야 하니 부득이 일단 형세를 지켜보아야 한다. 오후에 출발하여 구산에서 자고 내일 아침 나아가려 하는데, 대관령 고갯길이 진흙탕에 돌도 노출되어 곱절로 더 험악해졌다고 하

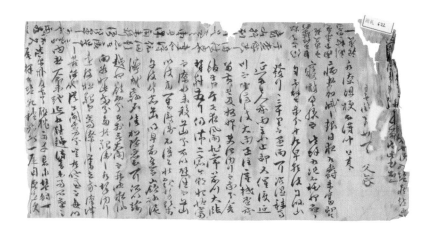

편지 12

니, 일행이 어떻게 넘어가겠느냐? 영서는 큰비가 내리지 않았지만, 그젯 밤 비바람이 그렇게 심했으니 건너기 어려운 물이 많을 것이라 내행을 이끌고 먼 길 가기가 지극히 어려울 것이다. 그러나 비가 개고 내리는 것을 살핌은 나에게 달려 있고, 비가 내려 지체되는 괴로움은 그 상황에 맡길 뿐이니, 지금부터 갠다면 어찌 다른 근심이 있겠는가만, 내환內患(아내의 병)의 근심은 항상 늦출 수가 없다. 연천 물 건너기가 어려워 소식 듣기가 쉽지 않아 무척 걱정스럽고 답답하구나.[42]

내행이 양양으로 올 적에는 강릉부사에게 부탁, 곳곳에 교군들이 기다려 맞이하게 하여 여행을 진행시켰는데, 이번에 내행이 고향으로 돌아갈 때에는 류경시가 직접 이끌고 대관령이 소재한 강릉까지 나아가고 있다. 여기에서는 대관령까지의 여정이 자세히 서술되고 있고, 미침 큰비가 내려 여정이 녹록지 않았던 특수한 사정까지 나와 있다. 이에 따르면 양양 읍치를 떠난 일행은 읍치 남쪽의 '동산'(현재의 강원도 양양군 현남면 및 현북면 일대)에서 묵고 다시 남쪽으로 30리쯤 나아가 연곡으로 갔다. 연곡은 현재의 강릉시 연곡면 일대로 여기부터는 강릉의 속현이 된다. (현재는 연곡連谷으로 표기) 연곡의 '연천'은 현재의 연곡천連谷川에 해당한다. 연곡에서 겨우 물을 건넌 일행은 갈라져서, 내행 일행은 사돈집에서 머무르며 앞으로의 여정을 준비하고, 류경시는 강릉 읍내의 향청(유향소)으로 가서 이틀을 묵었다. 이제 대관령으로 가 고개를 넘어야 하는데, 그 길도 쉽지 않아서 '구산丘山'으로 가서 형세를 지켜보기로 했다. '구산'은 구산역丘山驛이 있던 곳으로 현재의 강릉시 성산면 구산리 일대에 해당한다. 이 편지를 통해 양양부 읍치로부터 대관령에 이르기까지 당대의 교통로를 매우 상세히 파악할 수 있다. 그러나 이 편지의 주된 의의는 이러한 당대의 실상을 전해주는 사료라는 점보다도, 수령의 내행이 수령 자신이 직접 나서 챙겨야 할 만큼 가족의 중대사였다는 점을 보여준다는 데에 있을 것이다.

편지 13

[안부 1] 이렇게 비가 내리니 소식을 받을 가망이 없다고 여겼는데, 뜻밖에 관편官便이 밀려서 내가 행차해 있는 곳까지 이르러 네 편지를 받아보고 병이 덜해졌음을 알게 되었으니, 위로됨과 치하하는 마음 이루 말할 수 없다. 지금부터 잘 조섭한다면, 원래 증상을 말끔히 떨쳐내지는 못할망정 잠 자고 먹는 것은 조금 나아질 수 있을 것이다. 이 얼마나 다행이냐?

[본문 1] 나는 강릉에서 두 밤을 머무르고 어제 오후에 사잇길을 통해 와

동산 → 구산 지도

구산에서 잤다. 오늘 아침 일찍부터 앞으로 나아갈 것인데, 말에 실은 짐은 무겁고 대관령 길은 험악하니, 매우 걱정이 된다. 어찌 하겠느냐? 대관령을 넘은 후로는 인편을 보내 관官에 폐를 끼칠 필요가 없을 것이다.

[본문 2] 상우祥郵(상운역祥雲驛 역승)가 오늘 출발하니, 달아達兒가 수업을 받을 수 없을 것이다. 네가 특별히 잘 타일러 권면하여 공부를 하지 않는 데 이르지 않도록 하면 좋겠다.

[본문 3] 양양은 비가 특히 심하다고 하지만 어제부터 비로소 맑기 시작했으니, 사나흘 지나면 은어와 송어를 수타秇打(약을 풀어 고기를 잡음)할 수

있을 것이고, 진상進上하는 데에도 급박하여 허둥댈 우려가 없게 되지 않겠느냐?

[본문 4] 공관空官 범사凡事(자신이 관아를 비울 동안의 모든 일)를 삼가 잘 단속하여 수령이 업무를 비웠다는 비방을 불러오지 않도록 하는 것이 지극히 옳을 것이다.

[(맺음말 및) 발신일] 1729년 윤7월 22일. 아버지가.[43]

　　마지막 편지인 '편지 13'[44]은 '편지 12' 바로 다음날에 작성된 것으로서 내행을 이끌고 대관령까지 온 류경시가 양양 관아에 머물고 있는 아들 류진현에게 보낸 것이다. 여기에서도 내행의 여정에 대해 이야기하고 있다. 또한 '편지 12'와 '편지 13'은 당시 양양 지역의 중요 진상품인 은어와 송어에 대해서도 언급하고 있다. 지역 특산물의 진상은 수령의 주요 임무 중 하나였다. 그런데 특산물 생산, 특히 수산물 포획은 날씨에 좌우되는 일이 잦았다. 혹 기일 내에 잡지 못하면 돈을 주고 사서라도 진상을 해야만 했다. 당시 비가 많이 왔기 때문에 양양부사인 류경시는 내행을 이끌고 출타하고 있는 와중에도 이 문제에 차질이 생길까 신경을 곤두세우고 있었음을 알 수 있다. '본문 4' 부분의 짧은 당부에서는 임지에서 아들의 역할이 어떤 성격의 것이었는지 잘 드러난다. 물론 구체적인 행정은 담당 향리들이 처리할 것이나, 출타 중인 자신을 대리하여 관아 전반을 단속하는 역할을 아들이 어느 정도 수행하고 있었음을 알 수 있다. 멀리 경내 밖으로 나와 있으며 비로 인편 왕래가 쉽지 않은 상황에서 하루가 멀다 하고 소상한 사연의 편지를 관아의 아들과 주고받은 주요한 이유가 바로 여기에 있었다.

〈표 11〉 '편지 13'의 구조 및 내용

발신자	류경시
수신자	류진현
발신일	1729년 윤7월 22일
안부 1 (수신자 관련)	비가 내려 소식을 받을 가망이 없다고 여겼는데, 관편官便이 행소行所로 와서 편지를 받았음. 병을 잘 조섭할 것을 당부함.
본문 1	강릉→구산丘山→대관령에 이르는 여정을 서술
본문 2	상우가 오늘 출발하니, 달아의 공부를 네(류진현)가 잘 독려할 것을 지시
본문 3	양양의 비가 심하지만 어제부터 맑기 시작했으니, 은어와 송어의 추타 및 진상에 차질이 없을 것을 기대함.
본문 4	공관 범사를 잘 단속할 것을 지시

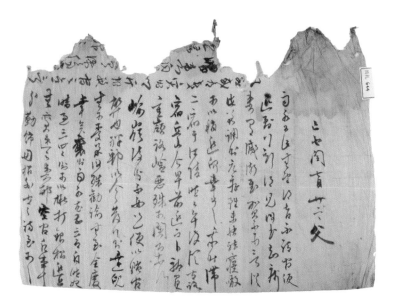

편지 13

편지를 통해 본 양양부사 재임 시기 류경시 가족의 일상

『승정원일기』 등 관련 기록에 따르면 류경시는 1727년 8월 말에 양양에 부임했고, 정확한 체직 시기는 알 수 없지만 대략 1729년 10월 이후일 것으로 보인다. 이 기간인 약 2년 동안 류경시는 아들, 형제, 조카와 끊임없이 편지를 주고받았다. 이 중 분석 대상이 된 편지 13통을 통해 류경시의 가족들의 이동 상황을 정리해보면 다음과 같다.

류경시는 부임하자마자 우선 내행, 즉 부녀자들의 이동부터 추진했다. 유교 국가인 조선에서 내행의 가장 중요한 대상은 원래 어머니가 될 터이나, 류경시는 젊은 시절 부모를 모두 여의었기 때문에 당시 내행에 어머니는 포함되어 있지 않았다. 이때 내행은 류경시의 아내와 류경시의 아들인 류진현의 아내가 중심이 된 집안 아녀자 및 수행 비婢들이었을 것으로 보인다. 이들은 이후 류경시의 재임 기간 동안 줄곧 양양부 관아 내 처소에 머물렀던 것으로 추정된다. 류정시 및 조카들이 류경시에게 보낸 편지들에서 류경시의 아내 및 '질부', 즉 류진현의 아내의 안부가 자주 언급되고 있는 것에서 이를 알 수 있다(편지 6, 7, 10).

안동 가야부터 양양부 읍치까지 내행은 결코 쉽지 않은 길이었다. '편지 1'과 '편지 2'에서 이를 잘 알 수 있다. 수령의 직계 가족인 부녀자의 행차에는 '교군轎軍', 즉 가마꾼이 필수였는데, 중간 중간 교대할 가마꾼들을 적소에 배치시켜 일행이 오기를 기다렸다가 맞이하여[隨處待候] 다음 여정을 진행해야 했기 때문이다. 오는 동안 필수적으로 거쳐야 할 요처인 대관령이 특히 문제였는데, 대관령은 강릉부 경내였기 때문에 강릉부사에게 부탁하여 유향소에 명령을 전하여 사람들을 조달하게 하여 문제를 해결했다. 또한 양양부에서 보내는 교군들은 읍내의 '한유', 즉 다른 역을 지지 않고 노는 사람들에게 이 역을 시키는 것이 관례였다는 것도 '편지 1'을 통해 알 수 있다. 또한 '편지 2'에는 내행 출발 직전 류경시의 안동 가야 고향집의 사정이 상세히 드러나 있다. 내행을 준비시켜 출발하게 하고 또 원래는 이를 직접 수행하여 양양까지 가는 일을 담당해야 할 사람은 류경시의 아들 류진현이었는데, 풍기의 죽계竹溪 우사寓舍 건립 공사 및 곡물의 수취, 신기新基(풍기의 '신기'로 추정됨) 묘소 조성 공사 등등 처리해야 할 다른 집안일 또한 한두 가지가 아니었다. 따라서 류경시와 류진현 두 사람은 여러 일을 어떻게 처리하고 또 류진현이 언제 양양으로 올 것인지에 대해 여러 방안을 놓고 고민한 것으로 보인다. '편지 2'를 통해 양양의 류경시와 안동의 류진현이 서로 상세한 정보를 주고받으며 이에 대한 처리 방안을 논의하였음을 알 수 있다. 양양의 류경시는 먼 곳에서도 집안일을 자세히 파악하고 있었다.

부녀자들은 류경시의 양양 도임 직후에 양양으로 가서 줄곧 머무르다가 재임 기간이 끝날 무렵인 1729년 초가을 즈음에 고향집으로 돌아온 것으로 보인다. 양양에서 안동으로 돌아오는 내행의 정황은 '편지 12'와 '편지 13'에서 보인다. 1729년 윤7월 21일과 22일에 쓰인 이 두 편지에서, 류경시가 내행을 직접 인솔하여 대관령 아래까지 왔음을 알 수 있다. 이때의 여정은 당시 비가 많이 내려 매우 험난했다. 비는 옷을 젖게 하고 길을 진흙탕으로 만들어 길을 가는 것 자체를 어렵게 만들기도 했지만, 곳곳에 있는 시내나 강의 물이 많이 불어 건너는 것을 어렵게 만드는 것이 더욱 큰 문제였다. 영동 지방의 강들은 물매가 가파르기에 폭우에 물살이 쉽게 거칠어진다. 양양으로부터 강릉까지 연곡천과 사천천을 건너야 했고, 대관령 아래 구산역에서는 남대천의 지류인 보광천을 건너야 했다. '편지 12'에는 당시 여정의 고단함이 고스란히 드러나 있다.

먼 거리의 내행은 관官의 인원 및 역役을 동원한 교군은 물론, 많은 수행원과 가마, 말, 식량 등 물품이 적잖이 필요했기 때문에 처리하기가 만만치 않은 일이었다. 따라서 위의 13통의 편지 중 앞뒤 2개씩 4개의 편지는 주된 관심사가 내행에 맞추어져 있다. 그만큼 내행은 수령의 재임기간 동안 수령 가족의 중대 행사이자 주요 사건임을 알 수 있다.

가족의 남성 구성원들은 부녀자에 비해 비교적 자유롭게 오갔다. 편지를 통해 아들인 류진현은 최소 한 번 이상 안동과 양양을 오갔음을 알 수 있다. (편지 10) 물론 더 자주 왕래했을 것이다. 류경시의 형 류정시는 언제 간 것인지는 확실하지 않으나 1728년 초에는 양양에 머무르고 있다가 (편지 4, 5) 4월 말에 가야의 집으로 돌아왔다. (편지 6) 동생인 류춘시는 류경시가 부임한 지 1년 만인 1728년 8월 무렵에 양양으로 가서 류경시를 만나고 돌아왔다. (편지 8) 이밖에 류경시의 손자 및 조카들도 양양에 체류한 것으로 보인다.

가장인 류경시가 부재하는 동안 집안일을 도맡아 처리한 사람은 아들 류진현이었다. 물론 류진현은 주로 일을 실행하는 쪽이고, 대개의 일은 편지의 왕래 덕분에 멀리서도 집안일을 소상하게 파악하고 있던 류경시의 판단 및 지시에 따라 이루어졌다. 류진현은 제사 등 집안 행사를 치르고, 묘소 조성과 가사家舍 건축 등 집안의 현안도 챙겨야 했다. 복잡한 사안인 내행을 꾸려보내는 일도 류진현이 신경 써야 할 문제였다. 가정 경제에 필수적인 수곡收穀을 처리해야 했음은 말할 필요도 없겠다. 그런데 류진현의 활약은 안동의 집에서 그치지 않았다. 아버지의 임지인 양양부 내에서도 그는 아버지의 대리자로서 역할을 수행한 것으로 보인다. '편지 9', '편지 12', '편지 13'은 어떤 일을 처리하기 위해 잠시 관아를 떠나 있던 류경시가 양양 관아에 머무르고 있던 류진현에게 보낸 것이다. 특히 '편지 13'의 류경시가 류진현에게 "공관空官의 범사凡事"를 "잘 단속[十分勤飭]"하라고 한 말에서, 류진현의 이러한 역할 및 위상을 엿볼 수 있다.

큰형인 류정시와 동생 류춘시 등 류경시의 형제들도 류경시와 자주 편지를 주고받았다. 위에서 분석대상으로 삼은 편지들에서도 시시콜콜한 일상의 정보를 교환하고 집안의 일이라면 그 어떤 일이라도 서로 의견을 주고받았던 것을 볼 수 있다. 이를 통해 볼 때 아마도 지금 남아 있는 편지는 극히 일부에 지나지 않고, 원래는 훨씬 많은 양의 편지를 주고받았을 것이다. 이들은 항상 정보와 의견을 교환하며 모든 일을 함께 추진하는 운명 공동체였다. 따라서 관직으로 나가 출세한 류경시를 통해 각종 물품 및 곡식, 나아가 금전을 공급받았고, 그가 부임한 임지로 따라가 잠시나마 생활의 편의를 누리는 것은 이들로서는 당연한 일이었고, 류경시 또한 집안을 위해 물심양면 지원을 베풀기를 주저하지 않았다. 이러한 강력한 공동체는 자신들의 아랫대에서도 지속되어야 했기에 집안의 어른 중 한 명으로서 류경시는 아들과 조카, 손자들에게까지 끊임없이 공부를 면려했다.

이 13통의 편지들을 통해, 강력한 생활 공동체로서 사족 가족인 류경시 집안이 함께 정보를 공유하며 일상을 영위했던 실상을 확인할 수 있으며, 그 대표자 격이었던 류경시의 지방관 사환仕宦 진출은 그들 생활의 질적 수준을 끌어올리는 중요한 계기로 작용했고, 가족들은 물론 류경시 또한 이 계기를 적극 활용하는 데 주저함이 없었음을 볼 수 있다. 즉, 공적 영역에서 지방관은 국가 행정의 하부 단위에서 행정의 실행으로 국가의 일원들에게 국가의 존재를 직접 체험케 하는 공적 존재지만, 사적 영역에서 보면 집안 공동체와 그 외부 사회가 접촉하는 최일선에 서서 생활 공동체의 이익 실현을 위해 몸소 나서 활동하는 '한 집안의 대표자'였다. 조선시대 사대부들은 이를 모순으로 여기지 않았으며, 두 영역 모두에서 자신의 역할을 제대로 수행하는 행동 규범 및 양식을 체화하고 있던 이들이었다.

맺음말

이 글은 함벽당 류경시 종가에 전해지는 간찰 자료 중 류경시가 양양부사 시절 가족과 주고받은 편지 13통을 분석하여, 공개적으로 간행된 자료에서는 잘 드러나지 않는 지방관 및 그 가족들의 생활의 실상을 고찰하고자 한 것이다. 이를 통해 류경시 가족이 생활 공동체로서 공유했던 강력한 유대를 확인할 수 있었으며, 한편으로는 유교사회인 조선의 사적 영역의 가장 기초적 집단이었던 '집안' 혹은 '가문'의 대표자였으며 다른 한편으로는 공적 영역인 관직자이기도 했던 지방관 개인이 집안 내부의 일원들과 어떤 식으로 소통했는지를 여실히 읽어낼 수 있었다.

양양부사는 류경시의 관력에서 일부분을 차지할 뿐이었다. 따라서 이 13통의 편지는 그의 긴 관력 시기 동안 가족과 주고받았던 수많은 편지 중 극히 일부에 지나지 않는다. 향후 추가 연구를 통해 양양부사 이외 다른 지방관 시기 및 중앙조정 사환기에는 류경시가 집안의 일원과 어떤 관계를 맺으며 사적-공적 존재로 생활을 영위해나갔는지에 대한 이해의 심화가 가능할 것이다. 조선시대는 긴 시기며 조선 사회는 지역적 차이 또한 엄존했다. 류경시와 다른 시기, 다른 지역에 살았던 인물과 비교 연구도 필요할 것이다.

앞에서 본 바와 같이 어떤 사족 집안 집단이 생활 공동체, 운명 공동체로서 강력한 유대를 유지하며 공동으로 일상을 영위할 수 있게 했던 요인 중 편지의 역할을 무시할 수 없다. 사족 집안의 지역사회 및 사족 사회 전체, 나아가 국가 전체 내에서의 작동 양태를 이해하려면 그것을 가능하게 했던 경제적 기반 및 문화적 의식을 이해해야 하는데, 이에 대해서는 각 방면의 연구가 축적되어 있다. 그러나 이들의 공적-사적 영역의 일상을 가능하게 했던 중요한 매체인 간찰에 대한 연구는 여전히 걸음마 단계라고 할 수 있다. 이런 현황을 타파하려면 각 분야를 아우르는 학제적 연구도 필요하겠지만, 편지 수신자와 발신자 그리고 그들이 속했던 집안에 대한 이해를 기초로 편지 한 통 한 통을 철저하고 자세하게 독해하는 작업이 우선되어야 할 것이다. 이 글은 작게는 함벽당 류경시 집안의 생활사 복원 및 조선 후기 경북 지역 사회연구에 미력하나마 일조가 될 것이나, 크게는 편지라는 매체에 대한 이해의 심화를 통해 조선 사회의 주역이었던 사족 집단에 대한 이해의 지평을 넓히는 데 조금이나마 기여할 수도 있을 것이다.

1　柳道源,『蘆厓集』卷9 '行狀'「訓大夫行司憲府掌令涵鏡堂先生柳公行狀」,"丁未秋, 除襄陽府使. 相臣送之日, 江襄之間, 土賊橫行, 至不可制. 今以公爲守, 不足憂也. 及到官, 果聞賊黨自黎婆嶺至大關嶺, 巢窟相連, 殺越人命, 焚燒村廬. 近峽之民, 擧爲脅從, 至於民與賊不可辨矣. 公與江陵守金公合勢跟捕, 終未得一賊, 而剽掠愈甚. 公乃密召山氓論之日, 汝等皆入賊黨, 都目官方以盜賊之律治汝輩, 汝輩將如何? 山氓皆涕泣日, 小人等本是良民, 豈有從賊之心, 而爲其所脅, 不能自拔, 願明府指示可生之路. 公日, 官家亦知從賊非汝本心, 故姑不繩以盜賊, 汝輩若求自新之路, 一從官令, 可乎. 咸日, 諾. 乃辟左右, 招入其稍慧者數人, 授以方略. 或標其所著, 或覘其出入, 或誘以致之, 或乘而襲之, 與官將校, 相爲表裏. 未一旬, 果獲魁賊三人, 自後跟捕相屬伏法者數十人, 賊徒駭散, 無復有桴警. 於是宣布惠信, 申嚴教令, 邑人洽然從令. (…) 得巡營秘關, 知畿湖逆變, 疾驅還官, 別關又來到, 戒以抖擻軍政, 且曰, 列邑軍器之修鍊, 無如襄陽者. 如有發軍之令, 則襄陽當居前. 公修治軍器, 精利可用, 故云, 公乃悉呼大小民人, 勉以忠義, 刻日聚軍操鍊. 時昇平日久, 無有曉解陣法者. 公取兵學指南兵機鍊要等書, 講求略遍, 夜則招軍任輩, 教以旗招鉦鼓之令方圓坐作之法, 晝則操習于沙場. 如是五日, 軍容有可觀者. 李承宣彙晉崔正言達泰, 見而歎之日, 柳公可謂文武兼材矣. (…) 海獺皮封進, 亦爲本邑鉅弊. 每獵捉時, 發六津漁船, 遮結南川海口, 以遊船五六隻, 上下鼓噪, 羣獺崩駭跳出, 則擊刺取之. 公與杆城倅同舟觀獵, 日未暮, 獺塡海口, 纔取十二頭, 公遽命罷獵日, 已足封進之數, 何必盡物取之邪?"

2　류경시가 집안 식구가 아닌 사람에게 쓴 편지도 1통 포함되어 있다. 편지 3을 선정한 이유는 본문의 해당 부분을 참조.

3　문서번호 KS0062-2-57-00646.

4　편지의 원문은 다음과 같다. "[안부 1] 苦企官便, 而至今不還, 訝菀深矣. 其間各度諸致俱穩耶? 慮○不已. [안부 2] 我則昨已治送夫馬, 頗覺閑穩. [본문 1] 聞轎軍一名, 臨行發病落後, 更此申勅起送其代. 蓋此邑例以邑居閑遊準此役, 有此蹭蹬之患也. 可痛可痛. [본문 2] 內行, 當由大關嶺, 大關嶺乃江陵地也. 必得轎軍, 隨後待候, 然後可無顚仆之慮, 而昨聞江倅有鄕行於數日內, 其前未及相通, 則必有狼狽之慮, 故自此直府候柬于梧, 俾聞見其行果已到鄕, 則卽傳此書, 受其傳令, 前期急送一人, 傳江陵留鄕所, 使之調發等候, 至可至可. 此行若未發, 則自此方欲以此書起耳. [본문 3] 庶母之行, 當自蔚珍直路, 隨後撥來庶弟. 若出來, 則以此言之. 其間若優雨霜嶺塞, 則且待開春, 何晩也? 此意傳之矣. [본문 4] 方行白日場, 旬後欲作楓岳遊賞之行, 而卜馬及下人不備, 姑未之必也. [맺음말 및 발신일] 極忙不一. 丁未重陽月. 父 (手決)"

5　『목민심서』 '율기律己' 제3조 '제가齊家'.

6　문서번호 KS0062-2-57-00448.

7　문서번호 KS0062-2-57-00484.

8　관官의 인편. 여기서는 양양부에서 집으로 보낸 사람을 말한다.

9　류경시의 동생인 류춘시를 가리키는 것으로 보인다. 류춘시의 자字가 인약仁若이다.

10　풍기의 '신기'에 잡은 못자리를 지칭하는 것으로 추정한다.

11　[안부 1-1] 官便昨昏始還, 得見各家平書, 殊慰苑懷, [안부 1-2] 而翼洞娘子有前症復發之漸
云, 殊可驚慮. 日間諸致連穩否? 奉念不弛. [안부 2-1] 我則好保官況, 以獨當治送夫馬, 緊處
不可無書, 作一勞擾. 八日早已發, 事久稍平穩, [안부 2-2] 而月城儒生權溪, 自甲山謫所, 再昨
歷訪, 始聞趙從兄承召入洛之報, 計已謝恩南還, 而三年阻違, 未瞻鬖髮, 良用悵苑. [본문 1] 屋
仅, 商量家中形軀, 欲從簡先曾奴輩屈空, 而更思之, 告今年, 則坐向未易傷吉, 勢將擇日加立數
柱矣. 今聞以新材先立寢室, 功力難多費, 而凡事作事爲半, 還可幸也. 東村屋材難運, 而瓦則未
運云, 基人果能齊力運致耶? 新椽莫如貿用, 而家無錢資, 何以爲之也? [본문 2] 夫馬十三間必
已到達, 而發行日子, 初卜於十七, 屋役尙遲, 故更爲卜日, 而日氣漸寒, 且仲孫亡日在開初, 不
可在家行祀, 其於必入來而後, 可設小奠也. 量此爲之, 而許多官人, 殆過三十, 祭物色及一二
名, 使傳祭物于水谷住谷, 餘丁盡令立役, 則五六日之內, 殆至數百名. 或先緊役耶? 廿日夕出宿
作行, 似好矣. 黃君舍自家稽事, 逐日檢役, 五架新屋, 皆其力也. 多謝多謝. 幸速董役, 仍陪內行
以來, 似好. 所騎亦入於十六駄麿鍊中耳. 其餘一家或有新得者, 而自此已送十三駄, 只餘其三,
並梧泉金哀家有宿諾小主谷得馬, 則似難付之, 而渠則趁春作行之意言之, 可也. [본문 3] 明春
寒食, 必欲由還, 今時借來, 尤好矣. [본문 4] 羅令, 吾在洛時已遞附軍職矣. [본문 5] 兩度公私
債不小, 必須畢應, 而汝出則無可照管者, 仁弟若來, 則來姑仍留收穀此等事, 且過伯嫂祥事, 卽
爲東來似便, 而險路內行, 汝之落後亦可, 臨勢將同來趁來望南還猶可. 及於納纁, 但恐汝, 汝往
來爲苦耳. 此便爲報退行之期, 必須先來而後, 可送轎軍於嶺底, 吾亦中路往邀故也. [맺음말
및 발신일] 餘忙不一. 丁未九月十二日. (手決) [추신 1] 基倅前纔作書, 略囑吾寓顧見之意, 而
其果如意否? [추신 2] 新基完定已久, 固不必它求, 而大路口(移?)修, 然後得免路傍之苦. 方伯
秋巡已過, 則以前呈玆所志, 囑鄉雛摘奸後, 言于兼官移改, 似宜. 兼官若難之, 則明春吾當由還,
囑于新倅亦好, 而新倅至今未改云. 可怪可怪.

12　'장丈'의 판독이 확실하지 않다. 아마도 일종의 접착제를 가리키는 것으로 추정된다.

13　말 한 마리가 끄는 가마.

14　향로를 싣는 조그만 가마.

15　지방관이 전례에 따라 중앙관서에 바치는 물건.

16　급한 소식을 전하는 빠른 심부름꾼.

17　[추신 3] 杆城兼任之闋, 今日來到, 似添一事, 而新官不久下來, 何至久當也? 初欲以旬後卽作
楓岳之行, 而楓林則今已衰晩, 公務近劇多端, 且治送內行之餘, 驕率不具, 姑此撤行矣. [추신
4] 新基娘覓白鞋, 而此有皮匠庸手一人, 元無皮物, 姑難容措. 雖欲貿送, 而邑市來會者, 不過
四五十人, 物力可知, 何能覓貿此等物也? 基邑多鞋工, 或可貿給耶? [추신 5] 來時膠丈(?)必
優數持來, 然後獨轎及香亭, 可以精造, 此地獨有些耳. [추신 6] 鐵物有若干例納, 而皆生鐵也.
冶工在遠, 未及鍛鍊, 而雖鍊, 非急足可傳, 舊屋之釘, 必多不足. 樞鐵先爲引用, 自此改造以送,
亦無不可. 此若難便, 則或有鐵物可貿之處耶? 吾口石物, 大○同君瑞持去, 尙未來傳, 此可取
用, 後改造耶? [추신 7] 下輩處, 作牌申飭, 使之逐月立役, 有不勤者, 別錄付過以來, 不必親自
下杖也. 渠輩時或饋酒, 午点不饋, 則或夕粮給之, 亦撫恤之道也. 路傍受風之處, 勤囑君瑞, 常
戒婢輩, 使之謹火, 至可至可. [추신 8] 汝有難離勢, 則黃君獨陪內行, 亦無妨, 量此爲之, 而宿
食無可括, 奈何? [추신 9] 心經懸吐第二卷, 佳竹兩處, 未知的在何處, 須令孫兒細檢兩處書篋,
有則必勿忘持來, 而自警編借寫二卷, 在竹寓, 一卷在佳野, 並持來以糚, 似好矣.

18　문서번호 KS0062-2-57-00371.

19　인사말은 생략한다. 원문은 '생식省式'. 편지 발신자 혹은 수신자가 상중일 때 편지 첫머리에
쓰는 투식이다.

20 독서하기에 좋은 세 가지 여가餘暇를 말한다. 위魏나라 동우董遇가 "겨울은 한 해의 여가고 밤은 하루의 여가고 장마철은 한 철의 여가(므로 독서하기에 아주 좋다)[多者歲之餘 夜者日 之餘 陰雨者時之餘也]"라고 하였다.

21 [안부 1-1] 省式. 近頗曠音, 未委窮陰, 侍餘制況何似? 溯慮切切. [안부 2] 此間粗保官次, 而 顧此殘薄之甚, 尙有酬應之煩, 殆難堪者奈何. [안부 1-2] 今多且盡, 未知所讀何書, 三餘日月, 不宜悠泛. [본문 1] 曾聞懇覓書油, 此非難得. 而前後郵便, 皆負哀姪家祭物, 未由添送, 今於祭 馱便, 始付如干升, 恨晩. 而正二兩朔, 亦非短夜, 可以繼晷耶? [본문 2] 開春暫擬受由拜掃, 而 逐朔進封, 恐難抽出, 是慮是慮. [맺음말 및 발신일] 餘萬忙甚不具, 姑惟哀亮. 丁未臘月旬一 日, 敬時.

22 가족은 아니고 가까운 일가인 듯하다. 이 편지에서 멀리 나가 있던 류경시가 왜 "수응이 번 다하고 편지 쓸 일이 많았는지" 그 이유를 잘 알 수 있다. 자신의 가족뿐 아니라 가까이는 친 형제, 멀리는 일가의 대소 수요까지 모두 챙겨야 했기 때문이다.

23 문서번호 KS0062-2-57-00468.

24 此間(自杆城武試, 望後還官. 兄主體候康寧, 室患至加苦.) 雖無年少在側者, 而亦能依度. 但汝 以形勢難動, 兩弟泪沒飢火, 不得來同此樂, 獨餉官供, 寧有好況也? 庚患不必云, 每想朝夕艱乏 之狀, 念之難捨, 而邑力殘薄, 至親應濟者殆至於十家之多, 以米穀升斗波及, 則或可以相周, 而 無錢之官, 艱覓錢文分助, 其勢何能補萬一耶?

25 禹兒輩課業, 惟在汝之朝夕對冊, 使之在側, 則雖頑懶者, 豈有不能動得也? 人家興敗, 係於學業 之勤怠. 每念此事, 未嘗安枕也. 汝輩自不能勉, 安能勉子也?

26 문서번호 KS0062-2-57-00521. 자세한 내용은 130쪽 〈표 2〉 참조.

27 편지의 뒷면에 "친민당親民堂에 보냄. 가야의 큰형 답장[親民堂回納 佳野舍伯答書]"이 있음. '친민당'은 양양부의 당호로 보인다.

28 류경시의 아들 류진현의 아내를 가리키는 것으로 추정된다.

29 류정시의 손자를 말한다. 류태현의 아들 중 한 명으로 추정된다.

30 상자신, 즉 류정시의 아내의 대상大祥을 지칭하는 것으로 추정된다.

31 [안부 1-1] 前便才還, 祭馱便續至, 承審蒲炎, 政況平迪, 渾衙諸節俱安, 欣慰不容言, 不容言. [안부 1-2] 第聞姪婦手掌有腫漸而非細云, 但其地素無醫藥, 是可慮也. [안부 2] 兄依遣, 而長 途馳驅之路, 慣未蘇, 呻吟之痛, 尙未已, 其居處頗欠於在彼, 到家卽以且當禹孫病臥痛楚, 憂 慮度日, 今過月餘, 而流行左右脚部, 往復無常, 得病後不窺門外, 憊悩殊極, 連用藥餌, 而不知 顯效, 臥起須人, 見之極可憐悶. [본문 1] 禫辰不遠, 兄之不得致身勢也, 而兩弟俱在各處, 亦掣 緊冗, 勢難離出云, 姑未聞去就之何決, 尤增感愴之懷耳. 此時日支之艱, 雖常年不得免, 況値歉 歲耶? [본문 2] 今年牟麥, 可謂得年, 若過旬望, 則庶幾登場, 而卽今三稅與大同, 一時督納, 民 間赤立無酬應之路, [본문 3] 新府伯性頗嗜酒, 刑杖不省, 民頗杖斃, 生事丁寧, 極可怕憫. [맺 음말 및 발신일] 餘萬非遠書可悉不一, 姑惟照亮, 答奉狀. 戊申五月初三, 舍兄奉答. [추신 1] 新基姪娘, 來此已久, 頃日往過祥事, 翌日卽還, 蓋頗試靈役, 姑未上薪, 而今年桑葉不貴, 可以 卒業也. [추신 2] 衙中他無幹事之人, 爲悶. 聞黃生今已入去云, 可幸, [추신 3] 而文丹宗孫之 喪, 又出於染疾云, 其家自此尤無依賴, 極可慘怛. [추신 4] 吾來時所乘之蠡, 恐其膚肉之瘦瘠, 且迫於三稅大同, 只以廿二貫捧價, 而其馬疲鈍最甚, 似非廉價也, 亦且奈何? [추신 5] 昨得高 川書, 則今便切擬入去云, 而肛門有腫漸, 姑竢數日, 若不大段, 則初六當出來云耳. 餘眼昏艱草 不一, 姑惟. [추신 6] 數種饌味及錢貫, 依受耳.

32 문서번호 KS0062-2-57-00195.

33 문서번호 KS0062-2-57-00643.

34 편지 뒷면에 "현산 관아의 형님께 답장 올림[峴山 大衙 兄主前 上書]"이 있다.

35 원문은 '통자通咨'로 되어 있으나 문맥상 '통자通刺'가 맞을 듯하다. '통자通刺'는 명함을 보내 문안하는 것을 말한다.

36 [안부 0] 年相離之餘, 團聚未洽, 旋卽告別, 分手之際, 缺仰之懷, 已不乎仰喩, 而歸臥家鄕, 嶺海杳然, 圖拜更未易期, 尤增恨歎. [안부 1] 伏未審淸秋, 政體動止何如? 衙中眷致俱得安過耶? 鬱陶之懷, 更切難喩. [안부 2] 舍弟厪還巢, 則一直女兒夫妻來留, 而皆患毒感, 五六日委頓矣. 自昨小間, 而其他兒少憂病連綿, 師兒亦大痛三四日. 旬日始聞覆試設定於卄六之報, 忙未備粮, 艱貸錢貫, 馳赴密陽, 而十一登程, 及期難必, 自旣望三四日雨下, 計於昨今還巢, 而尙無消息, 不勝鬱慮. [본문 1] 豊倅, 其間又遞易, 朴玦十六新到, 而刑杖太嚴, 下輩不能安心云矣. 聞此倅舊日干城宗親家外裔, 而亦寸內同色云. 情分想不泛, 以舍弟新寓中顧念之意得囑簡, 使之相知如何? 非但防基土民通咨(刺), 無知分而無相問之事, 則不必納緘强見, 故姑未果相見, 而捧羅之際, 必難免剝膚之患也. 官家若不專力於舍弟而顧恤, 則當爲歲前獄中之人矣. 悶迫奈何? 不欲煩聽官撓, 而亦不能自已, 或下量耶? [본문 2] 今年木花, 又未免失失. 日前莫奴自佳野還, 只將數斤來納, 而此後亦無所收云. 將未免爲 凍餒之鬼矣. [맺음말 및 발신일] 餘非遠書可盡, 不備伏惟. 戊申八月二十三日. 舍弟 春時 上書. [추신 1] 師兒昨昏始還, 而五百里冒夜驅馳, 魁參見拔無故, 覆試例此如, 而尤不勝痛歎. [추신 2] 他人畓幷作處, 不得開墾, 當自棄, 而私畓則不可陳棄, 而多費役粮人力而後, 可以重修, 而旣無牛隻, 且無粮資, 且畓則沙汰三處頹入, 似無重墾之勢, 奈何? [추신 3] 秋來文卜求請踏至於此, 而無酬應之策, 奈何?

37 문서번호 KS0062-2-57-00193.

38 문서번호 KS0062-2-57-00645.

39 문서번호 KS0062-2-57-00192.

40 문서번호 KS0062-2-57-00490.

41 문서번호 KS0062-2-57-00622.

42 我則十九早朝後, 自洞山發行, 行三十里而遇雨, 一行沾濕, 秣馬延谷主人家, 雨意不止, 卽又催渡延川, 而旣濟之後, 大雨連注, 厪抵査家, 留黃君及奴婢, 使治內行, 而我則舍館于鄕廳. 其夜風雨非常, 前川大漲, 勢難發行, 仍滯二宿, 今朝始快霽, 而潦水未殺. 丘山則可以避往, 而丘山以後當一番渡涉, 不得已姑觀勢, 欲於午後發宿丘山, 明早前進, 而嶺路泥濘或露石, 倍加險惡云, 一行何以踰越耶? 嶺西則其於無大雨, 而再昨夜風雨若如此劇, 則多有艱涉之水, 梨內行遠亦極艱, 而霽潦之審在我, 潦滯之苦任他, 從今開霽, 則豈有他慮, 而每以內患, 一念未弛. 延水難越, 得音未易, 悶塞悶塞.

43 [안부 1] 雨水如此, 無望得音, 不謂官便迢到行所, 得見汝書, 知病患有減漸, 慰賀不可言. 從此善調, 則元症雖未快祛, 寢暾可以稍進, 何幸如之? [본문 1] 我則滯二宿于江陵, 昨日午後, 從間路宿丘山, 今早前進, 而卜駄負重, 嶺路嶮惡, 殊可關心, 奈何? 嶮(踰)嶺後, 則不必送便以貽官弊也. [본문 2] 祥郵, 以今日發行, 則達兒無可受業, 汝殊勸諭, 無至全廢, 幸矣. [본문 3] 襄則雨水尤甚云, 而自昨始晴, 過三日, 則可以楸打銀松, 進上無窘速之患耶? [본문 4] 空官凡事, 十分勤飭, 毋招外守之訪(謗), 至可至可. [발신일] 己酉閏七月卄六日. 父.

44 문서번호 KS0062-2-57-00644.

275

함벽당간찰

1판 1쇄 발행 2021년 11월 30일

지은이·김순석 김정민 김채식 김명자 윤성훈
펴낸이·주연선

(주)은행나무

04035 서울특별시 마포구 양화로11길 54
전화 · 02)3143-0651~3 | 팩스 · 02)3143-0654
신고번호 · 제1997-000168호(1997. 12. 12)
www.ehbook.co.kr
ehbook@ehbook.co.kr

ISBN 979-11-6737-106-5 93910